COUSTEAU

Du même auteur

L'Affaire Nut, mort d'un agent secret, Chalmin-Carrère, Paris, 1986.

Attachez vos ceintures. La vérité sur la sécurité aérienne, Plon, Paris, 1990.

L'Affaire Ben Barka, Fayard, collection « Enquêtes », 1991.

Avec Jean Guisnel :

Services secrets. Le pouvoir et les services de renseignements sous François Mitterrand, La Découverte, Paris, 1988.

Bernard Violet

COUSTEAU

Une biographie

Fayard

Le présent ouvrage est publié dans la collection « ENQUÊTES », dirigée par Roger FALIGOT et Rémi KAUFFER.

Déjà parus :

Bernard VIOLET, *L'Affaire Ben Barka*, 1991.
Benjamin STORA, *Ils venaient d'Algérie. L'immigration algérienne en France 1912-1992*, 1992.
Yves AUDÈVE et Gérard DELTEIL, *Danger chimie*, 1992.
Franck RENAUD, *Le Nouveau Milieu*, 1992.

Pour les diablotins
Alexandre et Nicolas.

INTRODUCTION

Évoquer le nom de Cousteau, c'est immédiatement voir surgir une foule d'images : la silhouette aristocratique de l'homme au bonnet rouge ; le légendaire bateau noir et blanc, la *Calypso* ; l'explorateur cinéaste des fonds sous-marins, auteur du merveilleux *Monde du silence* ; le défenseur acharné de l'environnement.

Voyageur infatigable, le commandant Cousteau a parcouru la planète pendant plus d'un demi-siècle pour l'étudier, l'ausculter, la filmer. Très tôt, ce personnage hors du commun a compris le rôle de la télévision. Elle lui apportera la renommée. Il l'utilisera comme un instrument de vulgarisation de la connaissance. Le petit écran sera pour lui ce que le tableau noir est à l'instituteur. Un tableau noir à l'échelle de millions de spectateurs.

Paradoxalement, ce grand communicateur n'aime guère les professionnels des médias. À de rares exceptions près, le commandant Cousteau impose aux journalistes les thèmes des entretiens qu'il accorde. De la même façon, il a systématiquement refusé de participer à l'élaboration d'une biographie. (Il en existe deux « non officielles » aux États-Unis, mais, jusqu'à celle-ci, aucune en France !)

Crainte de voir mettre au jour certaines zones d'ombre qui viendraient brouiller cette image de lui qu'il a su imposer ? Goût du secret ? Manque d'intérêt pour le passé chez un homme essentiellement préoccupé par le présent et par l'avenir ?

Probablement un peu de tout cela.

Pourtant, quoi de plus passionnant que d'essayer de comprendre comment on passe de la plongée en scaphandre autonome à la photographie ; de la photo au film ; de la télévision à une sorte de « magistère » écologique dans le monde entier ? Quoi de plus naturel que de tenter d'appréhender les ressorts de l'un des Français les plus célèbres au monde, l'une des personnalités les plus populaires de l'Hexagone ? Comment ne pas s'interroger sur les motivations d'un candidat virtuel à l'élection présidentielle ? Comment ne pas être fasciné par une aventure personnelle à la fois unique et exceptionnelle ?

Tout naturellement, j'ai sollicité la collaboration du Commandant. À plusieurs reprises. Je lui ai soumis les grands thèmes de mon enquête et son cadre. Il me fit répondre qu'il se réservait le droit d'écrire lui-même sa biographie et qu'il ne fallait attendre aucune aide particulière des membres de l'Équipe Cousteau.

À partir de là, il faut bien dire que rien n'a été fait pour faciliter mon entreprise. Mais j'ai su qu'elle intriguait suffisamment l'explorateur cinéaste pour qu'il se tienne soigneusement au courant des différentes étapes de mon travail, s'amusant même parfois à ce jeu osé et espiègle de la « vraie-fausse » information.

Rien de choquant dans cette attitude dont, de toute façon, il fallait bien s'accommoder. Et c'est ainsi que j'ai déchiffré le message : si Cousteau est un homme indépendant, son biographe doit l'être aussi.

Au départ, j'avais en tête l'image d'Épinal d'un « héros positif ». Au fil de ma longue enquête, celle-ci s'est transformée. Un personnage beaucoup plus complexe m'est apparu. Avec ses qualités, ses défauts, ses peurs et ses faiblesses : habile, adroit, courageux, tenace, autocrate, tour à tour humble et orgueilleux. En un mot, un personnage humain.

Pour raconter Cousteau, j'ai rencontré des membres de sa famille, des collaborateurs anciens ou actuels, des témoins passionnés, d'autres plus réservés. J'ai recueilli ainsi plusieurs dizaines de témoignages à travers le monde : France, États-Unis, Italie, Monaco, Belgique, Portugal. Ce n'était pas suffisant. J'ai accumulé une volumineuse documentation, une bibliographie et une filmographie détaillées. Un trésor qui m'a énormément appris sur l'auteur du *Monde sans soleil*, me permettant, je le crois, de réaliser un ouvrage équilibré.

Dans cet esprit, j'estime ne pas avoir privilégié les avis de son entourage ni, *a fortiori*, ceux de l'extérieur. En toute bonne foi, j'ai essayé de faire la part des choses entre les fausses confidences, les règlements de comptes et les plaidoyers.

La tâche n'a pas toujours été aisée, mais, providence des enquêteurs, la chance m'a parfois souri. C'est ainsi que je suis en mesure d'apporter aujourd'hui un certain nombre d'éléments inédits qui, sans nul doute, ont aidé à façonner le devenir de *Captain Planet*. C'est ainsi également que je suis entré dans les coulisses d'une longue carrière, longtemps remplie d'incertitudes et fréquemment semée d'embûches. Enfin, c'est ainsi, je dois l'avouer, que je me suis délecté de l'aventure d'un homme qui a voulu et su se forger un destin extraordinaire puis est devenu une légende vivante.

PROLOGUE

Mort d'un dauphin

Il fait si beau en cet été portugais qui commence à peine ! En observant d'en haut les environs de l'aérodrome militaire d'Alverca, on a peine à croire que c'est ici que tout aurait pu finir, qu'ici précisément le Commandant aurait pu perdre la foi.

Ce 28 juin 1979, la petite ville des bords du Tage, à quelques lieues au nord de Lisbonne, paraît presque assoupie. Seuls les enfants qui plongent bruyamment et les péniches qui remontent doucement vers l'est parviennent à la sortir de sa torpeur estivale. Car c'est le fleuve qui rythme les saisons et règle l'activité des hommes : ils l'appellent Rio Tejo, ils l'aiment, peut-être parce qu'ils le savent indomptable.

Né espagnol et méditerranéen, le Rio Tejo fuit pourtant l'Espagne et la Méditerranée, roulant devant lui ses rêves de terres océanes et de grand large. Poussant son cours vers l'ouest, il dédaigne Madrid mais courtise Aranjuez et Tolède. Devenu portugais à l'issue de sa course folle, entravé par les alluvions, il s'effiloche et se disperse en un somptueux delta qui naît à Salvaterra et se meurt peu après Alverca.

Les espoirs du fleuve sont déçus. Il ne verra jamais l'Océan et se rend aux charmes de cette mer que les Lisboètes disent de paille, à cause de l'indéfinissable couleur jaune dont elle se pare au soleil couchant. C'est un chenal anonyme qui achemine les eaux de ce fleuve devenu mer vers l'Océan.

L'équipage du PBY Catalina, baptisé *Calypso II*, n'a guère le temps de jouir du fabuleux panorama fluvial qui s'offre à sa vue. Philippe Cousteau, trente-neuf ans, le fils du Commandant, vient d'arracher son hydravion de la piste bétonnée. Il est assisté de Jean-Pierre Gros, d'un membre de la Fondation Cousteau, Dan Phan, et de cinq techniciens de l'aviation civile portugaise. Pour tous ces hommes, il s'agit d'abord de vérifier la fiabilité des réparations que vient de subir l'appareil aux chantiers de l'OGMA (Officinas Gerais de Material Aeronautico). Seuls en Europe, ces établissements aéroportuaires d'Alverca sont à même d'intervenir sur le Catalina.

Le temps est clair, il fait 28 °C, et l'avion effectue un premier tour au-dessus du Tage, puis un second. Il se prépare à amerrir. Gros se déplace vers la zone du train d'atterrissage pour en vérifier *de visu* le fonctionnement. Constatant qu'une jambe n'est pas complètement verrouillée, il la remet en position correcte. Satisfait, il retourne à sa place et serre la ceinture de siège. Par un hublot, Dan Phan remarque une péniche remontant lentement le fleuve. Il suit, détaché, son mouvement alangui.

14 heures 06. L'approche du Catalina est « plate », comme on dit dans le jargon aéronautique. Vitesse : 80 nœuds. Philippe a choisi d'amerrir sur un chenal à la hauteur des installations de l'OGMA. Coup d'œil sur les écrans de contrôle. La vitesse verticale est faible au moment où l'avion touche l'eau. Le premier impact est très doux : pas de « marsouinage ». Le PBY hydroplane quelques secondes. Tout à coup, l'appareil décélère brutalement. Les passagers éprouvent un sentiment de totale impuissance lorsque l'avion pique soudain du nez avant de se retrouver sur le dos. L'eau jaillit partout, dans la cabine et le cockpit. Dan Phan, Gros et les autres passagers sautent par la bulle dès que la queue de l'appareil

s'immobilise. Ils réussissent à se hisser à l'air libre. Tout le monde semble sauf. Si Dan Phan n'est que légèrement blessé, Gros paraît plus sérieusement atteint. Son bras gauche a été partiellement sectionné par une pale de l'hélice gauche en rotation. Personne n'a encore remarqué que Philippe a disparu. Du haut de sa tour de contrôle, un officier est témoin du *crash*. Il donne immédiatement l'alerte. Les opérations de sauvetage sont lancées.

C'est par la radio que la famille Cousteau apprend la nouvelle de l'accident. Janice, la femme de Philippe, quitte aussitôt l'appartement de la place des Ternes à Paris. Elle s'envole pour le Portugal avec sa fille Alexandra, âgée de trois ans. Le Commandant et sa femme Simone arrivent à leur tour à Lisbonne. L'ambassadeur de France met une villa à leur disposition. On imagine facilement l'angoisse qui les étreint. Dès leur arrivée, on les a informés que les occupants de l'appareil s'en sont plutôt bien sortis, mais que Philippe est porté disparu. Tout le monde garde néanmoins l'espoir de le retrouver vivant.

Les heures passent. Puis les jours. Les recherches restent vaines. Incroyable mystère autour de la disparition du second fils du commandant Cousteau — s'interroge bientôt la presse. Qu'a-t-il bien pu se passer ? questionnent de leur côté les parents et les amis de Philippe.

Le Catalina N-101-CS appartenait à la Fondation Cousteau depuis 1974, comme son numéro d'immatriculation l'indique (CS pour Cousteau Society). Quelques mois plus tôt, il avait quitté les lieux de repérage d'un film pour un chantier d'entretien près de Lisbonne. Plusieurs jours avant la fin des travaux, Philippe et ses coéquipiers avaient décidé tout naturellement de procéder à des essais. Au cours d'un des vols de vérification, des fuites d'eau étaient apparues à la hauteur de la trappe droite du compartiment du train avant. Les retouches avaient été aussitôt effectuées.

Panne mécanique ? Maladresse de pilotage ? Acte de malveillance ? Les experts portugais et français tentent de comprendre ce qui a pu provoquer la catastrophe. Parallèlement, les recherches pour retrouver Philippe continuent. On informe le Commandant que des plongeurs militaires commencent à fouiller les eaux du Tage. Il ne veut pas croire que son fils, son héritier soit parti à tout jamais. Des images pas si lointaines reviennent à sa mémoire.

... Ce jour-là, il se trouvait assis à ses côtés dans le cockpit du Catalina de Philippe. « Je te regardais, toi, mon guide dans le ciel, comme j'avais été ton guide dans la mer, lui écrira-t-il plus tard dans une dramatique confidence posthume. Je vis ton visage resplendissant, fier d'avoir quelque chose à me donner en échange, et je souris, parce que je savais qu'à la poursuite des nuages, dans ton avion, tu chercherais toujours les formes évanescentes d'un monde meilleur [1]. »

N'est-ce pas pour changer le monde que Jacques-Yves Cousteau, lui aussi, s'était battu toute sa vie ? Avec la disparition de son fils, allait-il perdre son futur ?

PREMIÈRE PARTIE

I

Saint-André-de-Cubzac (1910-1929)

« Jacques est né en 1910, six ans après le mariage de ses parents. Son père, c'était Daniel Cousteau. Sa mère s'appelait Élisabeth Duranthon. Les Cousteau sont entrés dans ma vie lorsque Daniel a épousé Élisabeth, ma tante. Ils n'ont eu que deux garçons, Pierre et Jacques, mes cousins germains [1]. »

Ainsi commence le récit d'Antoine Duranthon.

Les Duranthon ont toujours vécu à Asques, en Gironde, à quelques kilomètres de Saint-André-de-Cubzac, en bordure des célèbres vignes de Saint-Émilion, continue Antoine, né le 18 juillet 1923 — comme il tient à nous le préciser —, qui nous entraîne déjà dans la saga compliquée des Cousteau et des Duranthon. Deux familles de notables qui n'appartenaient cependant pas à la grande bourgeoisie bordelaise, explique-t-il.

Les Duranthon sont originaires du Lot-et-Garonne. Un premier garçon débarque à Asques peu de temps avant 1789. Il épouse une fille d'un village voisin, puis, la Révolution aidant, devient maire d'Asques. On trouve ensuite des Duranthon dans la banque — mais des banquiers pas toujours chanceux.

Par dépit ou par vocation, plusieurs fils de la famille s'orientent vers des professions médicales. C'est le cas de

Ronan Duranthon, qui s'installe comme pharmacien à Saint-André-de-Cubzac. Comme nous le verrons un peu plus loin, cette pharmacie va jouer un rôle important dans la vie cubzaguaise.

Jeanne Duranthon donne naissance à deux garçons et trois filles : Suzanne, dite Odette, Elisabeth — future mère de Jacques-Yves Cousteau —, née le 21 novembre 1878, Marguerite, Joël et Albert.

Non loin de là, dans le bourg, habitent les Cousteau. Le père est notaire. Mme Cousteau va donner le jour à trois garçons et une fille. Il y a d'abord André, l'aîné, qui deviendra propriétaire d'un « château », autrement dit d'un vignoble au lieu-dit Les Tours ; puis Daniel, Paul, et la seule fille de la maison, Marie-Jeanne.

L'oncle André aime le vin et les affaires. Il possède plusieurs propriétés, comme aime à le rappeler le cousin Antoine : « Le cycle [le commerce] André Cousteau se trouve sur l'emplacement d'un ancien relais de poste, au chais de Conseillant, perpendiculaire à la rivière. Si vous continuez la rivière, vous arrivez presque à Asques, sur la propriété de Coffin, qui est l'une des propriétés Cousteau. »

André sait que si Saint-André-de-Cubzac est le passage obligé de la Dordogne, les terres cubzaguaises, elles, n'ont jamais porté de grands cépages comme ceux qui donneront leur renom au vignoble bordelais. Alors, il invente un vin pétillant, mis au point grâce à la méthode champenoise. L'idée est bonne, mais, hélas ! la gestion de sa société est déplorable. En 1920, l'aîné des Cousteau finit par vendre ses vignes à la Gay Mousse, qui passera plus tard sous la coupe de l'établissement Café de Paris, autrement dit Ricard.

Daniel Cousteau, futur père de l'océanographe, est le deuxième garçon. Il naît le 23 octobre 1878. À l'état-civil, on le déclare sous le double prénom de Pierre-Daniel, mais ses parents préfèrent l'appeler Daniel tout court. Ainsi donc, Daniel précède de peu Paul, qui deviendra administrateur aux colonies, puis le représentant de la firme Renault en Espagne. Marie-Jeanne, l'unique fille, fera peu parler d'elle. Après son mariage, elle va suivre son époux à Paris où le jeune couple vivra sans histoires.

Les origines de la famille Cousteau restent une énigme. L'explication étymologique du patronyme laisse entendre que *couste* peut être considéré comme une variation méridionale du mot « coste » (versant). Cousteau en serait le diminutif. En clair, le nom signifierait « petite pente[2] ». Ce mystère, en tout cas, ne manquera pas d'intriguer Jacques durant de longues années. Un jour, il demandera à l'un de ses cousins, photographe, de faire tout ce qu'il peut pour retrouver les « chiffres » des propriétés Cousteau, plus précisément ceux de son oncle André. Le jeune homme, Jean-Marie Duranthon, fils d'Antoine, partira à la recherche de ces initiales entrelacées, sculptées dans la pierre, qui marquaient autrefois châteaux et maisons bourgeoises.

Une autre fois, Jacques fait allusion sur un ton badin à ses ancêtres et parents éloignés. Il évoque avec son frère aîné les « innombrables cousins escrocs ou danseurs » et autres « aïeux qui dilapidaient d'immenses fortunes à Monte-Carlo, sans parler du capitaine marchand qui ramena l'Obélisque à son bord[3] ». Une dernière allusion au seul marin, en dehors de lui, qu'aurait compté la très terrienne famille Cousteau.

Le grand-père du Commandant avait installé son étude de notaire à l'emplacement de l'actuelle maison de retraite de Saint-André. L'officier public a laissé peu de souvenirs dans la famille, si ce n'est l'ambition de voir ses enfants réussir. Pour lui, tout passait d'abord par une solide instruction. C'est à cette fin qu'il confia ses fils aux éducateurs du Collège d'enseignement secondaire de Saint-André, longtemps dirigé par le chanoine Arnaudin. C'est d'abord André, puis Daniel qui usent leurs fonds de culotte sur les bancs de cet établissement catholique particulièrement coté dans le département. Deux cents élèves le fréquentent, qui bénéficient d'un cadre idéal — parc, piscine... — et d'un système de distribution d'eau remarquable pour l'époque, si l'on en croit les historiens locaux [4]. Daniel Cousteau ignore alors que cet établissement privé, transformé en école normale puis en lycée professionnel, portera un jour le nom de son petit-fils, Philippe, mort dans un accident d'avion en juin 1979.

À l'issue de ses études secondaires, Daniel est envoyé à Paris faire son droit. Bûcheur, il devient le plus jeune docteur en droit de France. Cela ne lui suffit pas. Il se rend aux États-Unis afin de s'initier au droit international et de perfectionner son anglais. Diplômes en poche, et grâce à quelques relations, il trouve rapidement un poste de secrétaire particulier auprès de James Hazen Hyde, le riche héritier américain de l'Equitable Life Insurance Society.

Hyde aime son pays, mais il préfère vivre en France. L'heureux homme possède un hôtel particulier à proximité de l'avenue Henri-Martin, dans le XVIe arrondissement. Ses plus proches voisins sont le comte de Kervéguen, le prince et la princesse Georges de Grèce et de Danemark. En fin de semaine, Hyde a l'habitude de se retirer dans sa résidence secondaire, rue de l'Ermitage, à Versailles. Aux États-Unis, où il effectue de fréquents voyages, l'assureur se montre particulièrement dynamique quand il s'agit de développer des relations culturelles entre les deux pays. Il accepte ainsi d'occuper le premier poste de président du Cercle français de l'Université de Harvard, complétant ainsi son activité à l'Alliance française. À Paris, il vit avec la descendante d'une vieille famille aristocrate, la comtesse Louise de Gontaut-Biron.

Ronan Duranthon accorde facilement la main de sa fille Élisabeth à Daniel, qui s'est forgé une belle situation auprès de Mr Hyde. Élisabeth — « Zabé », comme on l'appelle — était une petite femme d'un mètre cinquante, mais, comme le dira plus tard l'une de ses petites-filles, « personne n'a jamais dû s'en apercevoir, grâce à son merveilleux port de tête et à son profil bourbon qui se détachait nettement sous la blancheur de ses beaux cheveux [5] ». Une belle allure qui séduit irrésistiblement Daniel. Ce n'est pas la seule qualité d'Élisabeth, qui possède également de l'instruction. Elle a, en effet, poursuivi ses études jusqu'au brevet. À l'époque, c'était plutôt rare chez une fille.

Instruite, cultivée, « Zabé » sera pour Daniel une femme de devoir, empressée, discrète et efficace. Après leur mariage à Saint-André, le jeune couple s'installe à Paris. Depuis quelques mois, Daniel est devenu le locataire du 12, passage Doisy, dans le XVIIe arrondissement, à deux pas de la place de l'Étoile. L'endroit est on ne peut plus calme. Deux voisins seulement : une dame Léon Whibaux et un certain Paul Gasq, au numéro 10. Clin d'œil au destin : c'est à cinq minutes de marche de là que la Fondation Cousteau établira son siège un demi-siècle plus tard.

« Zabé » commence juste à apprivoiser Paris quand les signes d'une première grossesse apparaissent. Le 18 mars 1906, à cinq heures et demie du matin, elle donne naissance à Pierre-Antoine.

Pierre a quatre ans lorsque son frère Jacques voit le jour. En cette année 1910, la France vit sous la présidence du bon M. Fallières. Quelques semaines avant l'accouchement, Élisabeth décide de rejoindre Saint-André-de-Cubzac. Comme le veut la coutume, elle accouchera chez ses parents, au premier étage de la pharmacie de Ronan Duranthon.

Contrairement à l'aîné, le nouveau-né ne pèse pas lourd. Les médecins prédisent une petite enfance difficile. C'est vrai que Jacques, anémique, va souvent tomber malade. Jusqu'à l'âge de sept ans, il restera un garçon frêle. Il souffrira durant de longues années d'entérite chronique.

Deux jours après la naissance de son enfant, le 13 juin à onze heures du matin, et avant de remonter à Paris, Daniel rend visite au maire de Saint-André, Pierre Charron, qui remplit les fonctions d'officier d'état-civil. L'acte officiel porte le numéro 31. Il précise que Jacques-Yves Cousteau est né le 11 juin à une heure quinze du soir, au 83 de la rue Nationale, commune de Saint-André-de-Cubzac, en Gironde. Il stipule également qu'il est bien le fils de « Pierre-Daniel Cousteau, âgé de trente et un ans », et de « Marie-Jeanne-Élisabeth Duranthon, âgée de trente et un ans, sans profession ».

Deux témoins assistent l'heureux père. Le premier s'appelle Jean-Adrien Galouye ; âgé de soixante-dix ans, il exerce la profession de « propriétaire ». Le second est André Berson, âgé de trente et un ans, le libraire du bourg.

Quelques semaines plus tard, Élisabeth retrouve la capitale. Elle n'a que le temps de préparer les bagages : Daniel et Élisabeth Cousteau accompagnent Mr Hyde dans ses nouveaux périples européens. Les garçons font partie des voyages. De multiples allées et venues qui expliqueront peut-être l'incapacité ultérieure de Jacques de rester plus de cinq minutes à la même place. La bougeotte, déjà...

Pour des raisons personnelles, Daniel Cousteau décide un beau jour de quitter Mr Hyde. Peu de temps après, il se fait engager, toujours comme secrétaire particulier, par Eugen Higgins, un autre riche héritier américain, lequel traite bien quelques affaires à l'occasion, mais passe l'essentiel de son temps à jouer au golf et à naviguer sur son bateau de croisière.

À Paris, M. Higgins occupe un hôtel particulier à l'intersection des avenues d'Iéna et du Président-Wilson. Ses proches voisins ne manquent pas de titres de noblesse : le comte et la comtesse Poirot-Delpech de Sartigues et le vicomte Xavier de La Tour. Dans les vastes salons de l'hôtel particulier, les jeunes Cousteau croisent de temps à autre la maîtresse attitrée de M. Higgins, Mme Chapelle.

L'homme d'affaires partage sa vie entre Paris et New York où il possède un appartement au 50, Union Square East. Il se réfugie également, parfois, dans sa maison de campagne du New Jersey. Amateur de voile, M. Higgins est le capitaine d'un bateau de plaisance à vapeur baptisé *Thalassa*, luxueux yacht qui mouille à Deauville, la station balnéaire à la mode. Il est suffisamment fortuné pour s'acheter une « voiture automobile », précise le Bottin mondain de l'époque. L'annuaire indique également que l'Américain est bardé de distinctions :

chevalier de la Légion d'honneur, diverses décorations françaises et étrangères. Comme l'exige sa fortune, il est membre tout à la fois de l'Automobile Club, du Cercle Interallié, du Cercle Hoche et d'Anjou, du Saint-Cloud Country Club ainsi que du Travellers' Club.

À chaque retour de croisière en compagnie de M. Higgins, Daniel et Élisabeth Cousteau retrouvent Saint-André avec bonheur. Les fêtes carillonnées sont également prétextes à retrouvailles familiales.

Daniel était un fantaisiste, mais non dépourvu d'autorité. « Un pince sans rire », affirme Antoine Duranthon qui avoue personnellement avoir eu une « sainte trouille du père Cousteau ». « Il me répétait sans arrêt : "Les enfants ne parlent qu'à leur tour, et leur tour ne vient jamais !" Il le disait avec humour, mais n'empêche qu'après cela je n'osais plus ajouter un seul mot. J'étais un petit paysan très impressionnable[6]. »

Les douces peurs enfantines vont malheureusement devoir faire place à d'autres angoisses plus dramatiques. Des nuages s'amoncellent, en effet, sur la France. Quelques semaines avant le début du conflit de 1914-1918, Daniel est mobilisé. Sa parfaite connaissance de l'anglais le désigne tout naturellement pour servir comme interprète. Avant de partir pour le front, il demande à « Zabé » de rejoindre Saint-André. Entre 1914 et 1918, la pharmacie Duranthon accueille ainsi une demi-douzaine de petits-enfants, cousins et cousines, qui passent leurs journées à faire des « andouilleries » au grand dam de Seconde, la bonne de la maison. C'est elle qui prépare leur quatre heures : du chocolat râpé sur une tartine de pain beurrée. À l'heure du goûter, elle appelle : « Les enfants ! » Et ils viennent tous en courant jusqu'à la cuisine où brûle un grand feu de bois.

Le Commandant évoquera avec émotion de nombreuses années plus tard cette période devant les élèves du lycée Philippe-Cousteau de Saint-André :

« Nous étions souvent réveillés la nuit par les accidents automobiles. Mon grand-père se levait pour aller soigner les blessés. Je me rappelle que la devanture de la pharmacie était ornée de bocaux de toutes les couleurs...

« J'avais quatre ans. Je me souviens que nous montions dans notre chambre avec une lampe-pigeon à la main. Nous étions cinq ou six enfants. L'électricité n'existait pas encore. Avec ces lampes-pigeons, nous montions au grenier, qui était rempli de vieilleries. Je me souviens notamment d'un squelette. Il avait dû servir lors des études médicales de mon grand-père. Avec ce squelette et avec la lumière vacillante des lampes, nous jouions à nous faire peur. Puis l'électricité est arrivée. Cela a été une révolution complète[7]. »

Longtemps, l'enfant se souviendra également de ce grand-père portant une chemise de nuit fendue très haut sur les cuisses. Trop, peut-être, car un jour Jacques découvre avec stupeur et candeur toute la « boutique » du grand-père. Ce jour-là, Ronan Duranthon était descendu avec sa lampe-pigeon pour montrer à l'enfant l'endroit où étaient cachés les bâtons de réglisse.

La ribambelle de gosses se retrouve aussi pour jouer à ce qu'ils appellent « Le Royal Ciné » : des petites pièces de théâtre écrites en grande partie par Pierre, le frère aîné, déjà doué pour l'écriture, et par le cousin Jean Théallet.

Les adultes ne sont pas toujours absents de ces jeux enfantins. La mère d'Antoine Duranthon va ainsi beaucoup marquer le petit Jacques. De son nom de jeune fille, elle s'appelle Almaïd. Certaines mauvaises langues disaient qu'elle était une « pièce rapportée ». Elle aime s'amuser avec ses neveux et nièces. Elle leur fait répéter des saynètes et les aide à monter leurs revues aux titres et aux thèmes très variés, comme celle intitulée : « Le mariage de Niné, la dernière des filles Duranthon ».

Une autre femme va influencer l'imaginaire de Jacques : Esther, la lingère de la maison. « Elle passait plus de temps à raconter des histoires qu'à s'occuper de la lingerie[8] », se souvient Pierrette Duranthon. L'enfant allait la rejoindre et lui demandait de lui raconter des histoires de bateaux et d'avions.

Très tôt, Jacques montre des dispositions pour le bricolage. Pour ses cousins, l'exemple lui est venu de son oncle Albert, ce médecin qui passait autant de temps à réparer les machines en panne de ses clients qu'à soigner ceux-ci. Il effectuait toutes ses tournées avec un tournevis en poche. Albert, surnommé « Tonton Babert » par les enfants, montrait une générosité certaine pour ses prochains. Il nourrissait aussi une grande passion pour les automobiles.

Ce féru de mécanique possédait deux voitures à la fois. Une aile de sa maison servait de garage. Pour l'entretien et les réparations, il se faisait aider par un apprenti. Il formera ainsi trois jeunes mécanos. Parmi les nombreuses voitures qui défilèrent chez lui, une Donnay cabriolet six cylindres 1928-1929, sur laquelle il monta un turbocompresseur. La possession d'un tel engin n'est pas de tout repos : en revenant de Paris, la voiture coule régulièrement des bielles lorsqu'elle arrive dans les Charentes, à la hauteur de Ruffec. « Babert » prend alors le train jusqu'à Saint-André.

Un jour, l'oncle fait son entrée dans la commune au volant d'une Talbot. Jacques, alors adolescent, emprunte à son oncle ce bijou mécanique. Il explique qu'il va accompagner l'un de ses copains au train de Paris. Arrivé à la gare, il salue son ami et prend aussitôt la route de la capitale où il arrive à la gare d'Orsay en même temps que le train parti plusieurs heures plus tôt de Saint-André ! Cette passion pour la vitesse lui coûtera pourtant très cher quelques années plus tard.

Jacques a sans aucun doute vécu une enfance heureuse dans le Cubzaguais. Les membres de sa famille ont gardé l'impression que cousins et cousines se retrouvaient avec joie. Les « petits » étaient certes impressionnés par les aînés. Parmi eux, cette cousine née en 1912, surnommée « la Môme-qui-gêne ». C'était la plus jeune et elle était toujours collée aux « grands ».

Le temps des vacances était partagé entre Saint-André, non dépourvu de charme, avec ses châteaux en ruines emplis de légendes, comme celle des « Quatre fils Aymon », et les plages de l'Atlantique, du côté de Saint-Palais ou de Fouras, à quelques kilomètres de Rochefort, en Charente-Maritime. Pierre-Antoine et Jacques ont souvent eu l'occasion d'y accompagner leur grand-père Ronan, notamment durant les longues absences de leur père Daniel. Est-ce ainsi qu'est née la passion de Jacques pour la mer ? Il conservera toujours en lui ces souvenirs de vacances passées sur l'Atlantique ou sur la Côte d'Azur. Devenu un homme célèbre, il n'hésitera jamais à les évoquer : « Mes parents habitaient pour quelques mois sur une colline qui dominait Marseille. Je voyais passer les bateaux. Je savais qu'ils étaient fabriqués en fer et je ne comprenais pas qu'ils puissent flotter. Lorsque je jetais un morceau de fer dans la baignoire, il coulait ! Je n'en étais pas encore au principe d'Archimède, mais presque. En tout cas, l'eau a commencé à me fasciner à partir de ce moment-là. L'eau, et pas seulement la mer. L'élément *eau* est fantastique ! »

De la même manière, le voici également impressionné par la sensualité de l'eau : « Quand j'avais quatre ou cinq ans, j'adorais toucher l'eau. Physiquement, sensuellement [9]. »

En 1920, la famille Cousteau suit Eugen Higgins à New York, où le milliardaire a décidé de s'installer à nouveau. Daniel Cousteau n'est pas mécontent de prendre un peu de distance avec une France secouée par les grèves des mineurs du Nord, des ouvriers du textile, et surtout des cheminots. Rudes conflits sociaux auxquels doivent faire face les gouvernements sous la présidence de Paul Deschanel. Dans la plupart des pays européens, la situation n'est guère plus brillante.

À New York, les Cousteau emménagent dans un appartement de la 95e Avenue. Jacques a dix ans. On l'inscrit dans un cours privé de Manhattan, la Holy Name School. Son aîné Pierre, quatorze ans, va en classe dans l'Upper West Side, l'un des quartiers résidentiels de la mégapole. Expérience qu'il n'oubliera jamais : « Au sortir du lycée de Bordeaux, où j'enfantais dans la douleur, dix heures par jour, des versions latines inévitablement centrées sur des histoires de « circonvallations » et où je m'évertuais sans joie à comparer Corneille et Racine et à découvrir avec consternation que toutes les équations, si diaboliquement compliquées qu'elles parussent, égalaient finalement zéro, The Witt Clinton High School avait été le paradis. Là, point de risque de surmenage. Énormément de base-ball et de basket-ball. Très peu de cours, et seulement ceux que chaque libre moutard décidait de suivre de sa propre initiative. Des clubs de toutes sortes. Un réfectoire de type cafétéria où l'on choisissait soi-même son menu. Un système de *self-discipline* qui abolissait jusqu'à l'existence même des pions. Bref, une atmosphère de grandes vacances dans une république impubère [10]. »

À la sortie de l'école, les adolescents vagabondent dans les rues de la cité. Au début, ils sont frappés par l'envahissante publicité, notamment celle du métro new-yorkais. Les deux frères partagent leurs jeux avec d'autres gamins de leur âge. Jacques-Yves, que ses camarades de classe ont surnommé Jack, joue ainsi au *stickball* — genre de base-ball improvisé — sur l'herbe des squares et se livre à des parties de *potsy* et autres jeux traditionnels de Manhattan. Quelques bagarres éclatent parfois, Jack n'hésitant pas à se frotter à plus grand et plus fort que lui. Défaites cuisantes dont il se souviendra durant de longues années ; Jacques va même rester une fois au tapis. Pierre gardera aussi en mémoire ces « jeunes brutes en *knickerbockers* qui avaient la dégaine des *Anges de l'enfer* [11] ».

Lors des congés officiels, les fils Cousteau sont expédiés en colonie de vacances. C'est ainsi que Jacques se retrouve dans une *summer school* du Vermont, sur le lac de Harvey. L'un des éducateurs du centre va marquer malgré lui la destinée du futur océanographe. L'homme, un certain Boetz, est professeur d'allemand. Ses idées en matière d'éducation sont bien arrêtées. Il force ainsi l'adolescent à monter à cheval, ce qui dégoûtera à tout jamais Jacques-Yves Cousteau des plaisirs que peut apporter la plus noble conquête de l'homme. Un autre jour, Boetz l'oblige à plonger afin de nettoyer un coin du lac. Travail très dur pour dégager feuilles et branches mortes. Sans masque, bien entendu. Une curieuse initiation à la plongée sous-marine, mais une initiation tout de même ! Contrairement à l'équitation, cette leçon-là va porter ses fruits...

De retour en France, Daniel Cousteau loue au 48, avenue de La Motte-Picquet, dans le XVᵉ arrondissement, entre les Invalides et l'École militaire. L'appartement est situé au sixième étage, porte de gauche. Le loyer annuel est de quinze mille francs. Les pièces sont suffisamment vastes pour accueillir les grandes réunions familiales.

Jacques a alors treize ans. Il parle très bien anglais. Ses parents veulent l'aider à perfectionner ses dons pour les langues. Ils l'envoient apprendre l'allemand dans une institution privée près de Ribeauvillé, en Alsace. Sa vocation pour la plongée, née aux États-Unis, s'épanouit. Le garçon profite de chaque moment libre pour courir à la piscine Carola, du nom de la source d'eau minérale coulant sur la commune. Là, il bricole ses premiers instruments pour respirer sous l'eau. Il y trouve la même excitation que lorsqu'il regarde par le trou d'une serrure. Ses vacances d'été, il les passe à voyager ; il visite successivement l'Allemagne, l'Angleterre et l'Espagne.

Comme tous les adolescents, Jacques se sent une vocation d'artiste. Il s'essaie à l'écriture. Le voici qui rédige une courte histoire intitulée *Une aventure à Mexico*. Puis il découvre le cinéma. Son père vient d'acheter une caméra Pathé-Baby. La magie opère. Jacques profite du mariage d'un cousin pour réaliser son premier film. Une révélation qui se transforme en passion. Elle ne le quittera jamais plus. Jacques crée sa propre « maison de production », qu'il baptise « Films Zix, Jack Cousteau ». Lorsqu'il revient pour les vacances à Saint-André, l'adolescent tourne des scènes de plage et emmagasine des plans de mer. Il fait tout : il tourne, il joue la comédie — en général le rôle du méchant — et il développe ses films. Faute de moyens, il chaparde sur les rayons de la pharmacie de son grand-père les produits chimiques nécessaires qui feront office de révélateurs.

Pierre et Jacques s'entendent bien, même si le cadet subit

souvent les sarcasmes de l'aîné. Comme il est fréquent au sein d'une même fratrie, les deux garçons ne se ressemblent guère. Pierre-Antoine est de taille moyenne — il mesure 1,72 mètre — alors que Jacques-Yves dépasse le mètre quatre-vingts. Pierre a le visage ovale, alors que Jacques est tout en angles. L'aîné a le dos busqué ; le cadet est mince et élancé. Seul point commun : des yeux gris-bleu.

Jacques donne l'impression d'être plus près de sa mère que Pierre. Ce qui n'empêchera pas « Zabé » d'entretenir une correspondance très suivie avec son fils aîné, et de se dévouer corps et âme lorsque celui-ci, bien plus tard, se retrouvera en prison. Pour son entourage, Pierre a hérité de l'humour paternel, à la fois très britannique, froid et incisif. Jacques, lui, subira dans un sens fort différent l'influence de son père, dont il admire probablement le caractère aventurier. On peut penser, comme Bertrand Poirot-Delpech, que Daniel Cousteau a inculqué à son fils, « outre l'ouverture au grand large, à l'Amérique, à ses jeux de rue, sa langue, son sens du défi et son horreur de l'échec[12] ».

Parallèlement à sa passion naissante, Jacques poursuit des études. Il est confié à différents collèges, en Alsace et à Paris. Ennui ou conséquence des déplacements perpétuels de ses parents, l'adolescent n'est pas à proprement parler un bon élève. Il n'aime pas le français. Toute sa vie, il sera fâché avec l'orthographe. Il ne peut se concentrer trop longtemps sur un livre. Devenu une personnalité célèbre, il avouera plus tard son incapacité de lire un ouvrage de Proust, si ce n'est en *digest*. De toute évidence, le jeune Jacques s'ennuie à l'école, d'où une certaine indolence. Elle ne l'empêche pas d'apparaître comme un écolier espiègle et blagueur. Ses turbulences l'amènent ainsi à changer à plusieurs reprises d'établissement. Il quittera Saint-Louis, boulevard Saint-Michel, pour devenir élève des jésuites au collège Stanislas, fréquenté avant lui par le futur aviateur Georges Guynemer et par Charles de Gaulle. Les professeurs constatent alors un regain d'intérêt du jeune Cousteau pour les études. Rien d'étonnant à cela, car le « farceur se double d'un sacré bûcheur », comme le remarquera un autre ancien de « Stan », le journaliste académicien Bertrand Poirot-Delpech.

Cousteau n'effectue qu'un bref passage au lycée de la rue Notre-Dame-des-Champs : l'année scolaire 1928-29, dont des membres de l'Amicale des anciens élèves se souviennent comme d'une année noire pour l'établissement, qui subit les affres d'inondations.

Malgré la distance, Jacques délaisse souvent le bus pour rejoindre son lycée. Comme tous les adolescents, il connaît une période de fragilité. Le Commandant décrira plus tard avec lyrisme et émotion cette douce époque et se souviendra comment, dans ce Paris « beau sous le pâle soleil », il flânait entre le « 48 » et un lycée Buffon ou Stanislas quelconque : « Je me sentais gonflé de promesses qui se matérialisaient par une chanson. Je n'osais pas regarder les femmes, et je me sentais au bord de sanglots de joie. J'arrivais en retard en classe [13]... »

Pierre n'aime pas particulièrement les études, mais, comme le remarquera l'un de ses professeurs, il possède « de la facilité dont il s'est autorisé pour ne rien faire [14] ». Comme son cadet, il honore de sa présence de nombreux établissements scolaires : Bordeaux, Marseille, Rouen et Louis-le-Grand, à Paris, où il fera « l'apprentissage de l'opposition à l'âge des boutons d'acné ». Ses lectures sont nombreuses et variées : Voltaire, *Le Canard enchaîné*, Barbusse, La Rochefoucauld, Remarque, Zola, Anatole France et Hugo. « À seize ans, je trouvais admirable que la prostituée fût chaste et l'assassin tendre, que le laquais eût une âme royale et le roi une âme de laquais [15]. » Ses convictions politiques ne sont pas encore affirmées, mais, derrière l'adolescent passionné et révolté, on discerne déjà les contours d'un idéaliste romantique.

Malgré des devoirs de philosophie de son propre aveu exécrables, Pierre devient bachelier à dix-sept ans. Pressé de gagner de l'argent, il décide d'arrêter ses études. Son père, d'« un déplorable libéralisme », ne bronche pas. Pierre entre comme employé, en 1924, dans une société d'import-export : la Grande Union des industries et transports de l'Entente, autrement dit GUITE, en l'honneur de la maîtresse du patron qui s'appelait Marguerite...

Lassé par des attributions qui se limitaient à tenir la comptabilité des timbres-poste, le jeune homme décide un an plus tard de souscrire un engagement par devancement d'appel. Drôle de choix pour un garçon qui avait alors contre l'armée « une haine de principe qu'alimentait en permanence le flot de littérature antimilitariste dont la France d'alors était submergée [16] ». Obligé d'oublier quelque temps son aversion pour l'uniforme, Pierre Cousteau se retrouve au service météorologique de Saint-Cyr-l'École, près de Paris. Il est démobilisé en 1927 avec le grade de caporal. Comme son frère cadet, il lui faut quelques mois pour « se trouver ». Pendant ce temps de réflexion, il voyage, se rend en Espagne, puis embarque pour l'Amérique. À New York, il retrouve des anciens amis de collège qui lui dénichent un emploi dans une société de crédit à vingt-cinq dollars par semaine : une misère ! Son employeur remarque sa bonne volonté. Pour le récompenser, il lui offre d'accompagner ses trois fils dans un voyage à travers les États-Unis. Pierre découvre les joies du camping.

Nous sommes en 1929. Le krach boursier de Wall Street pétrifie les États-Unis. Sans emploi, Pierre est contraint de rentrer en France. À Paris, il reste quelques mois sans travail. Une parenthèse déterminante, toutefois, avec la traduction d'un livre américain qu'il effectue pour le compte de Mme Titaÿna [17], femme écrivain qui lui remet une lettre de recommandation pour le rédacteur en chef du *Journal*. À partir de là, une nouvelle carrière va s'ouvrir pour lui — tout comme chez Jacques pour qui 1930 reste l'année des choix.

II

Le tour du monde (1930-1938)

1930 : Jacques a vingt ans. Quelques mois avant son baccalauréat, il hésite encore entre la médecine, le cinéma et l'armée. Réflexion faite, il choisit la marine, la Royale. Il réussit brillamment son concours d'entrée dans la marine française et part en formation à Brest. Les premières semaines de classes lui font l'effet d'une douche froide : lever aux aurores, longs et pénibles exercices physiques. En ce temps-là, les recrues dorment dans de larges dortoirs garnis de hamacs spartiates. Celui de Cousteau porte le numéro 204.

Après ce rude temps des classes, le jeune *midship* s'embarque sur le croiseur école *Jeanne d'Arc*. Il va enfin découvrir le monde ! Une soif qu'il ne pourra toutefois pas étancher comme il le voudrait. Contrairement à ce qu'il imaginait, les escales sont rares. Et les moments de détente accordés avec parcimonie : quatre jours par mois.

« Voici une carte de vœux que Jacques nous a envoyée à l'occasion de Noël 1931. Il nous écrivait : "Un marin n'a pas le mal de mer parce qu'il ne doit pas avoir le mal de mer, et Tantoine est très sage parce qu'il faut qu'il soit très sage.

Et les deux choses sont aussi vraies l'une que l'autre. Bonne année, Jacky ! École navale[1]." »

Les cousins Duranthon ont gardé des souvenirs encore vivants de cette époque. Ils se rappellent très bien son retour, après son tour du monde sur la *Jeanne*. Cette année-là, il vint passer une quinzaine de jours de permission à Saint-André, chez son grand-père. Le soir, ce sont les projections des films tournés lors des escales devant la famille émerveillée. Images de processions à Bali et de geishas japonaises. Images de cette escale à Hollywood où l'on organise, pour les aspirants de la French Navy, une rencontre avec l'actrice Claudette Colbert et l'autre star du cinéma muet de l'époque, Douglas Fairbanks. Instant magique que Jacques a demandé à l'un de ses amis de fixer pour toujours sur la pellicule. Dans cette séquence émouvante, on voit le célèbre héros du *Voleur de Bagdad* sortir son briquet pour allumer la cigarette que Jacques laisse volontairement pendre de ses lèvres. Déjà un sens inné du geste et de l'image. Antoine Duranthon conservera longtemps les chutes de ces films tournés en 9,5 mm.

Les cousins bordelais sont souvent allés à la rencontre de Cousteau lors de ses brèves escales dans la région. Un jour, à Royan, Jacky parle avec passion des belles voitures qu'il a vues en Amérique. Il évoque également les premiers romans d'aventures qu'il écrivit avec son frère Pierre-Antoine. Des livres où il est beaucoup question de cow-boys et de gangsters. Jacques apporte l'imagination, alors que Pierre-Antoine est plus naturellement doué pour la plume.

L'un a choisi les armes, l'autre découvre le journalisme. « PAC », comme l'appellent ses amis, a trouvé une place au *Journal*, l'un des cinq plus grands quotidiens de Paris. Il débute au service des sports. Quelques mois plus tard, à la recherche d'un emploi stable, il décide de se lancer dans l'aventure de *L'Homme*, puis de *L'Heure*. Les deux hebdomadaires illustrés appartiennent au docteur Paul Moinet, pour lequel le jeune homme ne nourrit guère d'estime. En ce temps-là, et jusqu'en 1934, « PAC » se situe à l'extrême gauche. Par esprit de contradiction, mais aussi parce que les partis de gauche sont pacifistes. Sa plume, en revanche, est loin de l'être : un style net, incisif. Le ton de ses papiers est virulent. L'aventure s'arrête pourtant bientôt : « PAC » reproche aux partis de gauche d'évoluer vers une politique belliciste en vue d'une croisade antifasciste. L'une de ses relations l'attire alors à *Monde*, qui se définit comme un *Canard enchaîné* de droite. Là, il rencontre tous ses futurs amis de *Je suis partout*, dont Pierre Gaxotte à qui le propriétaire du titre, Arthème Fayard, vient précisément de confier la rédaction en chef. L'ancien secrétaire de Charles Maurras souhaite renouveler l'équipe d'un hebdomadaire réputé sérieux. Il engage « PAC ». Le quotidien royaliste, qui tire à plusieurs centaines de milliers d'exemplaires, se transforme petit à petit en grand organe d'opinion. Avant de devenir la tribune du fascisme hexagonal, il ne ménage pas ses attaques contre le gouvernement de Front populaire. Devant une telle exaltation, Fayard, âgé et malade, décide d'abandonner à la nouvelle équipe le titre de son journal.

Dans la tradition de la droite française, Gaxotte et Cousteau sont toujours les premiers à monter des canulars. À partir de confessions écrites d'un jeune coiffeur parisien, les deux compères sortent ainsi l'affaire de la « Fabrique des enfants rouges ». Ils racontent avec force détails comment des gens du Kremlin ont jeté leur dévolu sur des centaines d'adolescents de plusieurs arrondissements parisiens. Mais, heureusement, les auteurs de l'article « démasquent » les chefs occultes de cette « fabrique d'enfants rouges » dont les noms sont insidieusement mêlés à ceux de militants communistes connus. Parmi ces derniers, un certain Jean Yonnet, « type indéfinissable, bohème, à la vie mouvementée et probablement peu recommandable, quoique nous n'ayons pu relever contre lui qu'un vague emprisonnement à la sortie du bal des QuatzArts, et c'est le seul Français de la bande[2] », affirment avec aplomb Gaxotte et Cousteau. Ces « révélations » provoquent, on s'en doute, certaines réactions. Dans les jours qui suivent, Paris se couvre d'affiches communistes flétrissant les « mensonges de la presse bourgeoise » et « l'imposture de MM. Gaxotte et Cousteau » !

C'est dans ce milieu journalistico-littéraire que Pierre-Antoine rencontre Fernande-Augusta Semaille. La jeune femme est d'origine russe par son père. Elle vient de se séparer de Maurice Toesca, un écrivain d'origine charentaise, qui fait carrière dans la préfectorale. En juillet 1932, le journaliste épouse Fernande à la mairie du XVe arrondissement. Le couple décide d'habiter au 48, avenue de La Motte-Picquet.

En octobre de la même année, Jacques est promu enseigne de vaisseau de 2e classe. Vingt-quatre mois plus tard, il obtient naturellement ses galons de 1re classe. En 1933, le jeune officier a délaissé la *Jeanne* pour le *Primauguet*, un croiseur qui fait alors campagne en Extrême-Orient. Ce changement n'est pas pour lui déplaire. « Au début, je m'étais engagé pour faire carrière et pour voir le monde[3] », expliquera-t-il plus tard. De ce point de vue-là, il ne sera pas déçu. Après une longue croisière, il se retrouve à la base navale de Shanghai, alors concession française. Dans ce « Paris de l'Orient », on dénombre une dizaine de milliers de ressortissants métropolitains : employés municipaux, civils et militaires. Les marins vivent sur leur navire, généralement au mouillage à l'embouchure du Yang-Tsé, ou parfois ancré à quai, face au consulat. Ils remontent fréquemment le fleuve sur deux mille kilomètres, jusqu'à Tch'ong-K'ing. C'est encore le « temps de la canonnière ».

Le nom de Cousteau n'évoque pas de souvenirs particuliers chez des habitants de l'ancienne concession installés aujourd'hui en France. Il est vrai qu'au milieu des années 1930 le jeune homme n'est qu'un officier ordinaire. Ou presque. Dès que ses obligations le lui permettent, en effet, Jacques profite de ses loisirs pour filmer, plonger, nager, discuter avec les pêcheurs. Cousteau se passionne pour la plongée sans câble ; il a déjà entendu parler du scaphandre autonome d'un certain Yves Le Prieur, et Philippe de Corlieu, le génial inventeur des palmes en 1924.

Jacques aime la marine. Cette dernière n'a rien à lui reprocher, mais sans plus. « Il va servir à la mer, comme on dit, assez longtemps comme officier subalterne. C'est l'officier lambda, tout à fait dans le moule[4] », commente un spécialiste des questions de Défense, Gabriel Jauffret.

Les supérieurs de l'enseigne de vaisseau apprécient ses compétences et son sérieux durant le service à bord. Il se lie d'amitié avec quelques garçons qui admirent en lui une certaine prestance aristocratique. D'autres ne dissimulent pas leur agacement face à ce jeunot qu'ils considèrent comme trop imbu de sa personne. Un jour, on lui demande sur un ton ironique : « Cousteau, pourquoi commencez-vous toutes vos phrases par : « Moi, je » ? Le marin est obligé d'admettre la pertinence de la remarque. Il promet de faire effort pour atténuer son égocentrisme.

L'Asie fascine l'homme de cinéma qui s'épanouit tout doucement. Cette insatiable curiosité, ce goût pour l'aventure, il va pouvoir les satisfaire en choisissant de rentrer en France par voie de terre. Vladivostok-Moscou à bord d'un train à vapeur ! Avec lui, une caméra. Plusieurs semaines durant, il filme paysages et nouveaux moujiks soviétiques. Tour à tour, il visite les gens d'Arménie, de Crimée et même d'Afghanistan. Au total, un périple de cinq mois dans des conditions de confort souvent sommaires. Parvenu à Moscou, malheur : on lui confisque ses pellicules ! Un mauvais coup qui n'efface cependant pas toutes les images emmagasinées dans sa tête.

De retour à Paris, sa décision est prise. Il en fait part à son père et à sa mère, que dans l'intimité il nomme « Daddy » et « Mutti » : « Je veux être aviateur ! » leur annonce-t-il avec un enthousiasme dont il ne se départira jamais. Daniel et Élisabeth Couteau ne sont guère surpris. Ils savent que la vocation première de leur cadet est de voler.

Jacques-Yves, comme il aime à se faire appeler, a alors vingt-six ans. Sa demande de mutation dans l'aéronavale est bien perçue. Depuis sa création en 1928, le ministère de l'Air fait des pieds et des mains pour récupérer les escadrilles de cette arme. Malgré tous ses efforts, un décret signé en août 1936 replace l'aéronavale sous l'autorité directe du ministre de la Marine. C'est dans ce contexte de rivalité au sein même du gouvernement que Jacques est expédié à l'école d'Hourtin, en Gironde. Dans cette base de l'aviation maritime française, il acquiert en six mois les rudiments du métier de pilote. Son rêve est sur le point de se réaliser lorsqu'il est victime d'un grave accident.

Jacques Cousteau a décidé de partir seul, ce soir-là, au volant du cabriolet sport de son père, une Salmson. Le jeune officier veut à tout prix rejoindre des amis à l'autre bout de la France, dans les Vosges. Pour arriver à temps, il lui faut rouler toute la nuit sur des routes particulièrement difficiles. Pour une raison inexpliquée, les phares de l'automobile s'éteignent soudainement alors qu'il traverse la Creuse. Tout en continuant à rouler, Jacques se penche vers la boîte à gants où il sait trouver des fusibles. Mal lui en prend : la voiture percute violemment un talus. Le jeune officier est gravement blessé. Autour de lui, l'obscurité est totale. Une profonde angoisse l'envahit : « J'étais seul, la nuit, sur cette route de campagne. Personne ne venait. Il était deux heures du matin. J'ai vraiment pensé mourir. Je perdais mon sang. Me tournant vers le ciel, tout en essayant de m'allonger sur le dos, ce qui fait terriblement mal, j'ai regardé les étoiles. Je me suis dit : "Mon Dieu, comme j'ai eu de la chance de voir tant de choses dans ma vie !" Je n'avais aucune idée de ce qu'elle pouvait être aussi courte. J'avais l'impression que c'était déjà une existence bien remplie[5]. »

Le blessé distingue une maison dans la nuit. Une femme finit par entendre ses appels au secours. Elle enfourche sa bicyclette pour s'en aller prévenir le médecin le plus proche. Le blessé est transporté à l'hôpital de Bourganeuf. Le premier diagnostic est sévère : douze côtes brisées, un poumon perforé. Après de longs examens, les médecins lui annoncent une terrible nouvelle : le blessé ne recouvrera plus l'usage de ses bras. Jacques refuse de les croire. Il a raison. Il va certes rester paralysé pendant huit mois, mais son optimisme à tout crin lui permet plutôt de voir, à travers son calvaire, un nouveau défi que la vie lui lance. Comment ne pas sortir plus fort après une telle épreuve ?

Des épreuves d'une autre nature attendent l'Europe en butte à la menace totalitaire. En Espagne, c'est le début de la guerre civile. En Allemagne, Hitler, qui s'est fait voter les pleins pouvoirs par le Reichstag deux ans plus tôt, décide, durant cet été 1936, de porter à vingt-quatre mois la durée du service militaire. En France, les nouveaux députés du Front populaire apprennent à gouverner. L'industrie aéronautique est nationalisée.

Bien sûr, ce difficile contexte n'empêche pas les sentiments. Depuis quelques mois, Jacques est amoureux. L'heureuse élue s'appelle Simone Melchior. Il l'a rencontrée presque par hasard lors d'une soirée chez des amis, à Paris. Simone est jeune — dix-sept ans — et jolie. C'est la fille d'Henri Melchior, un éphémère officier de marine — un an, six mois et vingt-huit jours — reconverti en 1921 dans l'industrie privée. La mère de Simone, née Marguerite Baehme, appartient à une vieille famille française de l'Île-de-France, alors que les Melchior sont d'origine alsacienne.

La tradition militaire a toujours été affirmée dans la famille. « On est amiral ou général de père en fils chez les Melchior », nous déclarera l'une des cousines de Simone. En 1907, Jean Baehme reçoit ses galons de contre-amiral. Après avoir occupé le poste de président d'une commission permanente d'essais des bâtiments de la flotte, il prend le commandement du district maritime de Tunisie, alors sous protectorat français. Passionné de plongée sous-marine, Jean Baehme ne tarde pas à monter une expédition pour rechercher des vestiges romains près de Mahdia. Mahdia, Cousteau y plongera à son tour, mais en 1948, et en utilisant les moyens de la Marine nationale...

Après sa longue convalescence, l'enseigne de vaisseau Cousteau reçoit son affectation pour Toulon. Entre deux embarquements, il s'occupe de la formation des élèves officiers de réserve sur le *Suffren*, puis le cuirassé *Condorcet*. Il dispense entre autres des cours d'armes sous-marines. Il décroche également son brevet d'officier canonnier. Lors de ses permissions, il effectue de fréquents voyages entre la Côte d'Azur et Paris où il retrouve Simone, sa jeune fiancée. Les tourtereaux parviennent à convaincre leurs parents d'un mariage rapide.

Le 12 juillet 1937, Jacques épouse Simone-Marguerite-Marie Melchior. Le contrat de mariage civil est paraphé à la mairie du XVIIe arrondissement. La cérémonie religieuse, elle, constitue un véritable événement mondain. À la fin de la messe célébrée aux Invalides, deux gardes suisses en grand apparat dirigent les mariés vers la sortie. Visiblement émus, Simone et Jacques passent sous les sabres au clair d'une vingtaine de jeunes officiers de la Royale impeccablement alignés[6]. Dans les semaines qui suivent, le jeune couple s'installe à Bandol, dans le Var, à quelques kilomètres de Toulon. Leur nid d'amour s'appelle la villa Barry.

Durant ces années 1936-1937, deux autres rencontres vont exercer une influence déterminante sur le destin de Jacques. C'est d'abord celle de Philippe Tailliez, officier de marine comme lui, mais d'un grade supérieur, dont le père est devenu l'un des directeurs de la pyrotechnique de Brest.

Le premier contact entre les deux hommes se déroule curieusement autour d'un piano installé dans la coursive tribord de leur carré. À cette époque, les officiers fabriquent des fusils sous-marins et ils n'avaient rien trouvé de mieux que de transformer l'instrument de musique en cible. Tailliez avoue que Cousteau et lui vont déchaîner par la suite chez leurs collègues le « démon » de la chasse sous-marine : « Je crois qu'il n'y eut point de navire, du croiseur à l'aviso, où quelque jeune officier fanatique ne fabriquât en sourdine, avec la complicité des ateliers du bord, une puissante arquebuse destinée à l'assaut des mérous[7]. »

Tailliez est au courant de l'accident automobile dont a été victime Cousteau. On lui a dit comment son cadet s'en est sorti grâce à une force de caractère peu commune. C'est peut-être à cause de cela que Cousteau lui apparaît d'emblée comme différent des autres officiers. « Derrière la dispersion fougueuse et l'insouciance de la jeunesse, il y avait déjà l'animateur, l'animal d'action[8]. »

Pour le futur océanographe, tout va commencer un dimanche matin au Mourillon, dans la banlieue de Toulon. Ce jour-là, il fait chaud. Un soleil de plomb écrase hommes et végétation. La mer est d'huile. La veille, Tailliez a demandé à Cousteau de l'accompagner pour une initiation à la plongée. Arrivés sur la plage, l'aîné tend au cadet des lunettes sous-marines. Elles ressemblent à celles des pêcheurs de perles du Pacifique. Cousteau ajuste ses lunettes Fernez, puis il avance vers la mer et se glisse doucement dans l'eau. Il se fond dans le liquide et, tout à coup, ouvre les yeux : « À l'instant, tout se déclenche : l'officier canonnier de la Marine nationale que j'ai été jusque-là pressent que le cours de sa vie va être bouleversé. M'éloignant du rivage, je me suis mêlé aux vagues et je me suis probablement perdu — mais comme on se perd dans les rêves. Sous un mètre d'eau, un spectacle bien modeste me paraît le plus beau du monde : un groupe de poissons argentés (c'étaient des mulets) anime l'espace liquide qui m'entoure. Ils se dirigent tous ensemble vers une petite roche couverte d'algues vertes, comme pour m'inviter à franchir la frontière d'un pays nouveau[9]. »

Quelques mois après cette révélation, Tailliez présente Frédéric Dumas à Cousteau. Le garçon a passé toute sa jeunesse à Sanary, petit port de pêche à quelques kilomètres de Toulon. « Didi », comme le surnomment ses amis, a toujours été fragile. C'est grâce à la mer qu'il s'est refait une santé. Longtemps trop faible pour fréquenter l'école, ce sont ses parents enseignants — son père est professeur d'histoire — qui lui ont fait préparer ses examens à la maison.

Personnage discret, presque renfermé, Dumas passe pour un original et un esthète. Ses deux passions : l'archéologie et la chasse sous-marine. C'est cette dernière qui va favoriser tout naturellement sa rencontre avec Tailliez. Sur ce coin de la côte, ils étaient alors à peine une dizaine d'hommes à pratiquer cette activité qui n'était à l'époque ni vraiment un sport, ni un mode de subsistance. Peu de temps après, Tailliez présente Cousteau à Dumas : l'« osmose » est immédiate avec ce « personnage déjà légendaire qui harponnait des poissons avec des tringles à rideaux [10] », capable de prendre cent kilos de poissons en une matinée !

La mer, la plongée, un certain goût de la liberté vont unir pendant de nombreuses années les trois hommes. Ils vont devenir inséparables, au point d'être bientôt surnommés les « Mousquemers ». Pas un jour de congé qu'ils ne partagent. Plongées, chasses, bricolages. Des passions pour une « fraternité qui relève du sacré [11] », ainsi que nous l'a confié Philippe Tailliez quand nous l'avons sollicité pour ce livre.

La chasse sous-marine ne fait pas que des heureux. Les pêcheurs de Provence voient d'un mauvais œil ces hommes-poissons armés de harpons et de bouteilles d'air comprimé. Ne vont-ils pas vider la côte de la faune qui reste leur gagne-pain ? Les trois amis échappent de peu à plusieurs tentatives de molestage, jusqu'au jour où Tailliez décide de se faire accompagner par son chien, un barzoï baptisé Soïka. Quelque temps auparavant, c'est Dumas qui a eu maille à partir avec les pêcheurs de Sanary. Pour éviter l'agression, il a fallu l'intervention d'un personnage haut en couleur, le fameux gangster Paul Carbone. De retour au port en compagnie de Dumas, Carbone répéta à la cantonade avec un fort accent corse : « Ohé, les gars, n'oubliez pas que cet homme est mon ami [12] ! »

Cette mise au point effectuée, les pêcheurs finissent néanmoins par avoir gain de cause. Quelque temps plus tard, le gouvernement met un peu d'ordre en interdisant de façon formelle l'utilisation des appareils respiratoires et les fusils à air comprimé. La chasse sous-marine est dorénavant soumise à l'obtention d'un permis.

Pour Jacques, la découverte du monde sous-marin coïncide avec un autre événement heureux : la naissance, le 6 mai 1938, de son premier garçon. Il sera baptisé Jean-Michel. Quelques mois plus tard, c'est au tour de Fernande, sa belle-sœur, de donner également le jour à un second enfant : Jean-Pierre, dont la sœur aînée, Françoise, avait vu le jour quatre ans plus tôt.

Toujours durant cette année 1938, Cousteau, Tailliez et Dumas commencent à expérimenter des prototypes d'appareils respiratoires en circuit fermé à oxygène. Il s'agit en fait d'adapter le système Le Prieur. Pour ce faire, les « Mousquemers » se font aider par deux ingénieurs de L'Air liquide, la société où travaille Henri Melchior, le père de Simone.

Pendant ce temps, Pierre-Antoine Cousteau est en Espagne où la guerre civile fait rage. Il y réalise des reportages sur les fronts des combats. À *Je suis partout*, les journalistes prennent parti pour Franco. Sur la route du retour, « PAC » s'arrête quelques jours à Saint-André-de-Cubzac. Il n'est pas seul : l'écrivain Robert Brasillach et son beau-frère Maurice Bardèche l'accompagnent. Le cousin Duranthon se souvient : « C'était en juillet 1938. Pierre-Antoine est arrivé avec ses amis. Ils ont beaucoup parlé politique, surtout Pierre. En fait, il parlait seul. Il aurait pu y avoir discussion s'il y avait eu un socialiste ou un communiste. Nous le considérions comme le Messie de passage. On le ''badait'', comme on dit en Gironde [13]. »

En septembre, le reporter se rend au congrès du Parti national-socialiste à Nuremberg. Avec d'autres journalistes, il est invité à un thé offert par Joachim von Ribbentrop, le ministre allemand des Affaires étrangères. À l'issue de cette causerie au coin du feu, on le présente à Hitler. C'est également au cours de ce séjour que le frère de Cousteau fait la connaissance d'Otto Abetz, futur ambassadeur du Reich à Paris.

L'aîné des fils Cousteau n'a pas tort de se passionner pour la vie publique, même s'il paiera cher ses choix. Il a pressenti depuis quelque temps déjà les grands chambardements à venir. Depuis plusieurs mois, les événements se bousculent en Europe. La tension monte. En France, la IIIe République tire à sa fin. Daladier se succède pour la troisième fois à lui-même à la tête de la présidence du Conseil. Devant les menaces qui grondent, il décide de prendre également en charge la Défense nationale et la Guerre. Nous sommes en avril. Un mois plus tard, le Front populaire dévalue le franc pour la troisième fois. En septembre, le gouvernement rappelle plus de cent mille réservistes. Des mesures de défense passive sont décidées. Quinze jours après Nuremberg, Hitler, Mussolini, Chamberlain et Daladier se rencontrent à Munich. Pour l'Anglais et le Français, le pire semble avoir été évité. « Ouf » de soulagement à l'Assemblée nationale où les députés votent les pleins pouvoirs au gouvernement. À la fin de l'automne, rien ne va plus pour le Front populaire, qui finit par éclater.

Février 1939 : Franco devient l'homme fort d'Espagne. La France reconnaît le gouvernement du Caudillo. Mieux, elle lui envoie un ambassadeur prestigieux : Philippe Pétain. L'étau se resserre. En mai, dans la capitale du Reich, Hitler et Mussolini signent le « pacte d'acier ». Les jeux sont faits.

Cet été-là, Antoine Duranthon et son père vont rendre visite aux Cousteau. Tout le monde se retrouve derrière les murs de la maison de campagne de Savigny-sur-Orge, dans la banlieue sud de Paris. Ce 22 août 1939, Pierre-Antoine est rentré de son journal vers six heures du matin. Au petit déjeuner, Fernande annonce aux cousins de Saint-André la signature du pacte germano-soviétique. Elle leur précise également que Pierre-Antoine est « fascicule bleu » — autrement dit mobilisable dans les jours qui vont suivre. C'est ce qui advient. Joël Duranthon se propose d'emmener le réserviste à Meaux, son centre de recrutement. Il est aussi décidé que le reste de la famille quittera Paris le jour même. Femmes et enfants vont se replier sur Saint-André-de-Cubzac.

Font partie du voyage : Françoise et Jean-Pierre, les enfants de Pierre-Antoine ; Jean-Michel, le fils de Jacques-Yves. « Je me souviens qu'à midi on s'est arrêtés à Angoulême pour déjeuner. C'est là qu'on a appris la déclaration officielle de la guerre [14] », note le cousin Duranthon.

Élisabeth Cousteau ne tarde pas à rejoindre ses petits-enfants en Gironde. La pharmacie paternelle ne peut accueillir, comme en 1914-1918, toute la ribambelle de gosses. Elle décide de louer un « castel », une grande maison située sur le futur emplacement de la Cité américaine, ainsi nommée en souvenir des soldats américains qui y logeront par la suite.

Sachant sa famille en sécurité, Daniel Cousteau rejoint Torquay, en Angleterre, où son patron, M. Higgins, a trouvé refuge. Jacques, lui, se retrouve tout naturellement à Toulon, son port d'affectation. La marine française s'apprête à partir en guerre. Le jeune officier sait qu'il va devoir se séparer de ses amis Tailliez et Dumas. Auparavant, les « Mousquemers » vont partager une dernière fois l'excitation et la beauté des fonds sous-marins. Cette ultime communion avant l'orage a lieu aux Embliez où, trois ans après, ils tourneront leur premier film sous-marin. Une balade que Tailliez racontera quinze années plus tard avec beaucoup d'émotion et de poésie :

« Nous plongeâmes tout le jour. Il fallut rentrer à l'aviron, le moteur de notre barque ayant, comme à l'ordinaire, refusé de partir. La nuit était tombée, pure, chargée d'étoiles, aussi calme qu'avait été le jour. Nous laissions dans l'eau un long sillage de feu pâle, la côte étalait devant nous son cordon de lumières. Parfois, nous nous arrêtions et nous écoutions les bruits de la terre, la rumeur assourdie des orchestres de danse.

« Par une nuit qui avait dû être aussi belle, au bord de la même mer, à Venise, Nietzsche — je le lisais en ce temps-là —

avait composé des strophes déchirantes. Elles montaient dans ma mémoire :

« Tout frissonnait de gouttes d'or sur la tremblante sur-
« face : lumières, gondoles, musiques.
« Mon âme comme un luth, frôlée par d'invisibles voix,
« se chantait une barcarolle à voix basses.
« Et frissonnait d'une chatoyante félicité.
« Quelqu'un l'écoutait-il ? »

« Nous touchions au port. Lorsque de jeunes hommes sont en mer, il y a sur la jetée des jeunes femmes qui guettent leur retour. Elles étaient là, serrées au pied du phare, et celui-ci lançait sur l'eau, d'un rythme égal, un long trait de sang. Nous distinguions à chaque lueur des écharpes, un pan de robe, de tendres visages ; venaient jusqu'à nous des voix inquiètes ou railleuses, de légers rires... Car les femmes sont jalouses de la mer. Nous montâmes l'escalier de fer. Le long des quais, c'était à présent le silence, les noctambules ayant fui, et les terrasses vides aux chaises renversées avaient l'aspect sordide et sinistre des terrains de fête abandonnés. L'air était lourd. Au nord, un orage se préparait. Derrière les nuages bas et noirs, il nous semblait qu'un poing géant ganté de fer allait se dresser et s'abattre sur la ville [15]. »

III

L'heure des choix (1939-1941)

Printemps 1940 : le désastre. En quelques semaines, l'invasion allemande fait plier les genoux aux armées de Hollande, de Belgique et de France. Après la débâcle militaire, la déroute politique : à la mi-mai, le maréchal Pétain est rappelé d'Espagne pour assister un gouvernement dépassé par les événements. Le vainqueur de Verdun pense que la guerre est virtuellement perdue. À quatre-vingt-quatre ans, il s'apprête à « faire don de sa personne » au pays.

La campagne de France n'est pourtant pas terminée. En Méditerranée, le 10 juin, une vingtaine de sous-marins italiens prennent leur poste de surveillance. Le 13 juin, des centaines d'obus tombent sur Toulon. La flotte française riposte quelques jours plus tard en pilonnant à son tour la côte ligure. L'officier canonnier Cousteau est à son poste de combat à bord du *Dupleix*. Le croiseur rejoint d'autres navires de guerre devant le port de Gênes que le ministre de la Marine, César Campinchi, a ordonné de bombarder. Les 17 et 18 juin, le feu fait rage. La réaction de la DCA italienne est particulièrement violente, mais tous les navires et appareils de l'aéronavale réussissent à rentrer à leur base.

Le 22 juin, c'est l'arrêt des combats. L'armistice est signé avec l'Allemagne hitlérienne comme avec son alliée, l'Italie mussolinienne. Pour la Méditerranée, des conventions prévoient un strict contrôle du trafic maritime français par des organismes italiens dénommés « sections » ou « délégations de contrôle »[1]. Ces dernières s'établissent tout d'abord dans les ports les plus importants. Ordre est donné à la flotte française de ne plus broncher.

On s'en doute, le moral des personnels de la Royale est au plus bas devant cette humiliation. Mais le pire est encore à venir. Au début du mois de juillet, l'aviation britannique décide de détruire les navires français qui mouillent en rade de Mers el-Kébir, en Afrique du Nord. Le gouvernement de Londres veut absolument éviter que ces bateaux tombent entre les mains des Allemands. La surprise est totale ; le bilan, tragique : plus d'un millier de marins français trouvent la mort sous les bombes anglaises. Le nouveau ministre de la Marine, François Darlan, se déclare profondément choqué par ce qu'il considère comme « la plus grande faute de la politique anglaise[2] ». Ordre est donné aux formations d'attaquer tout vaisseau de guerre et de capturer tout navire de commerce britannique rencontré. Une décision grave, voire irresponsable, annulée moins de trente-six heures plus tard.

Une nouvelle organisation provisoire du commandement en Méditerranée est décidée par l'Amirauté dès le mois d'août. Parallèlement, pour la protection des ports, on met en place des filets d'arrêt, pare-torpilles et à mines. Le lieutenant de vaisseau Cousteau ne participe pas à ces opérations. D'autres tâches plus rocambolesques l'attendent au moment même où Simone s'apprête à accoucher de leur second garçon, Philippe, qui va voir le jour le 30 décembre 1940.

Tout commence aux alentours de Noël. Le capitaine de frégate Robert Antoine est prié de se présenter à Vichy, cette station thermale où le gouvernement de Pierre Laval s'est installé. Dans la ville d'eau, il est reçu par l'un des chefs du

Deuxième Bureau. Antoine n'est pas étonné outre mesure par cette convocation. Le renseignement est son métier.

Antoine avait dix-neuf ans lorsqu'il a choisi Navale. Dix ans plus tard, en 1930, il est lieutenant de vaisseau. On l'envoie servir à bord du sous-marin *Laplace*. Diplômé de l'École supérieure de la marine et « breveté état-major », c'est probablement à cette époque qu'il est nommé chef de la SN (Sûreté nationale) pour le Sud-Est. Il est plus spécialement chargé de surveiller, voire de réprimer les activités antinationales. « J'étais simultanément, pour toute la région côtière qui va de Cerbère à Menton, le gendarme et le voleur, double jeu dangereux et difficile[3] », confirmera-t-il. Ses activités dépendent pour une large part du Deuxième Bureau, donc des services de renseignements militaires, même si, pour l'essentiel, son territoire reste la marine.

À Vichy, Antoine se voit confier une mission précise : se procurer le code secret que les Italiens utilisent pour communiquer entre eux sur le territoire français et dont ils se servent également pour correspondre avec Rome. Dans l'esprit du responsable des SR, l'objectif est simple : convaincre l'amiral Darlan que les Italiens ne respectent pas les termes des conventions d'armistice.

De retour dans son appartement du Vieux-Port à Marseille, le commandant Antoine a mis au point sa tactique : il lui faudra pénétrer dans les locaux de l'une des délégations italiennes pour photographier les éléments de ce code sans que l'ennemi s'en aperçoive. Le voler ne servirait à rien, puisqu'il serait immédiatement remplacé par une autre clef secrète.

Avec son principal collaborateur, le lieutenant de vaisseau Pierre Matriolet, Antoine étudie les configurations des différentes commissions installées à Nice, Toulon, Marseille, Port-Vendres et Sète. C'est finalement dans cette dernière ville que les chances de pénétrer dans les locaux italiens semblent les plus sérieuses. Les bureaux sont, en effet, installés dans une maison légèrement isolée. Un peu plus loin, les rues ne sont guère fréquentées. Les officiers qui y travaillent dans la journée rejoignent le soir leur hôtel dans le centre-ville, à plusieurs kilomètres de là.

Curieusement, la nuit, les locaux ne font l'objet d'aucune surveillance italienne. Seul un gendarme français fait les cent pas ou, comme le constate Matriolet, il dort dans une guérite. L'opération paraît se présenter sous les meilleurs auspices. Les repérages du lieutenant ne s'arrêtent pas là. Il apprend qu'une Sétoise s'occupe du ménage de la villa, dont elle possède les clefs.

Au début du mois de janvier 1941, la mission est lancée. Elle s'appellera *Duco*. Le nom n'a pas de signification particulière, si ce n'est que les Italiens commencent systématiquement leurs messages par ces deux syllabes.

Autour du commandant Antoine, plusieurs spécialistes, à la façon de la série américaine « Mission impossible » : Jean Ciarlo, dit Carlier, et Yvonne Rossi, un couple de faux époux qui sera chargé de surveiller les officiers italiens logés à l'hôtel de la Plage ; Sylvestre Cambo, le charmeur, qui devra se procurer les clefs auprès de la femme de ménage ; Jean Palisse, le couturier, qui confectionne déjà les uniformes italiens nécessaires aux membres du commando ; et surtout Jacques Cousteau, le photographe bricoleur sans lequel l'opération n'aurait aucun sens, puisque c'est lui qui reproduira le fameux code ennemi.

L'écrivain Maurice Pasquelot, qui recueillera vingt ans plus tard les confidences du commandant Antoine, raconte l'une des réunions préparatoires à l'opération. Elle se déroule rue de Breteuil, à Marseille :

« Un homme entra dans la pièce ; grand, maigre, le visage anguleux, souriant, détendu comme s'il allait faire une bonne blague. C'était le lieutenant de vaisseau Cousteau, l'un des adjoints du commandant Antoine.

« "Voici l'objet", dit-il en ouvrant une petite boîte bien ficelée dont il sortit un appareil qui ressemblait vaguement à une potence en miniature. "Voilà l'objet, répéta-t-il. Avec cet instrument, il est possible de photographier n'importe quel document."

« Il s'agissait d'un Minox monté sur une petite charpente qui permettait de l'utiliser grâce à une seule mise au point.

« Cousteau prit doucement Antoine par le bras et, l'entraînant dans la pièce voisine, il lui montra comment il utiliserait son Minox.

« "Mais ce n'est pas tout, dit-il ; j'ai également trouvé la pièce qui manquait à notre puzzle. J'ai déniché le meilleur spécialiste local, l'as des as, le seul qui soit capable de jongler avec n'importe quelle serrure de coffre-fort. Aucune combinaison ne lui résiste.

— C'est un truand ? Un casseur ?

— Mais non, rassurez-vous ! C'est un spécialiste de la maison Fichet, de Marseille, qui m'a été chaudement recommandé par le directeur de la maison[4]." »

Le jour « J » coïncide avec la fin du mois de janvier 1941. Des trombes d'eau s'abattent depuis plusieurs jours sur la Provence et le Languedoc. Les acteurs de l'opération *Duco* se mettent en place. Les faux époux Carlier et Antoine sont arrivés à Sète chacun de leur côté. Cambo termine son numéro de séduction auprès de Mme Salvat, la femme de ménage. Cousteau, Matriolet et Palisse sont attendus ; ils doivent venir en voiture. La nuit est déjà tombée lorsque leur Citroën s'arrête, quelques kilomètres avant Sète. Les trois hommes enfilent des uniformes d'officiers italiens. Une ombre se profile dans le noir. C'est un cycliste. Antoine raconte :

« L'homme, Sylvestre Cambo, descend de vélo, s'approche de la vitre baissée et tend à Cousteau les clefs qu'il a subtilisées dans le cabas de Mme Salvat. Il précise : "Tout va bien. Je viens de là-bas. Le gendarme français est à son poste, mais il semble qu'il ne soit pas à jeun. La plus grosse clef est celle de la grille, l'autre ouvre la porte de la villa. La troisième, c'est celle du bureau du major. Je vous retrouve ici quand votre travail sera terminé ; je vous attendrai." »

Comme prévu, Cousteau, Palisse et leur perceur de coffres-forts réussissent à pénétrer dans les locaux interdits. Le gendarme n'est pas étonné par cette visite tardive. Il salue même les faux officiers italiens. Antoine observe les événements à la jumelle. Il poursuit ainsi son récit :

« Toutes les pensées les plus pessimistes me venaient à l'esprit. Et si le courant venait à être coupé ? Personne n'avait prévu d'emporter de lampe individuelle. Et si le spécialiste de Fichet ne parvenait pas, malgré toute sa classe, à ouvrir le coffre ? Et si la clef du major n'était pas la bonne ? Pourtant, à un moment, j'ai ri tout seul. Mes hommes étaient en train de cambrioler la commission d'armistice italienne sous la protection... de la gendarmerie française. Cela me redonna subitement bon moral et, dès cet instant, je ne doutais plus de notre complète réussite [5]. »

L'officier a raison. Le trio sort de la villa comme il y était entré. Nouveau salut du gendarme français. La Citroën noire démarre. Direction : Marseille. Mission accomplie.

Le lendemain, tout le monde se retrouve rue de Breteuil. Pendant la nuit, Cousteau a fébrilement développé ses films. Les tirages sont parfaits. Le code italien est tiré à deux exemplaires par mesure de sécurité. Quarante-huit heures plus tard, le commandant Antoine est à Vichy. Il apporte les résultats de sa mission aux responsables de l'Amirauté française. On lui transmet les félicitations de l'amiral Darlan qui a décidé, lui annonce-t-on également, de ne pas utiliser les précieux documents !... Même pour des militaires habitués à obéir, le coup est rude.

Selon Antoine, le code rapatrié à Vichy sera finalement brûlé, alors que le second exemplaire aurait été remis plus tard, par ses soins, à Victor Farrell, le correspondant pour la Suisse de l'Intelligence Service. Ce major britannique occupait la fonction de chef de la station MI 6 — renseignement militaire — à Genève depuis 1940. Auparavant, il avait été tour à tour professeur d'anglais à Saint-Cyr, chef de station à Budapest, puis à Vienne.

La décision de Darlan n'est pas à proprement parler une énigme. Elle s'explique par deux raisons. D'une part, l'amiral de la flotte n'a jamais cru aux services d'espionnage. Il est vrai, d'autre part, que Darlan a d'autres préoccupations. C'est à ce moment-là précisément — le 21 février 1941 — que le maréchal Pétain lui demande de former un nouveau gouvernement. Dans les semaines qui suivent, le successeur de Pierre Laval va lancer son plaidoyer en faveur de la « collaboration » avec l'Allemagne. Il ne tarde d'ailleurs pas à s'en expliquer publiquement.

Que deviendront les principaux acteurs de l'opération *Duco* ?

Le lieutenant de vaisseau Matriolet, qui a trente-cinq ans au début de la Seconde Guerre mondiale, continuera sa carrière dans la Royale. Promu contre-amiral en 1959, il sera le seul membre du commando à se voir décoré de la médaille de la Résistance [6].

Contrairement à Matriolet, le commandant Antoine, lui, disparaît rapidement des annuaires de la Marine nationale. Et pour cause : il entre en 1944 à la DGER — Direction générale d'études et de recherches —, les services secrets français. Ses activités durant la guerre l'ont conduit tout naturellement vers ces services. D'après mes investigations, Antoine a effectivement été chef du SR marine pour la région Sud-Est en 1941 et 1942. Il a d'abord travaillé sur l'Italie avant d'étendre progressivement ses missions à la zone côtière de l'Atlantique, notamment dans la région de Bordeaux. Après l'occupation allemande de la zone libre, en novembre 1942, il aurait créé le réseau Arnault-Bruno, axé sur l'Italie et la côte sud-est de la France. Mais, à ma connaissance, ce réseau n'a pas été homologué parmi les mouvements de Résistance.

Au printemps 1944, Antoine se retrouve à Lyon. Il assure une liaison entre divers groupements de maquisards du Rhône et du Vercors. Durant l'été, il exécute des missions touchant l'organisation de la défense de la vallée du Rhône au profit de la Ire armée. Handicapé — deux prothèses à la hanche —, il terminera sa vie seul, dans un appartement, au onzième étage d'une HLM de Sarcelles, dans la banlieue parisienne.

Quant au lieutenant de vaisseau Cousteau, rien n'indique

qu'il ait accompli d'autres missions pour le compte des services français de renseignements. Les rares allusions à ses activités d'agent secret concernent cette expédition menée en 1941 dans les locaux de la commission d'armistice de Sète[7]. Pourquoi cette discrétion ? Un spécialiste du monde de l'ombre suppose que Cousteau n'a pu se borner à elles : « Il ne voulait pas qu'on puisse penser que ses voyages étaient orientés vers le renseignement ou qu'on lui demandait d'accomplir des missions ponctuelles sous le couvert de ses expéditions à travers le monde. » Simple déduction sur un sujet qui ne manquera pourtant pas d'« interpeller » quelques-uns des plus proches collaborateurs du commandant explorateur, comme nous le verrons plus loin en évoquant les nombreux voyages de la *Calypso*.

En marge du témoignage du commandant Antoine, nous découvrirons une seconde allusion à l'appartenance de Cousteau au Deuxième Bureau français durant cette époque trouble. En l'occurrence, quelques pages publiées sous la forme d'un roman passé plus ou moins inaperçu lors de sa sortie en France, en 1968.

L'écrivain est allemand, auteur de plusieurs best-sellers. Son nom : Johannes-Mario Simmel. Son ouvrage s'intitule *On n'a pas toujours du caviar*. Il narre les extraordinaires aventures d'un certain Thomas Lieven, d'origine allemande, devenu malgré lui agent secret pour le compte de divers pays impliqués dans la guerre. Selon Simmel, son agent — au moins triple ! — est mis un jour en présence d'un dénommé Jacques Cousteau, le futur explorateur des fonds marins, précise-t-il, avant d'ajouter : « En 1940, cet ancien commandant d'artillerie de marine était un élément important du SR français renaissant : un jeune homme plein d'énergie, aux cheveux et aux yeux bruns, bien entraîné et d'allure sportive. » Toujours selon l'auteur, la rencontre entre les deux hommes se serait déroulée dans l'appartement même de Cousteau, boulevard de la Corderie, à Marseille. Auraient été également présents un colonel Siméon, le patron de Cousteau, et un dénommé Hunebelle. L'intrigue du roman tourne autour d'une liste d'agents secrets, d'une cargaison d'or et de collaborateurs français qu'il faut châtier. Nous en reproduisons ci-dessous un extrait :

« Cousteau était assis dans un vieux fauteuil devant la bibliothèque et fumait une vieille pipe qui contenait un maigre fond de tabac.

« Le colonel Siméon était assis à ses côtés ; son costume foncé luisait lamentablement aux coudes et aux genoux. Lorsqu'il croisait les jambes, on voyait que sa semelle gauche était trouée.

« "Pauvre, ridicule, lamentable SR français, songeait Thomas Lieven. Moi, amateur contraint au travail d'agent, je suis plus riche pour l'instant que le Deuxième Bureau tout entier !"

« Élégant et soigné, il se tenait à côté de la mallette qui avait servi à transporter les lingots chez Bauvier. À présent, elle contenait 2 520 000 francs...

« "Il faudra faire très attention à l'arrivée du train, dit Thomas. J'ai vérifié l'horaire : il ne s'arrête que huit minutes.

"— Nous ferons attention, dit Cousteau. Ne vous faites pas de souci, M. Hunebelle."

« Siméon tiraillait sa moustache, à la Menjou.

« "Et vous pensez que Lesseps transporte une grosse quantité de marchandise ? s'enquit-il avec un regard affamé.

"— D'après Bauvier, une masse énorme d'or, de devises et d'autres valeurs. Il en achète depuis des jours. Il y en a sûrement beaucoup, sinon, il n'irait pas à Paris. Bauvier lui remettra mes sept lingots. Je crois que le mieux serait de les faire arrêter tous les deux à ce moment-là...

"— Tout est prêt, dit Cousteau. Nous avons passé le tuyau à certains amis de la police.

"— Mais comment ferez-vous pour mettre la main sur les listes ? demanda Siméon.

"— Ne vous cassez pas la tête, dit Thomas en souriant. Mais rendez-moi un service : j'ai besoin de trois valets en livrée de l'hôtel Bristol."

« Siméon ouvrit la bouche et écarquilla les yeux. On voyait qu'il réfléchissait avec application.

"C'est faisable, dit Cousteau, avant que l'effort du colonel eût abouti à un résultat. Le Bristol fait laver à la blanchisserie Salomon. C'est eux, aussi, qui nettoient les livrées. Le sous-directeur de la blanchisserie est un homme à nous.

"— Parfait, dit Thomas."

« Il regarda le maigre Siméon, avec ses souliers troués et son costume râpé. Il regarda Cousteau, qui tirait parcimonieusement sur sa pipe mâchonnée pour économiser le peu de tabac qui restait dans sa blague. Il regarda sa mallette. Puis il eut un geste qui prouvait l'excellence de son cœur, mais aussi qu'il n'avait toujours pas appris à vivre selon les règles égoïstes du monde inhumain où l'avait précipité le sort [8]... »

Cousteau espion ? Difficile à dire pour cet épisode romancé. Une certitude pour cette mission de visite par effraction des locaux italiens à Sète de janvier 1941. C'est d'ailleurs pour cette action courageuse qu'il recevra, en mai 1946, en même temps que le commandant Antoine, la Légion d'honneur. Une décoration qui fera l'objet, comme il se doit, d'une publication dans le *Journal officiel* de l'époque, ainsi libellée : « COUSTEAU (Jacques), lieutenant de vaisseau : a, au cours de la guerre, rendu dans des circonstances particulièrement périlleuses d'éminents services [9]. »

Pour le reste, rien de prouvé...

En 1941, la guerre et ses tourments pour la population française sont loin d'être terminés. Comme nous l'avons vu, le choix de Darlan est alors on ne peut plus clair. Un an après la fin de la « drôle de guerre », le gouvernement de Vichy a délibérément choisi la collaboration. Cela dit, sa « politique de rapprochement » avec l'Allemagne, comme il préfère dire, ne fait pas que des mécontents. À commencer parmi un certain nombre d'intellectuels dont fait partie Pierre-Antoine Cousteau.

Voilà plusieurs mois que Daniel et Élisabeth Cousteau n'ont plus de nouvelles de leur fils aîné. Par une de leurs parentes, ils ont appris que l'appartement de La Motte-Picquet, bien qu'inoccupé, a fait l'objet d'une perquisition particulièrement musclée en juin 1940. Les policiers ont forcé la porte et fracturé les meubles. Ils ont tout laissé dans un désordre indescriptible. La tante de Pierre-Antoine confiera à Charles Lesca, patron de *Je suis partout* : « Si la concierge, au passage, ne m'avait pas prévenue de la visite de la police, j'aurais cru que c'étaient des cambrioleurs qui étaient passés par là. » En réalité, le « journal de toute la France » récolte ce qu'il a semé. En mai 1940, le gouvernement a jugé que la propagande faite par l'hebdomadaire était dangereuse et commandité une enquête sur ses journalistes qui n'hésitaient pas, quelques mois auparavant, à présenter Hitler comme « l'homme du Destin ». C'est dans le cadre de ces mesures que Lesca et Laubreaux sont internés. Les autres échappent par la force des choses aux investigations policières, puisqu'ils sont mobilisés.

« Où sont mes amis ? » s'interroge de son côté Robert Brasillach. Sa dernière rencontre avec « PAC » remonte à mai 1940. Cousteau avait passé un bref moment avec l'auteur du *Voleur d'étincelles* dans la chambre souterraine qu'il occupait à Paris. « Dans quinze jours, ils l'auront perdue, la guerre ! » avaient prédit les deux amis. Puis « PAC » était reparti pour le front. « J'étais pour l'instant le seul mobilisé rappelé à Paris, écrit Brasillach. On avait perquisitionné chez tout le monde, l'enseigne de vaisseau Georges Blond, le brigadier Pierre Cousteau, le caporal Claude Roy, le capitaine Henri Lèbre, le lieutenant Henri Poulain, et Camille Fégy, et Lucien Rebatet [10]. »

Comme la plupart de ses amis, Pierre-Antoine Cousteau a été mobilisé en août 1939. Le « biffin » s'est retrouvé dans une compagnie basée à Meaux. Il a participé à toute la campagne, avant d'être fait prisonnier, le 25 juin 1940, jour de l'armistice, dans le bois de Juré, près de Toul. À partir de ce moment, il connaît l'internement durant plusieurs mois. C'est d'abord le camp de Saint-Mihiel, puis le *kommando* de travail de Skül, en Allemagne. Dans ce coin de Thuringe, il décharge des wagons de charbon et effectue des travaux de terrassement. Les conditions de détention sont pénibles.

À la demande d'Otto Abetz, le journaliste écrivain Cousteau est libéré en septembre 1941. Plusieurs de ses amis sont intervenus en sa faveur auprès du représentant de Hitler à Paris. Parmi eux : Lesca, Laubreaux et de Lequerica, ambassadeur d'Espagne à Vichy.

Une fois élargi, « PAC » rejoint sa famille à Saint-André-de-Cubzac, près de Bordeaux. Il passe là quelques semaines de repos durant lesquelles son père l'adjure de gagner l'Espagne, où il assurerait sa subsistance jusqu'à la fin des hostilités.

De Torquay, Daniel Cousteau parvient à entretenir une correspondance plus ou moins régulière avec sa femme et ses fils. Ses lettres empruntent des voies clandestines. Elles sont toutes timbrées de la gare Saint-Lazare, à Paris, sous d'autres enveloppes et une écriture différente. Sa famille lui répond grâce à l'aide d'un membre de la légation du Portugal.

Devant l'offre de son père, Pierre-Antoine se retrouve face à un dilemme : « Est-ce que j'obéis à mon père ? Est-ce que je me débarrasse de toutes sortes de soucis, de ce fardeau du quotidien ?... » Une chose le décide, expliquera-t-il devant ses juges : « le spectacle assez répugnant que donnaient un grand nombre de collaborationnistes, de gens qui s'étaient rués sur la collaboration exactement comme des corbeaux sur un charnier [11] ». Et d'expliquer qu'il était de son devoir de rester en France.

En novembre 1941, il est de retour à Paris. Il retrouve l'appartement familial du 48, avenue de La Motte-Picquet. Quelques heures après son arrivée, il se rend au « bureau du consulat », comme il a toujours appelé le siège de *Je suis partout*, situé alors rue Marguerin, dans le XIVe arrondissement. Les retrouvailles sont chaleureuses. Brasillach, le rédacteur en chef et directeur politique, lui demande de reprendre immédiatement sa place. On le sollicite également pour signer des articles au *Cri du peuple*, l'organe du PPF (Parti populaire français) de Jacques Doriot. Il accepte. Après en avoir discuté avec Doriot, il est convenu que, sans être officiellement inscrit, il sera considéré comme membre de l'organisation. « Cela facilitait la politique de noyautage du PPF », expliquera-t-il.

À *Je suis partout*, P.-A. Cousteau se sent d'autant plus chez lui qu'il y retrouve une rédaction épurée. L'ancienne équipe a été disloquée par la mobilisation. Pis, la catastrophe du printemps 1940 l'a profondément divisée dans ses opinions. Thierry Maulnier et Pierre Gaxotte sont les premiers à faire les frais de ces fractures. Seuls restent les éléments les plus durs. L'heure des vrais choix a sonné. Il y a ceux qui partent et ceux qui restent. Cousteau et Rebatet ont choisi la collaboration ; ils y demeureront fidèles jusqu'à la Libération.

Pierre-Antoine et Fernande Cousteau reprennent leurs habitudes d'avant la débâcle. Ainsi, tous les week-ends, le couple et les enfants retournent à la maison de campagne de Savigny-sur-Orge. Leur fille aînée, Françoise, alors âgée de huit ans, gardera de vivants souvenirs de ces journées passées dans la banlieue parisienne où de nombreux amis viennent rejoindre ses parents. « J'avais à l'époque une vraie passion d'enfant pour Robert Brasillach et son regard si doux derrière de grosses lunettes, écrira-t-elle. Je revois, comme si j'y étais, Robert et papa prenant un bain de soleil sur la pelouse en évoquant leurs souvenirs de la guerre d'Espagne. C'est lui qui m'a donné le goût de lire, m'offrant à chaque occasion des dizaines de volumes de la « Bibliothèque verte ». Un autre officier de marine, Georges Blond, en compagnie de Germaine, sa femme, était un assidu de la maison. Tous les deux, avec leur côté calme, l'aspect religieux de Brasillach, ainsi que la grande et vieille amitié qui le liait à mon père, en faisaient les préférés de ma grand-mère Mutti. Lucien Rebatet, lui, était résolument hostile à toutes ces "conneries". Il aurait cent fois préféré m'initier à la musique classique et à une littérature plus musclée. Mais, à l'époque, mon univers musical se limitait au *Beau Danube bleu*, vestige du film *Valses de Vienne* que j'avais vu et revu avec maman, alors que papa m'avait fait découvrir, éblouie, le monde merveilleux du *Baron de Münchhausen* [12]. »

Ces « romantiques fascistes », comme on les baptisera plus tard, sont regroupés autour de Brasillach, depuis longtemps sensible au nationalisme et au monarchisme de Drieu La Rochelle. Avec lui, ils partagent « une vision lyrique de la nation purifiée et régénérée débouchant inévitablement sur le racisme, l'amour de la force et de la jeunesse, l'adhésion aux postulats du national-socialisme, l'oubli de soi dans la ferveur du groupe. Et aussi un attachement viscéral à un passé idéalisé et poétisé qui n'est pas seulement celui de la France, mais déjà celui d'un européanisme occidental conçu comme un refuge des valeurs spirituelles face aux deux géants matérialistes que sont la Russie et l'Amérique anglo-saxonne [13] ».

« PAC » défendra jusqu'au bout cet esprit fasciste auquel la France va devoir à ses yeux s'adapter de gré ou de force. Dans le domaine de la propagande, cette volonté se traduit par une action violente contre tous les Français qui ne pensent pas comme lui : en politique intérieure, les républicains ; à l'extérieur, les gaullistes. Son « idéal » se double d'un antisémitisme virulent. Il est vrai que la chasse aux Juifs a été ouverte bien avant même son retour de captivité. En octobre 1940, le maréchal Pétain a signé la première loi portant statut des Juifs. En juin 1941, un second statut, plus autoritaire, est paraphé par l'amiral Darlan. Plusieurs dizaines de milliers d'Israélites sont ainsi persécutés par les nazis et par des miliciens à leur solde, bras séculier et émanation d'une France qui apparaît viscéralement antisémite.

La haine du Juif de Pierre-Antoine Cousteau s'illustrera à travers de nombreuses publications. D'abord dans le *Cahier jaune*. Les titres de ces papiers sont éloquents : « Les Aryens réduits au silence », « Antoine de Saint-Exupéry au secours d'Israël », « La guerre juive », « Juifs en uniforme ». Parallèlement, il rédige une série d'articles dans *Je suis partout*, qu'il rassemblera ensuite dans un ouvrage de trois cents pages intitulé *L'Amérique juive*[14]. Un échantillon de cette prose nauséabonde :

« Pour une acceptation totalitaire de Céline, celui-là même pour qui "les Juifs circoncis sont en train de châtrer l'Aryen de son rythme émotif naturel". On a donné à ce peuple — ou du moins ce qu'il est convenu d'appeler, question de diplôme, son "élite" — le goût de la perversion, de l'emberlificotage, de l'onanisme verbal, des cheveux cisaillés en fines lamelles et des mouches ingénieusement contraintes à subir les derniers outrages [...]. On en revient ainsi au centre du problème : tout est question de santé, de virilité, tant en littérature qu'en politique. La pourriture judéo-libérale s'accommodait fort d'un zazouisme rhétorique coulé à son image. Mais cet âge est révolu[15]... »

La référence à Céline est là pour rappeler, si besoin était, que Pierre-Antoine Cousteau ne fut pas le seul intellectuel français à donner publiquement libre cours à son délire antisémite. On peut citer d'autres noms de la littérature comme Jouhandeau, Brasillach ou Drieu La Rochelle, qui se montrèrent tout aussi virulents que lui.

En congé forcé pour cause d'armistice, Jacques-Yves Cousteau, lui, va retrouver la plongée et sa passion pour le cinéma. Le jeune réalisateur peut-il éviter à son tour ce singulier piège de l'attentisme ?

IV

Par dix-huit mètres de fond (1942-1943)

La « drôle de guerre » a séparé les « Mousquemers ». Jusqu'à l'armistice, Philippe Tailliez sert sur le *Valmy*, un destroyer. Il participe à de nombreux transports de troupes vers la Norvège. Frédéric Dumas se retrouve caporal muletier en Haute-Provence, tandis que Jacques-Yves Cousteau sillonne les mers à bord du *Dupleix*, avant de participer aux bombardements de la côte italienne.

Après la signature des conventions d'armistice, le trio se retrouve dans une semi-activité. C'est l'occasion, pour Cousteau, de reprendre avec enthousiasme ses plongées sous-marines dans la région de Toulon. C'est tout à la fois la traque aux mérous, aux loups, aux sars, et la chasse aux images. Avec l'aide d'un camarade de la Royale, Léon Vêche, Cousteau bricole une vieille caméra Kinamo de 35 mm achetée à un réfugié hongrois. Le jeune officier de marine remplace la pellicule traditionnelle, introuvable en temps de guerre, par des négatifs photographiques Leica ou Isopan-F. Rentrés chez eux, Jacques et Simone s'installent sous des couvertures pour les coller bout à bout. Ils fabriquent ainsi des dizaines de rouleaux de pellicules dont la longueur n'excède pas quatorze mètres, la caméra n'acceptant pas un métrage supérieur. Hélas ! Les premiers essais sous l'eau se révèlent catastrophiques. Les boîtiers fabriqués par Vêche ne sont pas suffisamment étanches. Ils résistent mal à la pression de l'eau (les plongeurs descendent alors jusqu'à vingt mètres). Pourtant, après de multiples tentatives, la caméra sous-marine est enfin mise au point. L'astuce réside dans un hublot de verre et un presse-étoupe qui permet de commander le déclencheur. Pour ces prises de vues, Cousteau, Dumas, Tailliez et Vêche choisissent l'archipel des Embiez. Ils vont y plonger sans relâche pendant une année entière « caméra et fusil au poing ». Un an d'efforts durant lequel le soleil de plomb succède au froid humide et glacial. Inlassablement, d'avril jusqu'en novembre, ils réalisent des centaines de plongées à nu, « à la limite de leur souffle ».

Si les « Mousquemers » font figure de pionniers dans le domaine de la plongée et du cinéma sous-marins, il faut reconnaître qu'ils ne sont tout de même pas les premiers. En France, entre 1931 et 1935, Yves Le Prieur — encore lui — a déjà réalisé des prises de vues sous-marines. Pour ces premières images historiques, il a mis au point une caméra 16 mm qu'il jumelait avec un appareil photographique de 35 mm. Bien entendu, il a effectué ses plongées avec le scaphandre autonome semi-automatique de son invention. Un autre passionné de cinéma, Jean Painlevé, a utilisé le même appareillage pour réaliser des films scientifiques en Méditerranée.

Dans un ouvrage particulièrement documenté, James Dugan[1], premier biographe américain « officiel » de Cousteau, rappelle également que, pour explorer certains ports, la marine française avait conçu à la même époque une grosse boîte de cuivre contenant un appareil photographique Leica. Certes, l'innovation était réelle, mais son emploi n'était guère aisé. Jusqu'au jour où, presque par hasard, Philippe Tailliez, tombant sur l'appareil déposé au Centre de recherches navales, comprit d'emblée qu'il fallait tout simplement l'alléger avec des morceaux de liège. L'engin n'était pas moins encombrant, mais les images étaient beaucoup plus nettes.

La guerre rappelle une nouvelle fois les quatre amis à des réalités plus tragiques. En novembre 1942, Simone et Jacques Cousteau sont installés depuis peu à Marseille. C'est par la radio qu'ils apprennent le débarquement des Américains en Afrique du Nord. Ils découvrent avec stupeur que, pour parer à une éventuelle opération du même type sur les côtes françaises, l'armée allemande a décidé d'occuper le littoral méditerranéen. Les chars de la Wehrmacht sont déjà en route. Ils ne rencontrent aucune résistance. En quelques heures, ils sont en Provence. Devant cette nouvelle violation de l'armistice de 1940, le gouvernement de Vichy, où Pierre Laval a repris sa place, veut empêcher que la flotte française ne soit utilisée, que ce soit par l'ennemi ou par les Alliés. À Toulon, le patron de la marine est l'amiral de Laborde, un antinazi, mais aussi un anglophobe notoire. Darlan, devenu chef des forces armées, est à Alger en déplacement privé. Après avoir été informé de la situation, l'ancien bras droit du maréchal Pétain estime qu'il est peut-être temps pour la France de reprendre sa liberté. Il invite le commandant en chef des forces navales à le rejoindre. Laborde, qui n'a jamais caché son mépris pour Darlan, pense autrement. Sur certains bâtiments, dont le *Dupleix*, la fièvre monte au sein des équipages. Les marins crient « Vive Darlan ! », mais certains ajoutent : « Vive de Gaulle ! ». L'un des officiers sort de sa réserve pour rugir : « Criez plutôt : "Vive la France !" [2] »

Dans cet esprit, le sabordage apparaît bientôt comme l'unique solution. Laborde donne les ordres en conséquence. Les artificiers de l'arsenal se mettent au travail. Des explosifs sont placés sur tous les bâtiments en rade. Un système d'allumages rapides est mis au point. Dans la journée du 26 novembre, notre vieille connaissance, le capitaine de corvette Matriolet, toujours membre des services spéciaux, prévient Laborde que les Allemands vont s'emparer des vaisseaux français dans les heures qui suivent [3]. L'amiral ne le croit pas. À tort.

Quand il s'aperçoit de son erreur, il se ressaisit. Il est temps que le sabordage de la flotte commence. La plupart des gros bâtiments échouent sur le fond. Le navire de Cousteau, le *Dupleix*, est également touché. Un curieux témoin, le Dr Hans Steen, racontera quelques mois plus tard, pour le compte d'un journal allemand, le spectacle surréaliste qu'offre la rade de Toulon :

« Brusquement surgit devant nous un énorme monceau de ferraille. C'est l'épave du *Foch*, autrefois une des belles unités parmi les croiseurs lourds de la flotte française. Derrière elle, voici l'épave du *Dupleix* qui présente un spectacle lamentable. Que sont devenus ces deux bâtiments de dix mille tonnes qui sortaient des chantiers de Brest il y a juste quinze ans ! De tristes monceaux de ruines que la mer ronge avidement. Tous deux ont succombé à une explosion. De leur revêtement de peinture grise, il n'est rien resté. Tout cela n'est qu'un amas de ferraille mangé par la rouille. Les tourelles des canons de 20,3 sont calcinées. L'incendie les a noircies. Les bouches des canons se dressent droit vers le ciel, ou bien pendent lamentablement. Par endroits, la cuirasse est défoncée et déchirée. Il semble qu'une main géante ait saisi le *Dupleix* par le milieu du bâtiment et en ait arraché le fer et l'acier à pleines poignées. Toute la coque a été défoncée et tordue comme une vieille boîte de sardines. La flotte est engloutie et les vagues jouent autour de leurs anciennes tourelles à canons. Les quais sont vides, les bassins sont vides. Les chalumeaux oxhydriques s'introduisent en sifflant dans les plaques de blindage des géants des mers anéantis. Ce qui représentait autrefois la deuxième flotte d'Europe s'en va en morceaux à la ferraille[4]. »

Triste spectacle, pour Cousteau et ses compagnons, que cette rade de Toulon transformée en quelques heures en tombeau de la flotte française ! C'est sans doute cette tragédie qui lui donnera l'idée de filmer, peu après, les épaves autour de Marseille et de Hyères.

Cet épisode de la guerre est un mauvais coup pour la carrière de l'officier, qui devait partir la semaine suivante pour Lisbonne où il avait été désigné comme attaché naval adjoint. Simone avait déjà pratiquement bouclé les valises.

Au reste, les nouvelles en provenance de Vichy ne tardent pas à arriver : on annonce aux marins leur démobilisation. On leur demande de rester à la disposition de l'administration, qui ne va pas manquer de faire appel à eux. Rejoindre les rangs de la Résistance ? Rares sont alors ceux qui y songent et qui choisissent le camp du refus. La plupart se calfeutrent plutôt dans le raisonnement suivant : « Je ne suis pas gaulliste. Je ne suis pas germanophile. Je ne vois pas, moralement, où je pourrais m'engager... » C'est l'attitude pour laquelle optent tant Philippe Tailliez que Dumas, au risque de traîner derrière eux une étiquette de pétainistes. À l'instar de ses amis, Cousteau n'a pas été franchement ébranlé par les appels de De Gaulle à Londres. S'il ne partage assurément pas l'idéal politique de son frère, qu'il traite parfois de « fanatique religieux [5] », il est difficile de définir le système de pensée qui sous-tend alors son existence. Plus tard, il constatera tout simplement qu'il est resté en France pour s'adonner à la plongée [6]. Dans une lettre adressée à son « Vieux Pierre », il évoquera un autre jour sa philosophie de la vie en ces termes : « Certes, le détachement, ou plutôt l'ironie envers la morale et les événements, est une grande force. Cela préserve des désillusions. D'accord. Mais cela atténue tout de même l'ardeur d'entreprise. Entreprendre en *sachant* que c'est inutile, c'est de la sainteté. C'est inhumain. C'est trop beau. Je n'en suis pas tout à fait capable. Et s'il est vrai que cela me vaudra encore des désillusions et des périodes de découragement, je crois que, par ailleurs, les illusions conservées me donnent plus de mordant dans la création. Car, tout bien pesé, je ne me propose plus (et depuis plusieurs années) la poursuite du bonheur, mais je me propose pour but l'Action pour elle-même —, l'Action en tant qu'éjaculation intellectuelle ou morale [7]... »

Pour Cousteau et Dumas, une priorité : échapper au travail obligatoire en Allemagne. Peut-être par le biais du cinéma. Durant les semaines qui suivent le sabordage de la flotte, les « Mousquemers » décident de peaufiner leur premier film, *Par dix-huit mètres de fond*, dont le tournage s'effectue pour l'essentiel dans l'un des tunnels du récif Magnon. La séquence principale raconte la chasse d'un poisson dans ce tunnel par Dumas, nageant sans appareil. De nombreuses heures de patience furent nécessaires à Cousteau pour réaliser les prises de vues. Les deux hommes se tenaient à chaque bout de la galerie souterraine, autrement dit ne se voyaient pas. Un troisième regard devait synchroniser leurs plongées : ce rôle de vigie fut joué par un camarade qui s'installa en haut de la colline.

Leur court métrage — dix-huit minutes — terminé, les trois amis décident de le présenter à Paris dans le cadre d'une manifestation culturelle dont ils attendent beaucoup. Cet épisode de sa carrière, Jacques-Yves Cousteau, à notre connaissance, ne l'a jamais évoqué publiquement.

10 avril 1943. Théâtre national du palais de Chaillot. Inauguration du Ier Congrès du film documentaire. Les organisateurs ont bien fait les choses. La salle est pleine à craquer, le public trié sur le volet : des représentants des autorités françaises de Vichy auprès desquels ont pris place des officiers de l'armée d'occupation pour une manifestation qu'ils ont baptisée l'*Internationaler Kultur Film*. Contrairement à l'idée reçue, cette soirée fait partie de l'abondante et riche activité artistique que connaît Paris depuis plusieurs saisons, même si, depuis le mois d'octobre 1942, la projection de films américains et anglais est interdite sur tout le territoire.

Un organisme, le COIC (Comité d'organisation cinématographique), institué par décret, a pour tâche de réorganiser l'industrie du film. Marcel Pagnol figure au directoire de ce comité, ainsi que Robert Buron, futur ministre des Transports du général de Gaulle. Une autre organisation, l'ACE (Alliance cinématographique européenne), est chargée, elle, de distribuer la production allemande et d'obéir aux consignes de la *Propaganda Abteilung*. C'est cette dernière qui assure notamment le financement de la Continental Film, destinée à propager l'« esprit de collaboration » à travers la production française.

De nombreux parrains ont tenu à porter sur les fonts baptismaux ce premier congrès du « film vécu ». C'est d'abord le ministre de l'Éducation nationale, Abel Bonnard, pour qui « le documentaire doit être un précieux instrument d'éducation et aussi de récréation [8] ». Puis le Dr Kaufmann, directeur général de la production des films culturels du Reich, qui prend la parole pour rappeler « avec opportunité l'importance du film culturel et la place qu'il tient depuis près de vingt-cinq ans dans les programmes des salles allemandes [9] ».

Plusieurs dizaines de films inédits sont en compétition. Des longs et des courts métrages sélectionnés par le COIC, plus ou moins aidé dans ce travail par le Club des explorateurs et par la revue *Sciences et Voyages*. Comme il se doit, la presse parisienne a été amicalement conviée à couvrir la manifestation.

D'après le programme, c'est à 20 heures 15, le lundi 12 avril 1943, qu'est prévue la projection du film de MM. Cousteau, Dumas et Tailliez. Les trois hommes savent que leurs chances de décrocher un prix sont minces face aux vieux routiers du documentaire que sont Fred Matter, Marcel Ichac — un ami des « Mousquemers » — ou Jacques Dupont, présents dans la compétition.

S'il est vrai que le jury, dans lequel figurent l'écrivain cinéaste Marcel Pagnol, le danseur Serge Lifar et le sculpteur Paul Belmondo, ne décerne aucune palme aux marins, *Par dix-huit mètres de fond* est cependant loin de passer inaperçu. Il fait même l'objet d'un article particulièrement élogieux dans l'hebdomadaire *Je suis partout*, dans sa livraison du 16 avril 1943, sous la plume d'un certain François Vinneuil. Nous reproduisons ici intégralement le passage concernant Cousteau :

« Lundi, enfin, nous étions conviés une seconde fois dans l'enceinte de Chaillot, archicomble pour la séance de l'"Aventure". On y présentait *Par dix-huit mètres de fond*, le premier film de chasse sous-marine réalisé à ce jour, et dont le générique comporte un nom bien connu des lecteurs de ce journal. Son auteur, le lieutenant de vaisseau Jacques Cousteau, est en effet le frère de notre ami. Les applaudissements que son film a déjà reçus et qui vont l'accueillir partout prouvent d'abondance que je ne sacrifie nullement à l'esprit d'équipe en félicitant ce nageur et ce photographe également prodigieux.

« Jacques Cousteau représente, dans ce vaste congrès, le "bricoleur" devenu trop rare, le fanatique qui poursuit sa tâche avec une caméra de fortune, des ressources inexistantes, qui remplace tout par l'ingéniosité, la persévérance, et met finalement dans sa poche les spécialistes avec leur superbe attirail et leurs gros capitaux.

« Il est dommage que l'on n'ait pas créé pour ce documentaire un prix de l'exploit sportif. Les plongées opiniâtres et angoissantes du marin Cousteau et de son compagnon décrocheraient sans peine la timbale. Mais cet amateur apporte aussi dans son film une connaissance des moyens cinématographiques, une perfection dans les photographies les plus difficiles que bien des professionnels pourraient lui envier [10]. »

On l'a deviné, le « nom bien connu des lecteurs du journal » est celui de Pierre-Antoine Cousteau, dont François Vinneuil est l'un des meilleurs amis. Et pour cause, puisque, sous ce pseudonyme, se cache l'écrivain journaliste Lucien Rebatet ! Lors de son procès après la Libération, l'auteur des *Décombres*, antisémite virulent, expliquera qu'il s'est fait appeler Vinneuil en souvenir de la sonate de Vinteuil dans l'œuvre de Proust...

Comment Jacques-Yves Cousteau a-t-il réagi à la lecture de cette critique dithyrambique publiée dans *Je suis partout* ? Connaît-il Vinneuil-Rebatet, qu'on dit avoir été requis pendant la « drôle de guerre » par le Deuxième Bureau ? Difficile à dire. S'il ne peut à l'évidence être tenu pour responsable des écrits favorables le concernant, certaines questions se posent néanmoins : en quelles circonstances a-t-il accepté de participer à cette manifestation culturelle ? Pouvait-il s'agir d'une « couverture » pour quelque mission clandestine ? Si oui, laquelle ? Dans le cas contraire, se considère-t-il comme faisant partie de ces piégés de l'histoire qui se sont finalement accommodés d'une situation contre laquelle ils ressentaient une certaine forme d'impuissance ? Ces questions, Jacques-Yves Cousteau n'a jamais souhaité y répondre.

Grâce à sa projection au palais de Chaillot, Jacques-Yves va obtenir toutes les autorisations nécessaires pour tourner ses courts et moyens métrages, notamment celle d'acheter de la pellicule, denrée rare en ce temps de restrictions. Pierre-Antoine racontera à sa seconde femme que Jacques-Yves l'a accompagné à plusieurs reprises, dans ce but, à la *Propaganda Staffel* dont les bureaux sont situés sur les Champs-Élysées. Là, toujours selon la femme de « PAC », les deux hommes rencontraient un certain Dr Eich[11]. Si cette information est plausible, mes investigations n'ont pas permis de la recouper.

Certitude en revanche, c'est bien en décembre 1942 que l'explorateur cinéaste crée sa propre maison de production, dénommée Films scientifiques J.-Y. Cousteau, dont le siège social n'est autre que l'appartement paternel du 48, avenue de La Motte-Picquet, à Paris. En tant que producteur réalisateur, Cousteau se délivre à lui-même, le 11 juin 1943, un certificat de travail. Avec l'appui de ministères, il obtient également « l'autorisation des occupants de tourner des films dits culturels en Méditerranée[12] », comme le confirmera Tailliez.

Situation délicate pour le futur commandant Cousteau. Ses préoccupations de l'heure, on le comprend, sont tout à la fois d'échapper au STO, de réaliser des films et de poursuivre ses recherches dans le domaine de la plongée sous-marine. Dans ce dernier domaine, sa rencontre avec Émile Gagnan va se révéler déterminante.

Gagnan est ingénieur à la société L'Air liquide où le beau-père de Cousteau occupe justement un poste important. C'est tout naturellement Henri Melchior qui présente le lieutenant de vaisseau à Gagnan au siège de l'entreprise, sis alors à Boulogne-sur-Seine.

L'ingénieur est de taille moyenne. Les cheveux bruns, il porte une fine paire de lunettes et ses moustaches soulignent un sourire timide. Comme Cousteau, voilà un bricoleur-né, doublé d'un passionné de physique. À onze ans, le petit génie fabriquait un modèle de sous-marin capable de remonter seul à la surface : le jeune Gagnan avait simplement installé une tour conique remplie de morceaux de sucre qui fondaient doucement dans l'eau et permettaient ainsi une lente remontée du submersible !

Le premier regard échangé entre les deux hommes leur a suffi pour comprendre qu'ils sont exactement sur la même longueur d'onde. Lorsque Cousteau s'emploie à expliquer à l'ingénieur ce qu'il cherche, Gagnan saisit immédiatement : « Quelque chose comme ceci ? [13] » lui demande-t-il en tendant un appareil de la taille d'un livre, muni d'un petit mécanisme en Bakélite. L'aventure Cousteau-Gagnan commençait.

Tout débute, en effet, par une trouvaille de Gagnan. En ces temps difficiles de rationnement et de pénurie, les voitures fonctionnent rarement à l'essence ; elles sont plutôt équipées de gazogènes, encombrants appareils qui transforment par oxydation incomplète un combustible solide en gaz. D'où l'idée de l'ingénieur de L'Air liquide : construire un détendeur susceptible d'alimenter en gaz d'éclairage les moteurs d'automobiles. Mais si la respiration d'un homme ressemble à l'alimentation d'un moteur, pourquoi ne pas adapter cette sorte de détendeur à la plongée sous-marine ? renchérit Cousteau, tout à ses préoccupations.

Facile à dire. Moins facile à mettre en pratique. Depuis de nombreuses années, Cousteau se passionne pour toutes les techniques de plongée connues. Au large de Djerba et de Port-Payot, en 1933, il a vu les plongeurs descendre jusqu'à quarante mètres, lestés de grosses pierres. Au cours de plongées, il a observé les scaphandriers avec leurs semelles en plomb. Il a essayé l'appareil Fernez et son compresseur à air. Il est descendu avec le scaphandre autonome mis au point par le commandant Yves Le Prieur, pionnier de l'exploration sous-marine, successeur de Rouquayrol et Denayrouze, les géniaux inventeurs du scaphandre semi-indépendant auxquels Jules Verne fait déjà allusion dans son *Vingt Mille Lieues sous les mers*.

Tous ces matériels, Cousteau en connaît les limites. L'appareillage de Le Prieur est le plus évolué, mais reste insuffisant. Il se compose d'une bouteille d'air que le nageur pose sur sa poitrine, d'un manodétendeur actionné à la main, d'un masque qui enferme tout le visage. Avec cet équipement, pas question d'oublier de respirer, *a fortiori* d'économiser l'air pour descendre toujours plus bas. D'où l'idée d'un nouvel appareil : un masque fonctionnant en circuit fermé qui viendrait en quelque sorte se substituer aux poumons de l'homme.

Grâce au mécanisme que Gagnan a tendu à Cousteau, il se peut que le rêve devienne réalité. Reste à construire ce nouveau scaphandre, passeport des profondeurs. C'est chose faite dans les semaines qui suivent. L'usinage à peine terminé, Cousteau et son ami ingénieur décident de se rendre sur les bords de la Marne pour essayer leur appareil. Nous sommes en janvier 1943. Les déplacements ne sont pas aisés. Alors, on sollicite l'aide de Pierre-Antoine, qui obtient sans difficulté des *ausweiss* des autorités d'occupation.

Arrivé sur place, Cousteau se déshabille. Il quitte la berge, puis commence à s'enfoncer dans l'eau. Son cœur bat vite. Malgré l'émotion, le premier essai du scaphandre autonome se révèle plutôt décevant. « Descendant à sept ou huit mètres sur un ignoble fond de vase, je m'astreignis à analyser longuement, méthodiquement, les causes de ce que je considérais comme un échec. En fait, mon premier "autonome" fonctionnait très bien quand je nageais horizontalement. Mais quand je me tenais debout, l'air s'échappait continuellement, à gros bouillons, comme dans le Fernez, ce qui tendait à vider prématurément les bouteilles ! Et si je faisais l'arbre droit, alors c'était l'inverse, l'air arrivait difficilement [14]. »

Pas très probant ! Le retour sur Paris se déroule dans une atmosphère lugubre. La déception se lit sur les visages de Cousteau et Gagnan. Pendant de longues minutes, les deux hommes n'échangent aucune parole. Muré dans son silence, chacun essaie de comprendre ce qui ne va pas. Petit à petit, les voici qui commencent à imaginer des amorces de solutions. Puis, c'est tout à coup la lumière : « Quand je me tenais debout dans l'eau, explique Cousteau, la soupape d'expiration portée par l'embout était vingt centimètres plus haut que le centre de la membrane du détendeur, et ce dernier se mettait à débiter en permanence. Mais, alors, il suffisait d'ajouter un deuxième tuyau annelé et de renvoyer le fameux bec de canard sous le capot du détendeur, tout contre la membrane [15] ! »

Chose dite, chose faite. Une deuxième expérience est tentée à Bandol, en juin 1943. La caisse renfermant le prototype modifié arrive en exprès à la gare de la petite ville du Var. Villa Barry, Tailliez, Dumas et Simone Cousteau attendent avec impatience le retour de Jacques, que son ami Roger Gary a accompagné pour récupérer le précieux colis expédié de Paris par Gagnan. « Jamais enfant n'ouvrit le paquet contenant son cadeau de Noël avec plus d'impatience que nous. Que ce diable d'appareil fonctionnât, et nos plongées seraient bouleversées [16] ! » écrira Cousteau dans *Le Monde du silence*.

On ouvre fébrilement la boîte magique. Les « Mousquemers » commencent l'inventaire : un bloc de trois tubes d'air comprimé, un détendeur classique et un régulateur rectangulaire gros comme un poing, d'où partent les deux fameux tuyaux annelés fixés à l'embout.

La petite équipe ne perd pas une seconde. Elle se dirige

vers une crique peu fréquentée — on ne sait jamais ! La veille, on s'est partagé les tâches. Dumas restera à terre pour suivre l'opération et intervenir immédiatement en cas de coup dur. Simone surveillera Jacques et son dispositif mais en nageant à la surface de l'eau. Chacun attendra son tour pour réaliser son propre essai.

Deux bouteilles sur le dos, une ceinture de plomb et des tuyaux de respiration autour de la tête, l'apparition de Cousteau sur la plage est surréaliste ! Avant d'ajuster son masque en caoutchouc, le voici qui rince une nouvelle fois la vitre sur laquelle il a craché pour éviter la buée. Serrant les dents pour maintenir l'embout entre ses lèvres, il s'allonge dans l'eau. Il se laisse couler pendant quelques secondes puis touche le fond. Sa respiration est régulière. Au-dessus de sa tête, l'officier de marine perçoit le remuement des bulles d'air. Tout semble fonctionner normalement. L'homme-poisson ne ressent pas la pression de l'eau, pourtant deux fois supérieure à celle de la surface. Grâce au nouveau détendeur, l'air vicié de la respiration est évacué directement dans la mer à chaque aspiration, et non pas de façon continue, comme c'était le cas jusqu'alors. Mieux : chaque aspiration est délivrée à une pression toujours égale à celle de la profondeur où le nageur évolue. Ce qui, cependant, n'empêche pas l'ivresse des grands fonds ni les accidents de décompression à la remontée [17].

Cousteau abandonne un instant ses réflexions pour admirer le spectacle merveilleux et bouleversant qui s'offre à lui : des oursins mauves et bruns, des algues blanches, d'autres petits poissons d'or et d'argent.

Ce jour-là, il descend jusqu'à dix-huit mètres. Ce n'est pas à proprement parler un exploit. Avec ses amis Tailliez et Dumas, il a déjà réalisé une plongée semblable sans appareil. Les records ne vont pourtant pas tarder à tomber. Avec le scaphandre autonome équipé d'un dispositif de son invention, variante de l'appareil Le Prieur, c'est d'abord Georges Comheines qui descend à cinquante-trois mètres. Nous sommes en juillet 1943. Trois mois plus tard, grâce au nouveau détendeur automatique, Dumas va plonger à soixante-deux mètres devant l'île Maire, remontant à la surface en deux minutes. Un record que le trio fait immédiatement homologuer, en même temps que la licence de l'appareil Cousteau-Gagnan est déposée. Il sera dorénavant connu sous le nom anglais d'Aqualung : *aqua* pour eau ; *lung* pour poumon.

En dépit des apparences, Cousteau ne sera jamais un « fan » de ce genre de compétitions. Il comprend certes les applications militaires de son invention, notamment pour les nageurs de combat [18] (la marine française finira par adopter son détendeur), mais trouve mille fois plus intéressant d'explorer les profondeurs sous-marines totalement inconnues de l'homme. C'est à partir de ce jour de l'été 1943 que s'affirme réellement l'envoûtement de Cousteau pour la splendeur et le silence des océans.

Dans les mois qui suivent, aidé de Tailliez et Didi, il commence l'exploration systématique de la côte provençale. L'attirance des « Mousquemers » pour les épaves de navires est irrésistible. Depuis le sabordage de la flotte, il est vrai que les bateaux morts obsèdent les trois « compères ».

Première cible : un gros cargo de quatre mille tonnes, coulé près de Marseille. Après quelques réticences, les occupants italiens et allemands laissent travailler les plongeurs. Le laissez-passer de Cousteau, sur lequel figure le mot *Kultur*, fait office de sésame.

Cuirassés, cargos, remorqueurs et autres chalutiers couchés sous l'eau vont fournir la matière à *Épaves*. Cinq mois d'une « poursuite ardente » et plus d'une centaine d'heures de plongées seront nécessaires pour réaliser le court métrage, qui obtient un prix lors d'une manifestation cinématographique à Cannes. Un spectateur, qui a préféré conserver l'anonymat, se souvient d'une séquence tournée sur le *Polyphème*, un petit pétrolier ravitailleur qui s'est « pétaradé » près de l'île du Levant. « Dans le film, on voit le bateau immergé par le fond qui bat encore pavillon français », nous raconte ce témoin. Pour Tailliez, le film, qui fera plusieurs fois le tour du monde, annonce aux hommes que les temps de « la plongée sans câble » sont venus. Nous sommes alors au seuil de 1944, une année importante pour la France et pour la famille Cousteau.

V

Le « Maudit » et le Médaillé (1944-1947)

« Et, brusquement, juin 44.

« Pour moi, mes dix ans, mais je ne comprenais plus rien. Je commençais à avoir peur, à sentir obscurément que tout s'écroulait, se cassait définitivement. Papa avait l'air angoissé et maman me semblait obscurément mystérieuse. La guerre pour moi a commencé le 10 juin 1944 [1]. »

Ainsi se termine le premier chapitre des souvenirs inédits de Françoise Cousteau. Drôle d'anniversaire pour la fille aînée de Pierre-Antoine, ce dernier ayant décidé à ce moment-là d'éloigner ses enfants de la capitale ! Françoise et son frère Jean-Pierre, accompagnés de leur grand-mère « Mutti », quittent ainsi Paris pour Megève. C'est là que, depuis un an, Simone Cousteau s'est réfugiée avec ses fils Jean-Michel et Philippe, « aussi blonds et élancés que Jean-Pierre et moi sommes bruns et près du Sud ! » se souvient encore Françoise.

Août 1944. La libération de la France n'est plus loin. Au milieu de l'agitation, Jacques-Yves Cousteau rejoint Simone près de la frontière suisse. L'officier de marine effectue tout son voyage à bicyclette avec un sac à dos rempli de victuailles. Aux yeux des enfants, il apparaît comme un véritable père Noël.

La fête dure peu. Jacques-Yves estime préférable de rapatrier tout son petit monde à Toulon, puis à Sanary où Dumas lui a parlé d'un ancien moulin à vent plein de charme. « Cette fois, c'est dans un camion de déménagement que nous sommes partis. Encore un long voyage entassés les uns sur les autres, par terre, ou assis tant bien que mal sur des meubles. Je ne me souviens plus de la durée du voyage. Par contre, je me rappelle parfaitement une gifle que Simone m'a donnée parce que j'étais entrée sans frapper dans sa chambre d'hôtel. Elle a eu cent fois raison, car depuis, je n'ai plus jamais ouvert une porte sans frapper », se souviendra plus tard Françoise Cousteau. Avant de poursuivre : « J'ai aussi encore dans la tête les chansons de marins et de corps de garde qu'elle chantait assise, les cheveux au vent, à l'arrière du camion, balançant ses longues jambes à l'extérieur. Je reprenais en chœur sans comprendre ce que je disais. »

Le convoi arrive enfin sur les bords de la Méditerranée. La fille de Pierre-Antoine ressent le premier « coup de foudre » de sa vie en découvrant la Grande Bleue. Comme ses cousins, elle prend vite l'habitude de marcher nu-pieds, habillée d'un vague short, ce qui les fait tous ressembler à des « petits mendiants italiens ».

À Sanary, dans la nouvelle demeure des Cousteau, les enfants passent une grande partie de leurs journées dans les rues du village ou dans le jardin en friche. La plupart des plages sont interdites à cause des mines enfouies dans le sable. Un jour, n'y tenant plus, Françoise et les trois garçons vont fouler le sol miné. La balade dure plusieurs heures. Par miracle, rien ne se produit. Mieux : ils rapportent des trésors à la maison, une « fabuleuse récolte de grenades et balles en tous genres » ! On imagine aisément la contrariété de Jacques-Yves en découvrant le soir même dans son jardin le « merveilleux butin » que les enfants tiennent absolument à lui montrer, et la « fantastique fessée » qui s'ensuivit...

À Sanary, reconnaît la nièce de Jacques-Yves, le mérou a avantageusement remplacé la pomme de terre. Frédéric

Dumas en pêche régulièrement pour ses amis, «Mutti» se débrouillant pour les accommoder avec une recette chaque jour différente. Dumas aime les enfants, qui le lui rendent bien. «Didi était extra. C'était vraiment notre *poto*, à nous, la jeune classe. Il nous racontait des histoires, inventait des jeux, faisait des feux d'artifice. Un soir, il nous a donné un spectacle merveilleux, genre son et lumière, en illuminant le jardin avec des kilomètres de pellicule enflammée», termine Françoise Cousteau.

Pour Jean-Michel et Philippe, c'est bientôt l'âge des premières plongées. Le cadet s'en souviendra un quart de siècle plus tard : «Un après-midi de l'été 1945, sur les rochers d'une petite calanque entre Sanary et Bandol, mon père ajusta sur les épaules de mon frère et les miennes deux autonomes miniatures ; puis, en tenant chacun de nous par la main, il nous fit descendre dans un mètre d'eau au bord des rochers. Mon frère avait six ans et demi, j'en comptais quatre ; je ne garde aucun souvenir de cette première plongée, mais elle m'a été racontée souvent. Dans notre émerveillement, nous décrivions à haute voix ce que nous voyions et, par la même occasion, bûmes beaucoup d'eau salée[2]. »

Affirmer qu'ils deviennent à partir de ce jour des «enfants dauphins», comme certains l'écriront, c'est peut-être aller vite en besogne. Il semblerait que les deux garçons ne montrent guère d'enthousiasme pour les explorations océaniques de leur père, du moins durant toutes leurs tendres années.

Pour l'heure, des explorations d'une tout autre nature attendent le lieutenant de vaisseau Cousteau, finalement réintégré dans son grade. On évoque pour lui des opérations de déminage complexes et risquées dans la rade de Toulon. Une mission qui ne lui fait pas peur. Bien au contraire, il y voit le moyen de développer tout un programme d'action concernant le matériel de plongée, bientôt regroupé sous l'appellation GERS : Groupe d'études et de recherches sous-marines.

Durant cette période fébrile de la Libération, son attention est également accaparée par le sort prévisible de son frère Pierre-Antoine.

Rien ne va plus, en effet, pour le rédacteur en chef de *Je suis partout* — P.-A. Cousteau a remplacé Brasillach à ce poste en 1943 —, obligé de quitter le 48, avenue de La Motte-Picquet huit jours avant l'arrivée des Alliés dans la capitale.

Pour la France de la collaboration, il est trop tard. Le maréchal Pétain est parti pour Sigmaringen, en Bavière, contre son gré. Chaque jour, les candidats à l'émigration sont plus nombreux. Beaucoup se replient sur l'Allemagne. C'est le cas de Pierre-Antoine qui se retrouve ainsi à Landau, puis à Baden-Baden. Pendant quelques jours, il va vivre dans l'incertitude.

La disparition de Doriot, tué par des balles américaines, porte un rude coup aux irréductibles de la collaboration. Rebatet se confie à l'un de ses amis : « Tout est foutu, mon vieux... Moi, je ne crois plus à rien, ni à une idée ni à un homme, ni à la guerre [3]. » Une analyse de la situation que partage « PAC ». Une fuite éperdue de plusieurs mois à travers l'Europe commence alors pour lui et sa femme Fernande, dans « l'incohérence d'une panique animale [4] ».

Les fuyards sont finalement arrêtés, le 11 juillet 1945, en Autriche, par la police militaire américaine. Pierre-Antoine est conduit chez le capitaine Wriggers. Il lui raconte son passé de journaliste collaborationniste, évoquant même son année d'études à New York. Tout en parlant, il remarque la présence d'un chien. Wriggers, qui a suivi son regard, lui explique alors qu'il s'agit de la chienne de Fernand de Brinon, le délégué général du gouvernement de Vichy à Paris, arrêté quinze jours plus tôt. L'Américain ajoute qu'il ne veut pas spécialement de mal à son interlocuteur et qu'il pense l'expédier au camp de prisonniers Saint-Anton, à Landeck. C'est chose faite dans les heures qui suivent. En arrivant au camp, « PAC » croise des camions de l'armée gaulliste venus chercher les gens de la Milice, du PPF, de la LVF, entre autres collaborateurs.

P.-A. Cousteau, fatigué, amaigri, attend qu'on lui désigne son baraquement. Il sourit crânement au cameraman français en uniforme qui filme les nouveaux arrivants. Il ne sait pas encore que les images colportées ce jour-là vont entraîner sa perte. Pour l'instant, le fugitif comprend surtout que si Landeck n'offre pas un véritable salut, il va pouvoir y vivre quelque temps dans une relative sécurité. Pour se protéger des fréquents contrôles gaullistes, P.-A. Cousteau se fait passer pour un ressortissant letton. Il prouve son identité en présentant de faux papiers au nom d'Anton Miller, né le 18 mars 1906 à Riga. Son camouflage est parfait et tiendra plusieurs mois. Sa présence à Landeck, en totale contravention avec les accords conclus par la France avec ses Alliés, finit par être révélée. Après de brèves étapes aux camps de Lutz et Mockry, P.-A. Cousteau se retrouve au village de Bludenz, dans le Tyrol autrichien.

Là, curieusement, ses conditions de détention changent. Il est logé à l'hôtel de la Croix-Blanche où il bénéficie d'une sorte de liberté surveillée. En échange, il a donné sa parole d'honneur à l'officier de la Sécurité militaire de ne pas chercher à s'évader.

C'est dans ce bourg autrichien que P.-A. Cousteau apprend que Brasillach vient d'être fusillé. Il ne peut s'empêcher de pleurer sur la fin de cet ami à qui il en a si longtemps voulu de s'être « dégonflé » au milieu de la partie. L'auteur des *Sept Couleurs* avait effectivement compris durant l'été 1943 que les jeux étaient faits. Malgré tout, il avait refusé de quitter la France avec ses anciens amis.

Ses réflexions sont interrompues par un événement inattendu : la visite de son frère Jacques-Yves ! Il est bien là, planté devant lui, vêtu d'un uniforme bleu marine flambant neuf. Pour « PAC », la surprise est totale. Comment Jacques a-t-il eu connaissance de son lieu de détention ? Le prisonnier de Bludenz songe aussitôt aux lettres qu'il a réussi à faire passer grâce à la complicité d'un soldat. Ce dernier reçoit le courrier sous son numéro de secteur postal. Les réponses arrivent par la même voie, mais avec certaines précautions de style... C'est ainsi que la première lettre que Pierre-Antoine reçoit de sa mère commence par : « Mon petit pote... »

Daniel et Élisabeth Cousteau ont donc rapidement appris où leur fils était détenu. En revanche, ils ne savent rien du sort que lui réservent les officiers de la Sécurité militaire. C'est pour percer ce mystère que Jacques-Yves est venu en Autriche. Le lieutenant de vaisseau a obtenu une mission fantaisiste pour le lac de Constance. De là, explique-t-il à « PAC », il s'est débrouillé pour rejoindre Bludenz. Une image frappe Pierre-Antoine : son « parent », comme il désigne Jacques-Yves dans son ouvrage de souvenirs, est porteur de trois galons. Pis, il semble médaillé de la Résistance !

Malgré ces détails vestimentaires, Pierre-Antoine ne peut cacher son émotion et sa joie :

« Le voyageur apporte dans ma chambre du *Weisses Krenz* des nouvelles fraîches et les dernières photos de mes enfants. Il a pris aussi à tout hasard un chargement de vêtements qui sont les bienvenus, et il s'est muni du plus récent succès de librairie en France libérée : *Première Page, Cinquième Colonne*, dans lequel un petit voyou de plume, réchauffé pendant quatre ans dans le sein de la collaboration, achète son impunité en mouchardant ses confrères.

"Je t'ai apporté ce bouquin, dit mon parent, parce qu'il vaut mieux que tu saches ce qu'on te reproche et dans quel état d'esprit *ils* sont à ton égard.

— Je n'ai aucune illusion.

— Certes, mais que vas-tu faire maintenant ?"

« À mon tour, je raconte mes aventures, j'explique notre situation. Le visiteur s'emporte.

"C'est idiot ! D'un moment à l'autre, *ils* peuvent te renvoyer en France. Et là, tu n'as rien à espérer. Disons les choses comme elles sont : *ils* t'attendent pour te fusiller.

— C'est triste, mais je n'y peux rien.

— Mais si ! Tu y peux quelque chose. Nom de Dieu ! Tu ne vas pas te laisser saigner comme un lapin ! Il faut que tu foutes le camp. Et vite ! D'abord, retourner clandestinement en France. Ça n'est pas impossible. Je t'aiderai à passer la frontière. Ensuite, on te cachera le temps qu'il faudra et, à la première occasion, tu passeras en Espagne. Là, tu seras sauvé définitivement."

« Je secoue la tête :

"C'est tentant, mais c'est impossible. J'ai donné ma parole.

— Ne sois pas stupide ! Aujourd'hui, je peux t'aider. Ensuite, il sera trop tard. J'ai eu toutes les peines du monde à obtenir cette mission à Constance, mais il me sera impossible de recommencer. Alors, que décides-tu ?

— Je décide de rester ici. Tout ce que je pourrais faire, ce serait de demander à être remis au camp de Mockry afin de retrouver le droit de m'évader. Mais ça serait long, compliqué, aléatoire. Et tu t'en vas tout à l'heure..."

« Nous nous sommes embrassés et, de la fenêtre de ma chambre, j'ai vu mon parent repartir vers la France dans sa voiture à cocarde[5]. »

L'équipée de Jacques-Yves Cousteau n'a servi à rien. Imagine-t-il que ce frère têtu va changer d'avis et tenter une évasion ? Il l'espère, en tout cas. C'est à cette fin qu'il lui a apporté le livre brûlot que tout le monde s'arrache à Paris depuis sa parution en avril 1945. Et il est vrai que l'auteur, Jean Quéval, ne s'y montre guère tendre pour Cousteau, qualifié de « commis voyageur assez doué », mais dont l'intelligence a été « terrassée par l'autosuggestion et la plus complète aliénation morale[6] ».

À Paris, le juge Zoussman est chargé du dossier des journalistes de *Je suis partout*. Dans le collimateur du magistrat : Rebatet-Vinneuil, Charles Lesca, Alain Laubreaux (alias Michel Daxiat), Claude Jeantet et Pierre-Antoine Cousteau contre lequel il lance un mandat d'arrêt le 6 février 1945. Pugnace, le juge confie aux fonctionnaires du contre-espionnage Roger Wybot et des Renseignements généraux Marc Bergé la mission de retrouver ses « clients ». Il sait que la plupart d'entre eux ont réussi à passer à l'étranger — Espagne et Argentine notamment — et qu'il y a peu d'espoir de les ramener en France pour un procès. Mais sait-on jamais ? Le magistrat n'a pas tort, puisque la chance, si l'on ose dire, lui sourit sous la forme d'actualités cinématographiques...

Les images projetées sur les écrans du pays montrent le transfert de miliciens et autres collaborateurs français arrêtés au Tyrol. Parmi les visages filmés en gros plan, celui de Pierre-Antoine Cousteau, rapidement reconnu par des journalistes parisiens.

Après une lecture attentive de la presse, le magistrat instructeur Zoussman ne peut faire autrement que d'interroger le Service cinématographique des armées, auteur de ces actualités. Le patron du SCA lui répond en novembre 1945. Dans cette lettre sans fioritures dont j'ai pu prendre connaissance, on apprend que les images de ce *Journal de guerre* n° 49 ont été tournées par le soldat reporter Persin dans le secteur de la Ire armée française. Nous sommes également informés que l'armée, magnanime, fait tirer à l'intention du juge une photo d'Anton Miller, alias P.-A. Cousteau.

À partir de ce moment-là, le destin de l'ancien rédacteur en chef de *Je suis partout* est scellé. Des instructions sont données pour qu'il soit rapatrié en France le plus rapidement possible. C'est chose faite en décembre 1945, soit huit mois après sa reddition chez le capitaine américain Wriggers...

Les premières auditions de « PAC » commencent en janvier 1946. Toutes ses activités sont passées au peigne fin : ses articles, ses conférences, ses relations au sein du gouvernement de Vichy avec Philippe Henriot et Abel Bonnard, ses déjeuners chez Otto Abetz en compagnie de Montherlant, Brasillach et Georges Blond, ses liens étroits avec le chef du groupe « Presse » de la *Propaganda Staffel*, qui réglait avec Cousteau « toutes les questions pratiques », etc. Face à ces réquisitoires, « PAC » revendique sa pleine responsabilité. Il joue la sincérité, même si une grande lassitude l'étreint depuis plusieurs mois.

Dès qu'il apprend l'inculpation de Pierre-Antoine pour

intelligence avec l'ennemi et atteinte à la Sûreté nationale, Jacques-Yves Cousteau décide d'agir. Dans un premier temps, il adresse au juge d'instruction une lettre pour lui indiquer qu'il a chargé Me Riche, avenue du Président-Wilson, à Paris, de la défense de son aîné. Puis il contacte certains amis, comme Jean Painlevé, et des membres de l'intelligentsia parisienne, pour réclamer une « justice compréhensive » à l'égard des intellectuels qui se sont fourvoyés dans la collaboration. En même temps, c'est le début entre les deux frères d'une pathétique relation épistolaire qui va durer plusieurs années. Des lettres encore inédites à ce jour. Ainsi, ce 1er janvier 1946, Jacques-Yves décrit à son « Vieux Pierre » sa souffrance de le savoir loin de lui, avant de terminer : « Tant que tu ne seras pas près de nous, rien n'a plus de sens[7]. »

Durant le premier trimestre de l'année 1946, Jacques doit faire face à une série d'épreuves. C'est d'abord la santé de son père qui le préoccupe. « Dad », comme il l'appelle affectueusement, subit dans une clinique anglaise des examens de l'appareil urinaire. Fort heureusement, le résultat se révèle négatif. Mais Daniel Cousteau continue à souffrir de fièvres dont les médecins identifient mal l'origine. C'est ensuite sa mère, Élisabeth, « incroyable de courage », qui se retrouve grippée. Voilà Simone, sa femme, également clouée au lit avec 39° de fièvre. Jacques lui-même n'est pas épargné. Des problèmes cardiaques l'obligent à consulter un spécialiste. C'est à ce moment-là — le 5 janvier 1946 — qu'on lui demande de convoyer un ancien bateau allemand récupéré en Normandie. Le marin doit appareiller dix jours plus tard pour amener le navire à Toulon. Cousteau ne cache pas que ce voyage l'« emmerde ». D'autant plus que d'autres mauvaises nouvelles lui parviennent : des amis intimes ont « cassé leur pipe sur le sous-marin 2326 (5 + 3 = 8 enfants) », confie-t-il à son frère.

Après quelques semaines d'absence, Jacques revoit à Toulon Simone et les enfants. Ces retrouvailles lui mettent du baume au cœur. Il reprend avec une joie non dissimulée les plongées sous-marines en compagnie de ses inévitables complices Tailliez et Dumas. Le trio recommence à échafauder des projets. Dès le mois d'août, il se lance dans une folle aventure : l'exploration de la grotte de la fontaine de Vaucluse, près d'Avignon. La nappe d'eau souterraine représente depuis des siècles « l'énigme la plus désopilante de l'hydraulique souterraine ». De nombreux spéléologues ont compris qu'elle avait la forme d'un siphon, mais sans plus. Avec l'accord de la marine, Cousteau, Dumas et Tailliez tentent de percer ce mystère chanté par Pétrarque. Une plongée de neuf minutes au bout de quarante mètres de corde leur suffit, car la descente manque — de peu — de tourner au drame. Sans s'en rendre compte, durant les premières minutes, les plongeurs s'intoxiquaient à l'oxyde de carbone : leurs bouteilles avaient été mal équilibrées !

De retour à Toulon, une autre réalité pénible attend Cousteau. Après un renvoi — Pierre-Antoine a souffert en prison d'une pyodermite ayant entraîné un abcès —, l'ouverture du procès de son frère est fixée à la dernière semaine de novembre 1946. Les avocats de « PAC », Mes Riche et Marconet, n'ont pas la tâche facile. Le premier commence par déclarer que si les articles de propagande de son client sont « néfastes et regrettables », il faut également reconnaître qu'« il n'a jamais reçu ni des Allemands, ni du gouvernement de Vichy la moindre subvention ou la moindre somme d'argent ». Chacun à leur tour, des témoins à décharge parleront de « PAC » comme d'un « idéaliste honnête », qui préférait de loin un adversaire sincère à « la foule de ses amis politiques », les collaborationnistes intéressés. Viendra également témoigner en faveur de Cousteau, à sa grande surprise, le communiste Jean Yonnet, mis en cause quelques années auparavant dans l'article canular consacré à la « fabrique des enfants rouges ». À la suite de cette affaire, les deux hommes s'étaient rencontrés et avaient sympathisé, unis par un « goût commun de cynisme désinvolte ».

En novembre 1946, le militant du PCF a décidé d'aller déposer aux assises, ce qui lui vaudra d'être exclu du parti ainsi qu'un éditorial vengeur de *L'Humanité* qui le traitera d'« espion hitléro-trotskiste ». Quelques jours après la fin du procès, il écrira à Cousteau une longue lettre, l'épilogue en quelque sorte de la mystification des « enfants rouges » : « J'ai fait ce que je pouvais. J'ai dit ce que je pensais, sans engager d'autres que moi. Répudié par mon parti, j'ai déclaré que je préférais être en règle avec ma conscience plutôt qu'avec le Kremlin. Je continue d'être en guerre contre une certaine espèce humaine : les larves, les gluants, les pleutres. L'espèce d'en face. Un jour, Cousteau, il n'y aura plus de barricades entre nous [8]. » Ultime témoignage d'un personnage qui ne réapparaîtra plus sur la scène publique.

Malgré les nombreuses pressions exercées par sa hiérarchie, Jacques-Yves Cousteau a finalement décidé d'assister au procès de son frère. Il a également souhaité témoigner en sa faveur, revêtu de son uniforme d'officier. Sa décision, humainement compréhensible, semble toutefois avoir été longue et difficile à prendre. En effet, d'après Françoise Cousteau, Jacques aurait longtemps hésité avant de se présenter à la barre des témoins. Toujours selon sa nièce, il aurait fallu tout le poids moral et une colère pathétique d'Élisabeth Cousteau pour l'en convaincre [9]. La seconde femme de Pierre-Antoine, Françoise-Thérèse Cousteau, nous confirme que « PAC » ne ménageait pas, en privé, ses reproches à l'égard de son frère qu'il trouvait trop préoccupé par sa carrière, au détriment de son propre sort [10]. En public, en revanche, l'aîné nuançait en disant du cadet : « Il est venu témoigner à décharge. En 1946, pour un militaire appartenant à la bourgeoisie bordelaise, c'était intrépide [11] ! »

Durant les longues journées de son procès, Pierre-Antoine intervient souvent. Enfermé dans sa logique, l'écrivain journaliste tente de convaincre ses juges du bien-fondé de ses engagements. Il rappelle qu'en juin 1940 la France s'était retrouvée les menottes aux poignets. Devant des arguments qui paraissent à Cousteau sans réplique, la Cour, en effet, ne répond rien. Elle se contente, comme il dit, de le condamner à mort.

Un mois à peine après la sentence sans appel de la cour de justice de la Seine, Jacques-Yves écrit à son frère. Contrairement aux apparences — une distance, voire une froideur que certains membres de sa famille croient ressentir —, le futur océanographe est meurtri par le sort infligé à son aîné. Le voilà bien décidé à ne pas laisser s'accomplir la tragique sentence des juges. « Il faut que tu vives. Et l'espoir que nous avons, tu dois le partager ! » l'adjure-t-il.

Pierre-Antoine va attendre plusieurs semaines dans l'antichambre de la mort. Son moral est bas. Mais il ressent un profond soulagement en apprenant que Françoise et Jean-Pierre ont trouvé refuge en Angleterre. Pendant de longs mois, aucun établissement scolaire parisien n'avait voulu inscrire les enfants d'un collaborateur notoire. À Torquay, « Daddy » et « Mutti » organisent pour leurs petits-enfants un Noël aussi chaleureux que possible. Élisabeth Cousteau, brisée par la douleur, va dorénavant vivre pour eux, et bien entendu dans l'espoir de voir commuer la peine de son « grand », comme elle l'appelle.

Dans ce but, Fernande et Jacques-Yves se démènent comme des diables. À Paris, ils sollicitent les signatures d'intellectuels et de personnalités politiques en vue. François Mauriac est l'un des premiers signataires. Avant de parapher la pétition, l'écrivain a tenu à s'entretenir avec le frère du « maudit ». Il lui a prodigué des conseils, après lui avoir malgré tout rappelé les attaques de *Je suis partout* à son endroit.

Durant les semaines qui suivent le procès, Simone est à Paris. Elle réside avec Jean-Michel et Philippe chez sa mère, Marguerite Melchior, place des Ternes. Non moins active que son époux, elle ne perd aucune occasion, depuis la Libération, de défendre son beau-frère « comme une tigresse ». Comment aurait-il pu en être autrement ? La condamnation à mort de Pierre-Antoine constitue un choc terrible pour la famille Cousteau. Cette tragédie pousse le clan à rester uni et à faire front. D'autant que d'autres drames l'attendent...

VI

L'élan
(1947-1949)

Le 15 janvier 1947, le lieutenant de vaisseau Cousteau quitte Paris pour Cherbourg. De son côté, Simone a décidé de prolonger son séjour dans la capitale auprès de sa mère.

Dans la Manche, Cousteau et Dumas sont venus prendre en charge l'*Albatross*, un bateau de trois cents tonnes saisi par les Soviétiques dans un chantier allemand, puis devenu britannique avant d'être récupéré par la France. Pour Cousteau, une aubaine ! Tout à fait le genre de navire qu'il faut à son Groupe de recherches sous-marines (GRS). Du coup, l'aviso devient *Ingénieur Élie Monnier*, en l'honneur d'un exceptionnel ingénieur du génie maritime mort lors d'un accident de plongée en 1944.

Quelques heures après son arrivée à l'arsenal de Cherbourg, Cousteau appareille pour Brest. La météo est favorable, même si l'équipage de l'*Élie Monnier* est « sonné » pendant plusieurs heures par une mer forte et dure, proche de la tempête. L'officier patiente deux jours en Bretagne, à l'écoute des bulletins météorologiques. Dès qu'ils annoncent du beau temps, il décide de se lancer hardiment à l'assaut du golfe de Gascogne. Malheureusement pour lui, le temps se gâte. De forts coups de vent de sud-est prennent le navire de travers. De plus, en pleine nuit, survient une panne de moteurs ! Le navire frôle la perdition. Enfin, en serrant les dents, et à la suite de plusieurs avaries, le marin français parvient à atteindre Lisbonne où le bateau doit être réparé. « J'ai rarement autant maudit la météo, et j'ai rougi de penser que tu avais trempé dans cette arme ! » confiera-t-il avec humour à son frère.

Cet arrêt forcé est pourtant loin d'être désagréable pour Cousteau, reçu à bras ouverts par les autorités portugaises. En guise de remerciements, l'officier cinéaste en profite pour participer à une conférence avec projection de films devant les personnalités de la ville. « Gros succès d'estime », avoue-t-il à « PAC » à qui il fait également part de ses impressions sur Lisbonne, cette métropole où, en 1942, il devait occuper le poste d'attaché naval. « Il est curieux de se promener dans un pays qui a tout ignoré de la guerre, dit-il. C'est exactement comme une visite d'une autre planète. Les mots bombardements, prisonniers, déportés, destructions, rationnement, misère, vengeances, épuration, n'ont aucun sens précis. C'est de la spéculation, et cela n'intéresse personne. Par ailleurs, le luxe le plus insolent côtoie la misère la plus sordide. »

L'*Élie Monnier* remis en état, Cousteau prend de nouveau contact avec les centres météorologiques d'Oran, de Lisbonne et de Casablanca. Tous prédisent la tempête. Il y a danger à prendre la mer. Pourtant, il décide de passer outre ces mises en garde. Il a raison. Le calme le plus plat l'accompagnera jusqu'à Oran.

Son dernier passage en Afrique du Nord remonte à 1938. Huit ans après, l'officier de marine note un changement radical dans les mentalités locales. Il ressent une « pénible impression ».

La fin de son voyage, en revanche, est un véritable enchantement. Le navire longe la côte entre Sète et Toulon, une énorme mer de l'arrière augmentant considérablement sa vitesse. Puis il passe de nuit, avec un clair de lune magnifique sur cette mer déchaînée, devant Marseille. Il découvre une nouvelle épave. « Elle est là, plantée sur un haut-fond, au large, comme un vaisseau fantôme », écrit-il à son frère.

À Toulon, l'*Élie Monnier* est immédiatement confié aux techniciens de l'arsenal. Ils vont le réparer, le modifier, l'équiper : de quatre à cinq mois de rudes travaux. Pendant ce temps, Cousteau continue à mettre en place l'organisation du GRS. Il songe également à de nouveaux films, tout en préparant deux expéditions, en Guinée et en mer Rouge. En Afrique, la Marine nationale a accepté de parrainer la descente à quatre mille mètres du professeur Piccard, à l'aide d'un petit sous-marin « très spécial » qui laisse Cousteau perplexe.

Pour le moment, ses nombreuses activités absorbent l'essentiel de son temps. C'est à peine s'il trouve une heure pour faire arracher la dent de sagesse qui le torture depuis plusieurs jours. À Sanary, le marin retrouve sa petite famille en bonne santé. Il s'étonne, non sans plaisir, que ses deux garçons grandissent aussi vite. Il partage la douleur de Simone et de sa belle-mère, Marguerite, qui ne sont pas encore remises du deuil d'Henri Melchior. Le soir, à la tombée de la nuit, dans le calme retrouvé, Jacques pense également à son frère, sur lequel plane toujours la menace d'exécution de la sentence fatale.

En ce début d'année, le moral de l'aîné est au plus bas. Jacques le sait. Il demande à son « Vieux frère » de tenir bon. Il tente de le rassurer sur le résultat des démarches entreprises, espérant vivement que le sort de « PAC » sera décidé avant le mois de juillet, date de son prochain départ. D'ici là, Cousteau reste toujours « paré », comme il dit, pour monter à Paris au moindre appel de Fernande.

La nouvelle tant attendue arrive enfin. Le 9 avril 1947, le président de la République, Vincent Auriol, décide de commuer la peine de mort de Pierre-Antoine Cousteau en travaux forcés à perpétuité. Il n'accorde pas de grâce, en revanche, pour ce qui concerne la confiscation des biens et l'indignité nationale infligées à « PAC » par ses juges. Le

16 avril, le directeur de Fresnes signe le transfert du détenu à la centrale de Clairvaux, en Champagne. Jacques-Yves et Simone sont profondément soulagés.

La guerre n'en a pas pour autant terminé avec les Cousteau. C'est bientôt au tour de la mère de Simone de créer quelques soucis au jeune couple. Après avoir porté le deuil d'Henri Melchior, Marguerite annonce son prochain mariage avec un officier de la marine qui défraya lui aussi la chronique au moment de la Libération, du fait de sa conduite pendant la guerre. À ce titre, et parce qu'il a été l'un des plus jeunes amiraux de la Royale, le personnage est bien connu dans le *landernau* militaire. Son nom : Jean Decoux, nommé gouverneur d'Indochine par Darlan dès le retour de Pétain, en juillet 1940[1]. Il remplaça alors le général Catroux, qui en profita pour rejoindre la Résistance à Londres. Les années passent. Deux drames viennent tout à coup secouer la douce torpeur indochinoise du gouverneur. C'est d'abord la disparition de sa femme, dans un accident de voiture sur la route de Dalat. Puis c'est le revers militaire japonais qui coïncide avec celui des armées allemandes en Europe. Dans un dernier geste de désespoir, les Nippons, en mars 1945, se saisissent de Decoux et l'emprisonnent à Loc-Ninh, à une centaine de kilomètres de Saigon[2]. Libéré, l'amiral gouverneur est prié de rentrer en France. Dès son arrivée au Bourget, il est arrêté par des inspecteurs de la PJ. Dans les heures qui suivent, un magistrat l'inculpe pour « atteinte à la sûreté intérieure de l'État ». Nous sommes en mai 1946. Il restera vingt-deux mois en captivité avant de bénéficier finalement d'un non-lieu devant la Haute Cour de justice en 1949.

C'est sur ces entrefaites que l'amiral épouse la mère de Simone Cousteau, Marguerite Melchior, née Baehme. Jean Decoux était un vieil ami d'Henri Melchior, qui avait délaissé la marine pour la société L'Air liquide. Après sa détention, c'est chez Marguerite, au 9, place des Ternes, que Jean Decoux vient habiter. Il va remplir l'appartement de nombreux objets d'art rapportés d'Extrême-Orient.

Le choix du marin se révèle judicieux. Marguerite Melchior est une femme élégante et intelligente. « Elle avait beaucoup d'allant », nous confirme la nièce de Jean Decoux. Micheline Decoux a toujours porté une grande affection à son parent, qu'elle exprimait encore devant nous quarante ans après, à l'âge de quatre-vingt-deux ans : « L'amiral était un homme extraordinaire. Il était beau, gai, drôle, exubérant. Il avait également d'incontestables talents de peintre. » Ce bon vivant, amateur d'aquarelles, a bien connu Simone Cousteau qui avait pris l'habitude d'angliciser son prénom en l'appelant « John ». « Elle était très copine avec son beau-père, continue Micheline Decoux. Elle aimait blaguer avec lui. Elle le mettait souvent en boîte[3]. »

Malgré de douces vacances passées en Bretagne ou à Toulon, Jean et Marguerite Decoux partageront peu d'années de bonheur. Un cancer de la peau transforme la vie de Marguerite en douloureux calvaire. Progressivement défigurée, la mère de Simone préférera vivre recluse place des Ternes. Elle recevra certes de rares visiteurs, mais uniquement le visage recouvert d'un voile.

Depuis sa cellule champenoise, Pierre-Antoine Cousteau observe les dernières péripéties familiales avec détachement. En cet automne 1947, son moral est à nouveau très bas. Il se lamente. Il a l'impression d'être abandonné. À ce moment-là, Jacques-Yves est en Angleterre où il visite le HMS *Vernon* à Brixham puis, à Portsmouth, l'équivalent du Groupe de recherches scientifiques français. Il en profite pour aller voir ses parents et les enfants de son frère en pension à Torquay. C'est pour constater avec plaisir que l'éducation britannique porte ses fruits. Françoise et Jean-Pierre sont tous deux « en plein développement et en parfaite forme ».

Avant de rentrer en France, Jacques-Yves adresse une longue lettre à « PAC » pour lui affirmer que toute la famille est derrière lui. Il essaie également de lui faire comprendre que la vie n'est pas facile pour elle non plus. Chaque jour, explique le cadet, elle est confrontée à des difficultés matérielles et morales pénibles. Ses lignes ne se veulent ni des excuses ni des remontrances, mais une fraternelle tentative pour adoucir l'aigreur de son aîné.

Au moment où il rédige sa lettre, Jacques-Yves ignore s'il va rester dans la marine. Il se pose gravement la question. Plusieurs projets vont toutefois l'y retenir quelques années encore. Parmi ceux-ci, l'expérience du ballon sous-marin du « père Piccard », comme il l'appelle, au large du Sénégal. Une affaire sans cesse retardée, car apparemment difficile à mettre sur pied. La plongée n'aura lieu finalement qu'à l'automne 1948. Entre-temps, Jacques-Yves conduit l'*Élie Monnier* en Corse, tout en poursuivant ses démarches auprès du président de la République en vue d'obtenir la libération de Pierre-Antoine. Pour sa requête, il se fait aider par Me Marconnet. Les deux hommes ont rapidement confirmation que leurs courriers sont lus par les plus hautes instances de l'État, mais ils ne s'attendent pas à une conclusion rapide.

En mars 1948, Jacques-Yves est de nouveau en Angleterre pour un rapide voyage privé à Torquay auprès de ses parents. Il trouve sa mère au lit, clouée par une grippe exceptionnellement sévère. L'état de santé de son père n'est guère plus brillant. Fort heureusement, les enfants de « PAC » sont en pleine forme. Françoise submerge son oncle sous un « flot d'histoires bien compliquées ». Elle lui raconte dans le détail ses démêlés avec la mère supérieure du couvent de Stoodley Knowle, son pensionnat. Et lui parle également avec passion des épreuves olympiques de yachting qui doivent se dérouler dans la petite ville anglaise l'été suivant. Son jeune frère, Jean-Pierre, alors âgé de sept ans, ne semble pas plus heureux qu'elle en pension. Durant le bref séjour de Jacques, le garçon partage la chambre de son oncle. Avant de s'endormir, tous deux bavardent comme des collégiens. Aux yeux de Jacques, l'enfant possède déjà deux des qualités d'homme selon lui les plus rares : le caractère et le sens critique.

De retour à Toulon, l'officier de marine prépare activement une croisière à destination de l'Afrique du Nord. Cela ne l'empêche pas de rester en contact avec les avocats de Pierre-Antoine. L'homme d'action qu'il est souhaite que les démarches entreprises aboutissent rapidement. Il espère surtout qu'un événement imprévu permettra d'activer la procédure.

1er juin 1948 : l'*Élie Monnier* quitte Toulon. Destination : la Tunisie. Cousteau, Tailliez, Dumas et plusieurs autres responsables du GRS — devenu entre-temps GERS — ont décidé de reprendre les fouilles sur le site sous-marin de Mahdia : par quarante mètres de fond, une galère romaine qui intéresse au plus haut point les Antiquités franco-tunisiennes. En fait de galère, il s'agit d'une sorte de voilier primitif utilisé par les Romains pour transporter des objets d'art volés aux Grecs. Selon Jérôme Carcopino — historien et ex-ministre de l'Éducation nationale de Pétain, cité par Tailliez dans sa *Plongée sans câble* —, une grande partie de la cargaison de Mahdia proviendrait du pillage d'Athènes par Scylla, en 86 avant Jésus-Christ. Cousteau pensait depuis longtemps à venir explorer ce site qu'il considérait presque comme un héritage familial. Nous avons, en effet, évoqué plus haut comment une première reconnaissance par des scaphandriers fut décidée en 1907 par Jean Baehme, alors préfet maritime à Bizerte. Le mécène de l'opération — qui coûta vingt mille dollars — n'était autre à l'époque que le milliardaire américain James Hazen Hyde, le patron de Daniel Cousteau, son père !

Les recherches de la plus ancienne épave du monde ne se révèlent toutefois pas aussi aisées que les plongeurs du GERS l'ont d'abord imaginé. Il faudra plus d'une centaine de descentes pour se faire une idée de l'importance et de l'endroit précis du site. À cette occasion, on mettra également au point une nouvelle machine à explorer les fonds : le traîneau sous-marin conçu par Jean Alinat. En dépit de cette invention, les résultats de la pêche du GERS vont se montrer assez décevants. Faute de temps, les plongeurs ne pourront remonter que quelques clous de fer rongés par la rouille, des clous de bronze, une meule à grains et des amphores.

Quelques années plus tard, Cousteau présentera devant Mr Hyde le film tourné en couleurs lors de l'expédition. L'Américain francophile s'en montrera fort heureux. Quant à Cousteau, il sera surpris lorsque Hyde lui révélera qu'en fait il n'a jamais rien vu du trésor artistique remonté quelque quarante ans plus tôt. Le directeur du musée Alaoui de Tunis où étaient exposées les œuvres lui a certes envoyé plusieurs photographies des cratères et des statues ; le bey de Tunis l'a décoré ; mais lui, personnellement, n'a jamais trouvé le temps de se déplacer en Afrique du Nord[4] !

Au mois d'août, Cousteau est de retour à Toulon. Il commence à préparer l'expédition Piccard-Cosyns, prévue pour le mois de septembre. Jacques-Yves participera comme photographe et cinéaste aux plongées du bathyscaphe, premier véhicule sous-marin mis au point par Auguste Piccard, ce scientifique suisse aux allures de professeur Tournesol. Cousteau est de plus en plus sceptique sur les chances de réussite de l'expédition que la Marine nationale française accepte pourtant de parrainer. Au cours de ces préparatifs, l'officier dégage du temps libre pour s'occuper de son terrain de Toulon. Avec Simone, il a en effet décidé de faire construire à Sanary, auprès d'un vieux moulin en ruines, une maison qu'il veut originale avant tout. On l'appellera le *Baobab*, « cette petite villa exceptionnellement bien combinée », selon sa propre expression, mais que l'infatigable voyageur ne veut pas considérer comme « un fil à la patte ». Et de préciser : « Je continuerai à mener cette vie errante et elle aussi insouciante, qui est un héritage des Cousteau. »

C'est durant le mois de juillet précédent que la famille a appris la mort d'Eugen Higgins, cet homme d'affaires auquel Daniel Cousteau servit de secrétaire particulier. Sa disparition n'attriste pas outre mesure Jacques-Yves, qui ne portait pas particulièrement l'Américain dans son cœur. En revanche, il s'inquiète du devenir de ses parents. Jacques-Yves Cousteau espère que l'homme d'affaires leur a laissé de quoi finir leurs jours décemment. Lors d'une visite à Torquay, il les a trouvés fatigués. En fait, ils ne sont plus en âge d'assumer seuls la responsabilité et la garde de Françoise et de Jean-Pierre, « deux enfants pleins de vie ». L'officier suggère que Fernande, leur mère, les récupère. Et de faire sa propre autocritique : « Moi-même, je suis déjà un père défaillant pour mes enfants, puisque je suis un père épisodique qu'ils ne voient pas le tiers du temps », confie-t-il à « PAC ».

Depuis quelques semaines, Simone Cousteau éprouve un mauvais pressentiment concernant l'expédition Piccard et les plongées en bathyscaphe. Elle en fait part à son officier de mari : « Ne descends pas dans cette affreuse machine. C'est stupide. Personne ne t'a donné l'ordre d'accepter. Tout le monde s'inquiète à ton sujet[5]. » D'autres membres du clan Cousteau se font également du souci pour Jacques. Son oncle André lui écrit une lettre éplorée, l'avertissant qu'il est « fou » de se lancer dans pareille aventure.

Quelle aventure, de fait ! La campagne de l'*Élie Monnier* doit durer quatre mois. Son schéma, comme on dit dans le jargon de la marine, commence simplement : du 15 août au 1er septembre, voyage aller avec escales à Casablanca, aux îles Salvages, à Port-Étienne et à Dakar. De cette traversée, Cousteau va retenir deux images fortes. Ce sont d'abord les Salvages, îles désertes bourrées d'oiseaux, avec l'eau la plus claire qu'il ait jamais vue : jusqu'à cent mètres de visibilité ; puis cette multitude de phoques à Port-Étienne...

Arrivés au large du Sénégal, l'officier et ses camarades du Groupe de recherches vont passer quasiment tout le mois de septembre à naviguer d'île en île autour du Cap-Vert pour préparer la mission Piccard : recherches de plans d'eau calme ; sondages par grande profondeur pour sélectionner les zones d'immersion. Et, par la même occasion, plongées en scaphandre autonome avec films sous-marins. Une période magnifique pour le marin cinéaste, même s'il est attristé par la « pauvreté épouvantable » des îles visitées.

Le 1er octobre, l'*Élie Monnier* part à la rencontre du *Scal-*

dis qui transporte les deux concepteurs du bathyscaphe baptisé *FNRS-2* (Fonds national de la recherche scientifique belge), les professeurs Piccard et Cosyns. Le pari des savants est ambitieux : descendre à une profondeur plus de vingt fois supérieure à celle d'un sous-marin, soit quatre mille mètres.

Lorsque le *Scaldis* arrive à Dakar, Cousteau constate avec surprise que certains éléments de l'engin ne sont pas totalement montés. Pour qu'il soit tout à fait prêt à la date prévue, Cosyns travaille jour et nuit sur le *FNRS-2*. Ancien déporté, le savant tombe malade. Cousteau le remplace pendant dix jours. Il participe aux deux premières mises à l'eau à Dakar. Des essais qui révèlent la fragilité du flotteur et l'insuffisance des moyens de pompage d'essence. Bien sûr, quelques astuces permettront de pallier *grosso modo* ces défauts, mais Cousteau ne se fait guère d'illusions. Optimiste, il espère qu'une plongée au moins pourra réussir. Après les dernières mises au point, le *Scaldis*, escorté de la Marine nationale française, repart pour les îles du Cap-Vert. D'après les calculs de Piccard et Cosyns, deux personnes peuvent vivre plus d'une journée dans leur boule d'acier.

À tout seigneur, tout honneur. Pour cette première immersion historique, Auguste Piccard tient à faire partie du voyage. Une descente dont les personnages ressemblent de plus en plus aux héros de *Rackham le Rouge*. Un tirage au sort désigne le compagnon de plongée du professeur Piccard-Tournesol : il s'agit de l'« incorrigible » Théodore Monod, qui se fait aussitôt tondre le crâne comme un œuf !

L'universitaire participe à l'équipée en tant que directeur du laboratoire des pêches coloniales au muséum de Paris. Sérieux quand il le faut, Monod comprend tout l'intérêt scientifique d'une telle expérience. Dans un ouvrage racontant ses « bathyfolages », le zoologiste avouera d'ailleurs ultérieurement combien « nos connaissances sur les animaux abyssaux et leur biologie sont encore trop fragmentaires, trop vagues, trop teintées même d'hypothèses invérifiées ou d'idées préconçues pour qu'il soit possible, ou du moins prudent, de s'aventurer trop avant et, sans jeu de mot, trop profondément dans pareil sujet[6] ».

Malheureusement, l'expédition du *FNRS-2* au large de Dakar va se solder par un échec. De toute évidence, l'engin Piccard-Cosyns n'était pas prêt. La descente de Monod s'arrête à vingt-cinq mètres de fond ! Quand on demandera par la suite au naturaliste à quelle profondeur il est descendu, l'espiègle professeur répondra : « À vingt-cinq mille ! », se gardant bien de préciser qu'il s'exprime en millimètres[7]...

À plusieurs reprises, les deux savants veulent tout arrêter. Cousteau les en dissuade. Il leur suggère d'envoyer l'engin à vide pour sauver la face. Piccard et Cosyns acceptent. La plongée à mille quatre cents mètres sans équipage réussit, mais, une fois repêché, le bathyscaphe n'est plus qu'une épave. Une méconnaissance certaine des réalités marines : voilà la raison essentielle de l'échec. Cousteau l'avait depuis longtemps compris.

L'officier de la Royale brûle de passer de longues soirées avec sa famille afin de raconter les mille et une anecdotes qui ont fait l'« histoire » de cette invraisemblable équipée. Il raconte par écrit à ses parents son long voyage, énumérant les raisons qui, selon lui, expliquent l'échec. Et de s'interroger sur les leçons personnelles qu'il tire de cette expédition : « Qu'ai-je gagné, qu'ai-je perdu à cette mission ? » Avant de répondre : « J'y ai appris des tas de choses souvent précieuses et, maintenant, j'en sais aussi long que Piccard et Cosyns sur leur engin. Bien plus, je sais ce qu'il ne faut pas faire et j'ai, en plus d'eux, un sens marin qui leur manquera toujours. »

L'insuccès de la mission Piccard-Cosyns semble avoir touché Cousteau plus que ses camarades. Il partage l'amertume des savants qui voient partir en lambeaux leurs beaux projets. Heureusement, le voyage de retour est particulièrement agréable et enchanteur. Cousteau achève la lecture de *La Volonté de puissance* de Friedrich Nietzsche et, dans le texte, *Le Nouveau Machiavel* de l'écrivain anglais Herbert George

Wells. Il découvre dans des ouvrages de biologie et de génétique d'innombrables sujets de méditation. À Port-Étienne, il revoit longuement — deux jours de suite — ses chers phoques du Rio de Oro et en capture un, tout jeune, aussitôt baptisé Dumbo. Ramené à Toulon, l'animal sera apprivoisé, avant d'être remis à un zoo de la région. Mais Dumbo se montre trop vorace : cinq kilos de poissons par jour, soit une dépense d'environ quatre cent mille anciens francs par an !

Après avoir essuyé une belle tempête près de Barcelone, l'*Élie Monnier* arrive enfin à Toulon. En décembre, Cousteau débarque à Paris pour quarante-huit heures afin de surveiller le développement des deux mille quatre cents mètres de négatif impressionné durant l'expédition. Son intuition se confirme : les prises de vues sont de bonne qualité. Il fait tirer une copie de travail des rushes. Ils seront expédiés à Sanary. Cousteau espère pouvoir commencer le montage durant le mois de janvier. Lorsque la précieuse cargaison arrive au *Baobab*, sa villa de Sanary, le marin ne cache pas sa joie. Il couve des yeux les boîtes métalliques renfermant les centaines de mètres de film. Faute de temps, on ne pourra finalement commencer le montage qu'aux environs de la mi-février. Alors, Cousteau consacre la plupart de ses journées à remettre sur pied le GERS, à rédiger de laborieux rapports techniques et à parachever l'aménagement du *Baobab*.

En janvier 1949, les gros travaux entrepris à l'intérieur de la maison sont terminés. Encore quelques coups de pinceau à donner, quelques prises électriques à installer, et la maison sera habitable. La remise en état de la terrasse et de la tour n'a en revanche pas commencé. Jacques-Yves et Simone attendent un prêt du Crédit foncier. Durant l'absence de Jacques-Yves, Simone a surveillé de près l'aménagement de la demeure. Elle a tenu à arranger elle-même les rideaux, puis à superviser l'installation du divan à l'anglaise devant le feu. Des jours entiers, la jeune femme a couru les antiquaires afin de dénicher une plaque de foyer originale. Et le résultat est là : Jacques trouve le *living-room* magnifique. De grandes baies vitrées glissent sur des rails. La pièce est extraordinairement claire et lumineuse. L'officier essaie de mettre en marche le chauffage central. Sans problème. Satisfait, il allume un feu de bois dans la cheminée, remarquant avec plaisir qu'elle tire bien. D'un commun accord, le couple décide que la crémaillère sera pendue le 19 janvier, jour anniversaire de ses fiançailles. Hélas ! Les parents de Jacques ne pourront pas descendre dans le Midi avant Pâques. En revanche, leurs meilleurs amis ont promis d'être présents : les Mauric, les Frey, les Mikelian, les Gilardo, un jeune et charmant ménage de Marseille, les Oger — camarade de promotion en service à Toulon —, tante Guite, Michel Melchior et sa jeune femme, tous deux en instance de départ pour l'Extrême-Orient et, bien entendu, Frédéric-« Didi » Dumas.

La pendaison de crémaillère a lieu comme prévu. Simone et Jacques ont tout fait pour rendre cette soirée mémorable. Leurs amis s'en souviendront, qui ne quitteront le *Baobab* qu'à 6 heures du matin ! Cela a commencé en tenue de soirée et s'est poursuivi par de franches rigolades. Un guitariste extraordinaire, cousin en talent du célèbre Django Reinhardt, a accueilli en musique les vingt-quatre invités.

L'installation définitive du couple Cousteau au *Baobab* se déroule le 21 janvier. Elle coïncide avec un certain nombre de bouleversements dans la vie professionnelle de Jacques-Yves. Depuis quelques semaines, en effet, le lieutenant de vaisseau est devenu « corvettard » — capitaine de corvette. Un décret publié au *Journal officiel* l'annoncera dans le courant du mois de janvier 1949. Première conséquence de cette promotion : Cousteau doit être remplacé à la fin du mois de mars suivant sur l'*Élie Monnier* par le lieutenant de vaisseau Houot, un passionné de plongée sous-marine que Cousteau ne connaît pas. Parallèlement, l'amiral Pothuau, directeur du personnel de la Royale, le convoque à Paris afin de lui annoncer son départ du GERS pour une durée de deux années. Pour lui succéder, Cousteau songe à son camarade Lanxade, dont il apprécie la rigueur et les compétences. « Mais moi ? » s'interroge le « corvettard », qui s'attend à ce qu'on lui propose une nouvelle affectation. En vain. Un moment, il rêve d'un poste d'attaché naval. Mais il n'y en a aucun de libre correspondant à son grade. Rester en poste à terre à Toulon ? Une solution de facilité à laquelle Cousteau se refuse. Après quelques semaines de réflexion, il envisage de briguer un poste outre-mer, soit à Tahiti, soit aux Antilles, afin de pouvoir continuer à réaliser ses films. Dans ce cas, explique-t-il à ses parents, Simone l'accompagnerait, alors que Jean-Michel et Philippe seraient inscrits pour deux ans dans une école américaine, avec visite lors des vacances. L'idée le séduit vivement pendant quelques semaines. Il envisage une nouvelle fois de quitter la marine s'il n'obtient pas un tel poste. Alors, écrit-il, « j'aurai à choisir entre le cinéma, L'Air liquide, ou la direction de la deuxième mission française au pôle Sud, qui m'est offerte par Paul-Émile Victor ».

Avant de prendre une décision définitive, Cousteau se donne jusqu'au mois de juillet suivant. Entre-temps, il pense effectuer un saut au ministère de la rue Royale, et peut-être en Angleterre pour embrasser ses parents et bavarder avec eux du « souci permanent » que représente son frère Pierre-Antoine, dont le mauvais état de santé le préoccupe. Jacques-Yves a hâte d'aller rendre visite à son aîné en son « triste château » de Clairvaux. Il évoque ce projet dans une longue lettre à « PAC », profitant de l'occasion pour lui faire part de ses sentiments sur l'éducation des enfants, « un domaine où nos idées se rejoignent totalement », avant d'ajouter : « Oui, tu as raison, cent fois raison, l'instruction donnée en France est catastrophique, et on lui doit certainement notre déclin intellectuel dans le monde. Il n'y a pas besoin de savoir pour produire : Pasteur n'était pas médecin, et plus la physique atomique est compliquée, plus les prix Nobel sont jeunes (trente ans et même moins). Ce qui explique les étonnantes réussites en France des immigrants, apatrides et analphabètes. »

À Pâques, Simone et Jacques-Yves reçoivent enfin à Sanary

la visite d'Élisabeth et Daniel Cousteau. Ce temps des retrouvailles, pour les grands-parents, est l'occasion de longues promenades en famille. Daniel et son petit-fils Jean-Michel n'hésitent pas à se lancer dans de longues marches. Le soir, on se distrait autour de la célèbre tirade de Caracalla :

> *« Parlons, parlons encore, parlons toujours sur terre,*
> *« Parlons comme l'on parle au moment de se taire,*
> *« Parlons ! car ma parole est prête à s'envoler...*
> *« Ah ! non, je ne peux plus.... je ne peux plus parler... »*

Bientôt, le *Baobab* voit fleurir un théâtre dont la première production sera une version personnelle d'*Ubu roi* en décors naturels.

Pour Jacques, ces journées passées avec ses enfants et ses parents apparaissent comme autant de moments de détente dans sa « vie d'excité ». L'officier de marine bavarde de longues heures avec « Daddy » et « Mutti ». Élisabeth évoque avec beaucoup de tristesse la difficile détention de Pierre. Les larmes aux yeux, elle soupire, souhaitant que son « grand » revienne le plus vite possible parmi eux. Elle adresse au détenu de Clairvaux quelques mots pleins d'amour et de tendresse : « Tes lignes nous sont parvenues dès notre arrivée au *Baobab* et ce nous fut très agréable, comme tu l'espérais, de sentir ta pensée présente à notre réunion. Elle l'est sans arrêt, mon chéri, et très souvent évoquée par l'un de nous. Hier, on "trinqua" suivant l'usage et Simone, gentiment, levant son verre, me dit : "À celui à qui vous pensez et pensons tous." Comme toi, très heureuse de notre visite avec les petits. Forte émotion qui m'étreint encore. Je te dis à dimanche, mon grand chéri. Nous pensons rentrer à Paris jeudi ou vendredi. Toute ma tendresse. Mutti [8]. »

En fait, l'incertitude plane sur les projets des uns et des autres. Pierre-Antoine espère une nouvelle réduction de peine et, si possible, une prochaine libération. Daniel Cousteau pense réorganiser sa vie dès qu'il connaîtra les décisions des liquidateurs d'Eugen Higgins. L'affectation de Jacques est toujours soumise à l'accord des « huiles » de l'état-major sur un nouveau projet de bathyscaphe.

Dans l'immédiat, l'officier a de quoi s'occuper : quatre films à terminer, une conférence à préparer pour Pleyel, fin mai ou début juin, puis ce sera un voyage en Angleterre afin d'y présenter également un film, avant de se rendre en Belgique pour y retrouver le professeur Piccard. Face à un avenir professionnel incertain, le voilà contraint de repousser au moins d'un an un vieux projet de voyage aux États-Unis. En attendant, et sous l'œil averti de Simone, il continue également à décorer sa nouvelle demeure avec les nombreux objets arrachés au fond de la mer lors de ses récents voyages.

L'été arrive enfin. Avec lui, quelques nouvelles fraîches. La décision finale de l'état-major interviendra, lui a-t-on promis, dans le courant du mois d'octobre ou de novembre. Dans cette attente, Paris le nomme amiral des Mines, poste qui l'oblige à s'exiler provisoirement à Sète. Même si Cousteau a l'habitude de prendre les choses comme elles viennent, le voici tout de même bien obligé d'avouer qu'il s'« emmerde phénoménalement » dans cette petite ville de l'Hérault. Il pense beaucoup à son frère — « à ma manière », comme il le lui dit, c'est-à-dire en lisant les journaux, « bien qu'ayant horreur de ça ». De son côté, Pierre-Antoine annonce à son cadet qu'il a commencé à rédiger un « Proust digest » destiné aux lecteurs pressés. L'idée fait rire et séduit Jacques-Yves qui avoue que sa « vie agitée dans le désordre » ne lui permettra pas de loisirs suffisants pour lire l'œuvre originale. « PAC » fait également part de son intention de se réfugier chez les trappistes, une fois libéré. Façon comme une autre de se soustraire à la vue de ses contemporains sur lesquels il ne se fait aucune illusion. Jacques-Yves n'est pas loin de partager l'indifférence de son frère ou plutôt ses doutes sur le genre humain.

C'est dans le courant de septembre que Daniel Cousteau apprend qu'Eugen Higgins lui a laissé une pension tout juste suffisante pour lui assurer une vie décente. Une portion congrue de l'héritage que le fisc américain va par ailleurs ponctionner d'environ 30 %. La déception est plus rude encore pour Élisabeth qui espérait ne plus avoir à se faire de soucis sur le plan matériel ! Daniel Cousteau se confie à Jacques : ces derniers temps, le caractère de sa mère est devenu plus difficile. Le couple ne sait pas encore s'il va s'installer sur la Côte, auprès de Jacques et Simone, ou s'il va rester à Paris. Élisabeth Cousteau laisse clairement entendre qu'il n'est pas question pour elle de s'éloigner de la prison de Clairvaux où elle rend régulièrement visite à Pierre. Jusqu'au jour...

C'est par Jacques que le détenu apprendra la terrible nouvelle : leur mère est terrassée par une hémorragie cérébrale dans la nuit du 29 au 30 septembre 1949. Pour les deux garçons, c'est un choc affreux. Encore plus tragique pour Daniel qui restera inconsolable durant de longs mois.

Au cours de sa vie, Cousteau évoquera souvent la mémoire de sa mère. Malgré les apparences, elle a été pour lui une source permanente de stabilité. Il a eu à tant de reprises l'occasion d'apprécier sa rigueur morale et son courage ! N'était-elle pas en fin de compte la clef de voûte du clan ? N'incarnait-elle pas ce lien à la fois fort et fragile qui unissait les deux frères aux ambitions et aux caractères si différents ?

À la veille de ses quarante ans, Jacques-Yves Cousteau se retrouve une nouvelle fois devant des choix importants. Depuis quelques années déjà, il caresse le rêve de posséder son propre bateau. Sa raison de vivre va bientôt revêtir le nom de la nymphe qui, un beau jour, retint Ulysse sur son île : *Calypso*.

DEUXIÈME PARTIE

VII

Calypso (1950-1953)

« L'île de Malte... Le port de La Valette... Je m'en souviens comme si c'était hier : mais c'est en 1950 !

« La matinée de printemps est limpide. Dans les vieilles rues de la ville, une foule colorée s'agite. Sur les quais, les pêcheurs préparent leurs barques et vérifient leurs filets. Un soleil superbe illumine la scène et crée d'admirables moirures sur les dentelles que les femmes confectionnent sur le pas de leur porte. Dans les bassins du port, plusieurs gros navires britanniques (à cette époque, Malte est anglaise) semblent endormis comme des cétacés.

« C'est là, entre les barques et les cuirassés, que je la vois pour la première fois... Elle !... La *Calypso* !... J'en tombe immédiatement amoureux. Je la veux. Je l'aurai. Je l'ai déjà dans la peau [1] ! »

Pour Cousteau, ce jour de printemps marque de façon indélébile le début du grand rêve de sa vie, le véritable départ de son odyssée. Avec ce bateau à la coque de bois, tout va devenir possible. Des projets ? Il en a plein la tête. Ses défis sont fous, mais il sait que la gloire l'attend au bout du chemin.

S'il a quitté l'armée, il n'est toutefois pas question d'abandonner totalement la Royale. Grâce à l'amiral Lemonnier, chef d'état-major général de la marine, Cousteau a obtenu d'être placé en mission hors cadre. En clair, si son aventure tourne mal, il aura toujours la possibilité de réintégrer la Royale. L'idée d'acheter un bateau était dans l'air depuis plusieurs années. Jacques et ses amis prospectaient un peu partout à la recherche du navire idéal. En compagnie de l'architecte naval Henri Rambaud, Cousteau s'était même rendu à Malte où on lui avait parlé d'un ancien dragueur de mines à vendre, baptisé *Calypso*. C'est à ce moment-là qu'André Auniac, patron du chantier naval d'Antibes, met Cousteau en rapport avec un passionné de la mer prêt, lui dit-il, à financer l'achat d'un navire[2]. Le mécène en question est un homme d'affaires et parlementaire britannique : Thomas-Loël Guinness.

Guinness se montre enthousiaste à l'idée d'acquérir un bateau qui servirait à des recherches scientifiques. Encouragé, Cousteau lui parle de ce navire visité à Malte. Le Britannique est ravi mais reste prudent. Il dit au Français : « Je vous donne une somme fixe pour un bateau et ses transformations, à condition qu'après vous ne me demandiez plus rien ! » Le mécène accepte d'ouvrir un crédit d'environ cinq cent mille francs actuels.

« Marché conclu », lui répond alors le futur océanographe, qui devient le gérant de la *Calypso* moyennant le versement symbolique d'un franc par an à Guinness. Pour ce faire, Cousteau crée une association type 1901, la COF — Campagnes océaniques françaises —, sise au 1, quai Branly à Paris, dans les locaux de la météo nationale. Le contrat entre les deux hommes est signé à Nice, le 19 juillet 1950. La seconde carrière du navire commence.

C'est, en effet, huit ans plus tôt qu'a débuté l'histoire de la *Calypso*, alors baptisée *J-826*. Nous sommes en 1942 à Seattle, aux États-Unis. Au long de ces rudes jours de conflits avec l'Allemagne et le Japon, le chantier naval américain construit essentiellement des navires de guerre. Équipé de deux puissants moteurs Diesel General Motors, le futur navire océanographique est d'abord un dragueur de mines destiné à la Royal Navy. Lorsque la Seconde Guerre mondiale prend fin, le bateau mouille à Malte, alors territoire britannique. En 1949, l'heure de sa retraite a sonné. Il est mis en vente. Une bonne affaire pour son nouveau propriétaire, le Maltais Joseph Gazan. Le bateau est transformé en ferry-boat et baptisé *Calypso*, du nom de la célèbre nymphe de *L'Odyssée*. Les traditions sont respectées : l'archevêque de La Valette bénit le premier voyage entre Malte et Gozo, une île voisine.

Le coup de foudre de Cousteau pour la *Calypso* est réel. Dès la signature du contrat, le navire est ramené sur la Côte d'Azur. Les réparations vont durer une année. Elles coûtent cher. Plusieurs donateurs mettent généreusement la main à leur poche : le restaurateur antibois Pierre Malville ; l'industriel marseillais Roger Gary ; le marquis Armand de Turenne ; l'architecte Edmond Mauric. Des aides en nature aussi : le dessin logo représentant la fameuse sirène et le dauphin blancs dans un carré vert est conçu gracieusement par le peintre Luc-Marie Bayle.

À Malte, Cousteau avait été séduit par les proportions du bateau — quarante-deux mètres de long, trois cent cinquante tonnes, double coque en bois et double bordage —, mais il savait aussi que de nombreuses transformations devaient y être apportées. C'est le travail entrepris à Antibes. À l'extérieur — plage arrière —, on installe un mât de charge, des treuils et une grue hydraulique de plusieurs tonnes. Pour remplir les bouteilles de plongée, deux compresseurs sont installés sur le moteur. À l'intérieur, l'ancien parking, qui pouvait recevoir jusqu'à onze voitures, est transformé en lieu d'habitation. Un confort d'ailleurs spartiate. Deux cabines sont réservées aux invités scientifiques ; Cousteau et Simone — la seule femme à bord — possèdent leur cabine personnelle : elle jouxte la salle de conférences. La salle à manger est commune. Officiellement, il n'y a ni grade ni uniforme. Après dîner, l'équipage utilise la salle à manger pour se distraire. Les membres de l'équipe Cousteau peuvent passer des disques grâce à un phonographe ou se mettre à l'écoute d'une radio. D'autres se délassent en jouant aux cartes et autres parties d'échecs.

L'originalité du bateau est invisible à l'œil nu. Elle tient aux seules modifications apportées sur sa coque, puisqu'il s'agit avant tout de transformer le dragueur de mines en bateau océanographique et en studio de cinéma. Cousteau a dessiné lui-même les plans : à trois mètres sous l'eau, devant et sous l'étrave, il veut installer une boule d'acier trouée par des hublots permettant une vision unique. Ce « faux nez » constitue en quelque sorte un bathyscaphe fixe qui autorise toutes les observations possibles.

Le premier périple du navire se déroule le 21 novembre 1951 autour de la Corse. À bord, tous les parrains de la *Calypso*, dont pas un seul n'est marin. Une escapade « homérique » : « À la sortie du port d'Antibes, je donne quelques consignes au marquis de Turenne et lui confie la barre. Je rejoins tout le monde dans la salle à manger. "Regarde la lune", me dit Simone, ma femme, en pointant son doigt vers le hublot tribord (à droite). Nous levons nos verres à la lune. Quelques minutes plus tard, la lune brille toujours, mais cette fois à travers le hublot bâbord (à gauche) ! Je me précipite sur le pont. Le marquis avait enclenché le pilote automatique... qui n'était pas branché. La *Calypso*, livrée à elle-même, tournait en rond[3]. »

Quelques mois plus tard, le navire de recherches est prêt pour son premier grand voyage. Destination : la mer Rouge. Mission : l'étude des coraux de l'archipel de Farasan.

Plusieurs mois d'affilée, Cousteau se démène comme un beau diable pour mettre l'expédition sur pied. « Une lutte de chaque jour pour organiser l'inorganisable, pour surmonter l'insurmontable. Bagarre où je suis pratiquement seul pour résoudre les problèmes techniques complexes, administratifs et financiers, humains aussi. C'est épuisant, mais passionnant », écrit-il à son frère. Il fait également part des soucis que lui crée la vie sentimentale de Françoise, la fille aînée de Pierre-Antoine, et celle, non moins tumultueuse, de leur père tombé sous l'emprise amoureuse d'une aristocrate américaine.

En marge des préoccupations familiales, Jacques-Yves Cousteau obtient quelques satisfactions professionnelles. Le grand magazine américain *Life* consacre sept pages aux plongées sous-marines du Français. Cousteau est présenté comme l'explorateur des repaires de monstres marins (*sic*). Dans l'interview qui accompagne ce reportage flatteur, Cousteau évoque surtout son plaisir à se fondre dans l'eau : « Lorsque je plonge, l'eau est claire et très bleue. Je suis rassuré. Je n'ai pas peur. Vers trente mètres, je perds la surface. Je me retrouve seul dans un environnement bleu sombre où j'ai du mal à repérer le bas. Puis je découvre le fond et je me sens en sécurité. Il y fait relativement clair, parce que la lumière s'y réfléchit[4] », raconte-t-il à la journaliste Perry Miller. La publication de ce numéro spécial intitulé « Merveilles de mer » ne passe pas inaperçue. Des producteurs d'Universal Pictures proposent à Cousteau plus de dix mille dollars pour distribuer ses premiers courts métrages : *Par dix-huit mètres de fond*, *Épaves*, *Paysages du silence* et *Une plongée du Rubis*. Offre inespérée ? Selon Perry Miller, il s'agit là d'une somme dérisoire, et la proposition tient plutôt du vol, même si elle permet au Français d'entamer une carrière en Amérique[5].

24 novembre 1951 : la *Calypso* quitte Toulon pour la mer Rouge. L'expédition doit durer trois mois. Plusieurs îles au programme, dont Abulat et les Farsans. L'équipage est bien entendu composé de volontaires. Première recrue : le mécanicien Octave Léandri, dit « Titi ». Engagé pour la durée de la mission, il restera en fait plus de quinze ans à bord de la *Calypso*. Le chef mécanicien est François Saout. Comme Cousteau, il a été détaché de la Marine nationale. Bon marin, c'est un spécialiste des courses-croisières. À ses côtés, le maître mécanicien René Montupel et le matelot plongeur toulonnais

Jean Beltran. Élément non négligeable de l'équipage, le cuistot est Fernand Haven, un ancien de la Marine nationale. Il travaillera en étroite collaboration avec Simone Cousteau, plus spécialement chargée de l'intendance. Dumas fait également partie du voyage. Avec Cousteau, c'est lui qui dirigera les plongées. Un jeune cinéaste, Jacky Artaud, réalisera l'essentiel des prises de vues, les photos sous-marines étant assurées par l'ingénieur Jean De Wouters. La présence d'un médecin à bord se révélait indispensable. Finalement, la candidature de Jean-Loup Nivelleau de La Brunnière a été retenue. Son profil a séduit Cousteau. L'homme de l'art s'est en effet présenté comme un célibataire endurci, doublé d'un marin confirmé. Il a de qui tenir, puisqu'il n'est autre que le petit-fils du célèbre corsaire Véron. Au retour de l'expédition, cependant, Nivelleau de La Brunnière avouera que tout son *curriculum vitae* était faux ! « En fait, dit-il, je n'avais jamais navigué et j'ignorais ma résistance au mal de mer ; ma denture est en très mauvais état. Non seulement je suis marié, mais je suis pratiquement bigame. Quant à mon ancêtre, le corsaire Véron, il a été capturé et pendu à sa première sortie en mer[6]... »

Le canular monté par le « vrai-faux » médecin marin n'est pas pour déplaire à Cousteau, doté d'un grand sens de l'humour.

On a compris l'importance que revêt pour lui cette première expédition. Il s'agit de prouver que les nouvelles techniques de plongée peuvent être utilisées dans les disciplines les plus diverses. Les scientifiques l'ont rapidement compris. Pour eux, la *Calypso* représente un outil de travail formidable. Ils ne se font pas prier pour participer à l'expédition de la mer Rouge. L'équipe se compose ainsi de plusieurs spécialistes en biologie marine, géologie, chimie et vulcanologie. Un nom s'imposait dans ce dernier domaine : Haroun Tazieff.

C'est dans le courant de l'année 1951 que Cousteau est venu se présenter à Tazieff à l'issue d'une conférence sur la grande éruption de l'Etna. Le nouveau patron de la *Calypso* propose au vulcanologue de l'accompagner. « Je ne suis pas océanographe, répond Tazieff. Je ne vois pas bien à quoi je pourrais vous servir, mais cela me plairait beaucoup. Cela me plairait encore plus d'aller toucher aux îles volcaniques du sud de la mer Rouge et à la dépression de l'Afar[7]. » La chose est entendue. Tazieff embarquera sur la *Calypso*. Pour lui, c'est l'occasion de retrouver la magie des paysages entrevus quelques années plus tôt depuis son paquebot et de suivre les traces de l'aventurier Henry de Monfreid. Tazieff reconnaîtra bien volontiers que ce fut un beau voyage durant lequel il apprit à plonger en scaphandre autonome dans les eaux les plus pures du monde.

En revanche, il regrettera de ne pas avoir aperçu l'Afar ni les îles Hanish. Une déception professionnelle qu'il expliquera par les retards et les pertes de temps accumulés, pour des « raisons propres à Cousteau ». D'où une certaine tension entre le commandant de bord et les scientifiques. Selon Tazieff, « les chercheurs travaillaient comme matelots durant le voyage pour redevenir scientifiques une fois sur place. Il en résulta pas mal de mécontentements, car les possibilités et les conditions de travail ne correspondaient pas tout à fait à celles que nous avions espérées[8] ». Ces tensions, inhérentes à toute vie de groupe sur un espace aussi réduit, laissent également place à des découvertes surprenantes. Des spécimens marins inconnus que les experts présents sur la *Calypso* vont baptiser de façon humoristique : *Calypseus*, *Saouti* et *Cousteani*...

L'expédition en mer Rouge va durer près de cent jours. Elle sera endeuillée par les disparitions de Claude Francis-Bœuf, patron du Centre de recherches et d'études océanographiques, et Jacqueline Zang, chimiste au Laboratoire de La Rochelle. Les deux chercheurs se sont tués en Éthiopie lors du *crash* de l'avion qui les ramenait en France.

En 1952, Albert Falco a vingt-cinq ans. Au mois d'août, pendant des vacances en Corse, un télégramme le prévient que Cousteau recherche des plongeurs bénévoles pour participer à des fouilles archéologiques au large de Marseille. Albert, « Bébert » pour les amis, comprend que son heure de chance a sonné. Depuis plusieurs mois, le jeune homme rêve de rejoindre l'équipe Cousteau-Dumas dont il a vu les films dans les cinémas de la région. Devant ses amis Brémond, Prigent, Borelli ou Beuchat, il évoque fréquemment Cousteau, « l'inventeur de la plongée moderne » !

C'est justement Georges Beuchat qui le conduit à bord de la *Calypso*. Le navire mouille au large du Grand Congloué, où des fouilles sous-marines sont prévues. Là, sous leurs pieds, repose l'épave d'un bâtiment grec de mille tonnes coulé par une tempête alors qu'il transportait quelque dix mille amphores remplies de vins grecs et italiens et de vaisselle noire, deux cent cinquante années avant Jésus-Christ [9].

Falco salue les trois membres de la *Calypso* présents, puis Fernand Benoît, le conservateur du musée Borély, et enfin Simone Cousteau. Il est frappé par la beauté rayonnante de cette femme. Celle que tout le monde appellera « la Bergère » sourit de la nervosité de Falco qui cherche des yeux le Pacha. « Ne vous impatientez pas, lui dit-elle. Jacques sera là dans quelques minutes... Il est descendu sur l'épave avec Frédéric Dumas. Ils finissent de délimiter le secteur [10]... »

Cousteau et « Didi » ne tardent pas à remonter. Le bosco Albert Raud venait d'ailleurs de tirer deux coups de fusil en l'air pour prévenir les plongeurs qu'il était temps de refaire surface. Lorsque les mains du commandant s'agrippent à l'échelle, Falco ne cache plus son émotion. « LUI !... » s'exclame une voix intérieure. Mais sa contemplation n'est pas terminée. Il va assister au déshabillage du Pacha ! Le modeste fils de comptable marseillais n'en revient pas. Le voici gonflé d'orgueil, comme ces aristocrates qui accompagnaient le lever du Roi-Soleil : « Le commandant dégrafe son masque : je découvre "en vrai" ce grand nez busqué, ces cheveux peignés en arrière (et déjà presque blancs), cette bouche qui fait la moue vers le bas et qui paraît toujours un peu ironique... Le visage marqué par l'effort, le regard perdu,

Cousteau se lisse plusieurs fois les cheveux à deux mains, d'avant en arrière, dans un geste que je lui verrai faire mille fois au cours de nos années d'aventures. Chez lui, ce mouvement n'est pas un acte de coquetterie ; il lui permet, symboliquement, de remettre en ordre ses idées dans sa tête avant de parler [11]... »

Et Cousteau parle, en effet. Ses premières paroles sont pour inviter le jeune visiteur à déjeuner. Pendant le repas, le commandant parle de tout, sauf de la candidature de Falco. Le Marseillais est désespéré. Il ne sait pas encore que lorsqu'il doit recruter un nouveau membre pour l'équipe, Cousteau agit toujours ainsi. Il n'attaque jamais directement le postulant, ne lui pose aucune question sur ses diplômes ou ses connaissances. Il préfère le « sentir », quitte à le surprendre et à étudier ainsi ses réactions. Suivent logiquement les épreuves sur le terrain. Ce jour-là, Cousteau demande à Falco de plonger afin de démonter la buse d'une suceuse, sorte d'aspirateur qui sert à dégager les sédiments sous-marins. « Bébert » comprend qu'il s'agit là d'un test. Il doit descendre à quarante-cinq mètres, un exercice peu banal. Mais, sous l'eau, Falco est comme chez lui. La mer a toujours été sa passion. À Sormiou, où il a passé toute son enfance et son adolescence, « Bébert » disparaissait dix fois par jour pour percer les mystères des calanques ou s'entraîner comme un nageur de fond. Pendant plusieurs mois, il a partagé ses émerveillements aquatiques avec Jacques Mayol.

Le jeune homme a éprouvé comme un coup de foudre pour ce grand type au « coffre impressionnant » qui s'est identifié à un dauphin. Il a été fasciné par ce plongeur capable de descendre jusqu'à soixante-dix mètres en apnée, comme ça, juste pour le plaisir. L'estime entre les deux hommes a été réciproque. Un jour, Mayol a proposé à « Bébert » de partir découvrir le Canada. Le Marseillais a accepté, mais, finalement, le voyage ne s'est pas fait. Mayol, le poète aventurier, a préféré partir seul pour la Floride... Avec son éternel sourire et sa générosité de cœur, Falco n'en voudra jamais à son ami.

« Des années plus tard, dira-t-il, j'irai voir avec plaisir le film que Luc Besson tirera de son aventure : *Le Grand Bleu* [12]. »

Falco a accompli sa mission. De retour à l'air libre, Cousteau lui fait les honneurs du navire. Le visiteur comprend qu'il fait dorénavant partie des plongeurs attitrés de la *Calypso*. Une équipe où tous les membres deviendront ses amis : Émile Robert, Henri Goiran, dit « Riquet », Raymond Kientzy, alias « Canoë », André Laban, un passionné de peinture, Raymond Coll, et tous les autres dont, pendant de nombreuses années, l'existence sera liée au navire de recherches océanographiques français au point de créer une sorte de mystique de la *Calypso*.

Les fouilles archéologiques du « Grand Conglu », comme le désigne Falco, vont durer près de deux ans. Une aventure dont les plongeurs mesurent chaque jour davantage les difficultés. Les profondeurs où ils opèrent ne tolèrent ni improvisation ni excès, comme viendra le rappeler de manière tragique la disparition de leur ami Jean-Pierre Servanti. Cet ancien de la Marine nationale s'est porté volontaire pour rechercher l'ancre du navire, détachée après une tempête. Il est descendu seul jusqu'à soixante-dix mètres. Le temps passe. Les bulles ne viennent plus crever la surface. Cousteau et Falco sont inquiets. « Bébert » décide d'aller voir. Peu après, il remonte avec Servanti. Le corps est inerte. Servanti semble évanoui. Trop tard. Servanti est mort, noyé.

Cousteau est profondément touché par la disparition de son collaborateur. Pendant plusieurs jours, plus personne n'a le cœur à plonger. Le Pacha envisage même d'arrêter la mission. Le jeu ne comporte-t-il pas trop de risques ? Toutes les amphores du monde valent-elles une seule vie humaine ? Après une longue discussion, l'équipe de la *Calypso* demande à Cousteau d'achever le travail entrepris. Le Commandant accepte. Il mettra son point d'honneur à descendre le premier à l'endroit même où le corps de Servanti a été repêché. C'est lui qui finira par retrouver l'ancre perdue du bateau.

Hormis ce drame, le chantier du Grand Congloué se termine bien. Pour financer ce projet qui lui tenait tant à cœur, Cousteau a sollicité de nombreux organismes et institutions : la Marine nationale, le ministère de l'Éducation nationale, The National Geographic Society de Washington. Comme cela ne suffisait pas, il n'a pas hésité à démarcher les commerçants marseillais. Il a réussi à convaincre ses interlocuteurs qu'il s'agissait d'une cause publique. Ce qui n'est pas entièrement faux, puisque plusieurs centaines d'amphores vieilles de deux mille ans finiront dans le musée de la cité phocéenne. Et que l'opération « Grand Congloué » restera comme la plus grande entreprise de récupération archéologique sous-marine.

Il est certain que, grâce à ce chantier gigantesque, Cousteau a franchi une nouvelle étape dans sa course à la notoriété. La presse écrite et la télévision font connaître au grand public les exploits de ses plongeurs. La revue *National Geographic* consacre un long article à l'explorateur du « cosmos sous-marin ». Dans l'entretien publié qui l'illustre, Cousteau tient surtout à souligner les performances de son détendeur : « Le meilleur moyen d'observer les poissons, c'est de devenir poisson soi-même. La meilleure façon de devenir un poisson, c'est d'endosser un appareil respiratoire sous-marin appelé scaphandre autonome. Il permet à un homme de planer, à loisir et en toute sécurité, à des dizaines de brasses sous l'eau. Il lui laisse la liberté de descendre tête en bas, de faire des tonneaux, ou de s'étendre paresseusement sur le côté propulsé dans tous ses mouvements par les deux palmes qu'il porte aux pieds [13]. »

Au début de l'année 1953, la *Calypso* quitte Marseille pour une nouvelle mission. Destination Cythère et Anticythère. Objectif : renflouer des épaves de la mer Égée. Pour ce voyage, Cousteau a convié à son bord un éminent savant américain : le professeur Harold E. Edgerton. Cet ingénieur est enseignant au célèbre MIT — Massachusetts Institute of Technology. Cousteau en avait entendu parler comme de l'inventeur du flash électronique. L'Américain a accepté d'emblée l'invitation de l'explorateur français. Sa modestie et sa gentillesse naturelles le font rapidement adopter par l'équipage de la *Calypso* qui le baptisera « Papa flash ». C'est Falco qui l'initie à la plongée en scaphandre autonome. Une révélation pour Edgerton, qui en profite pour essayer des sondeurs de son invention et autres appareils de prises de vues. Leurs mises au point vont permettre à Cousteau d'enregistrer des images jamais vues. Car le cinéma reste toujours la première passion et la grande ambition de l'officier de marine en congé.

Quelques mois auparavant, il a bricolé une caméra sous-marine de son cru permettant à la télévision française de réaliser son premier direct depuis le fond de la mer. Les images tournées de l'épave du Grand Congloué par Jacky Ertaud ont été présentées à quelques milliers de téléspectateurs de l'Hexagone, éblouis par cette prouesse à la fois technologique, sportive et artistique. Pour cette opération, Cousteau s'est fait aider par André Laban. Les deux hommes ont fabriqué un appareillage capable de percer un tant soit peu les eaux troubles des grandes profondeurs. Des éléments de l'optique leur ont été offerts par la société Thomson-Houston.

C'est en 1952 que Cousteau rencontre Laban. Celui-ci a appris fortuitement que le patron de la *Calypso* est à la recherche d'un ingénieur. Lorsqu'il se présente à lui, par l'intermédiaire du président de la fédération de plongée, le Commandant lui demande ce qu'il sait faire. Laban répond : « Je bricole ! » En fait, le bricoleur possède une formation d'ingénieur chimiste. Or Cousteau cherche un ingénieur électronicien. « Il n'y avait pas beaucoup de rapport, nous raconte Laban. Il m'a pris à l'essai pendant huit jours. Je me suis mis dans le bain. Cela s'est prolongé pendant des mois, puis des années. » Au total, l'ingénieur restera vingt ans à bord, aux côtés de Cousteau.

« Sur le plan humain, ça a accroché tout de suite, poursuit-il. Je ne me suis jamais plaint. D'autant que j'avais une situation privilégiée. Certains me considéraient comme son dauphin. Personnellement, j'ai toujours pensé qu'il n'y aurait jamais de dauphin possible. Ni moi, ni ses enfants, ni un autre. Il n'y a qu'UN Cousteau. Pourquoi ? Je n'en sais rien. »

Comme Falco, Laban est étourdi par le personnage. Une fascination difficilement explicable. « Il a un magnétisme... », dit-il, lapidaire. « Ce que je lui ai apporté ? De la sueur, des insomnies. Je ne le regrette pas. J'ai pris mon pied. Je n'ai jamais eu besoin de vacances. J'étais en vacances toute l'année. De plus, j'étais payé pour faire des choses qui me plaisaient. Alors qu'il y a des gens qui ont payé pour le faire...

« L'essentiel de mes activités ? Au début, j'avais un rôle technique. J'ai commencé à réparer un appareil de photo. Il m'a ensuite donné à m'occuper des lampes sous-marines. C'était un gros travail de bricolage. J'ai utilisé des morceaux qui venaient de droite et de gauche. Il y avait un gars du CNRS qui avait étudié des hublots sphériques pour travailler dans l'eau. On a utilisé ses connaissances, moyennant finances. La mise en boîte de toute la tripaille utile pour faire du cinéma sous une forme cylindrique dans un tube résistant à la pression, ce n'était pas nouveau. Edgerton avait déjà fabriqué des caméras photo sous forme cylindrique. J'utilisais pas mal de pièces des caméras Bell & Howell. Au début, je sciais des caméras d'occasion. Après, on faisait venir des pièces détachées. Quand j'ai commencé, il n'y avait pas tellement de fric [14]. »

Pour financer ses films et pour vivre, Cousteau et son équipe vont bientôt être obligés d'accepter des missions à caractère industriel. Depuis quelque temps déjà, l'exploration des mers fait l'objet de la mise en œuvre systématique d'un grand nombre de techniques, notamment dans la recherche et l'exploitation des gisements de pétrole sous-marins. C'est dans cette perspective que Cousteau crée une nouvelle association baptisée OFRS (Office français de recherches sous-marines).

Le premier contrat est signé au début de l'hiver 1953 avec

la Darcy Exploration Company, filiale de la British Petroleum, dont le directeur se révèle être un cousin de Simone Cousteau. En janvier 1954, cette mission de prospection conduit la *Calypso* dans le golfe Persique. Les recherches débutent au large d'Abou Dhabi. Là, les marins effectuent plusieurs centaines de sondages à l'aide d'un gravimètre. Ils relèvent également de nombreux échantillons minéraux, qui permettent de déceler la présence de traces de produits pétroliers. De la plupart de ces endroits auscultés par l'équipe Cousteau, la BP fera jaillir quelques années plus tard du pétrole à raison de plusieurs dizaines de millions de barils par an...

Selon Falco, le pacha de la *Calypso* évoquera fréquemment par la suite cette mission dans le détroit d'Ormuz. « Avons-nous bien fait de révéler au monde l'existence de ce trésor d'énergie fossile ? » s'interrogera-t-il. Et de s'entendre répondre la plupart du temps par Dumas : « De toute façon, si nous n'avions pas trouvé le pétrole du Golfe, d'autres l'auraient fait à notre place. » Cousteau acquiesce, mais avec une légère pointe de regret et d'humour : « C'est vrai. Mais songez que, si j'avais seulement demandé un *cent* par baril extrait, je n'aurais plus jamais de ma vie connu le moindre problème pour financer les campagnes de la *Calypso* [15] ! »

De retour à Marseille, d'autres aventures attendent le Commandant et ses hommes. Depuis plusieurs mois, l'auteur de multiples courts métrages porte en lui son grand-œuvre. Le titre est déjà trouvé : *Le Monde du silence*.

VIII

Le Monde du silence (1953-1956)

1953. Deux événements importants marquent la vie professionnelle et familiale de Cousteau. À l'automne paraît simultanément en France et aux États-Unis *Le Monde du silence*. Contrairement à l'idée reçue, avant d'être un film, l'ouvrage fut bel et bien un livre. Un ouvrage de souvenirs, écrit par Cousteau et Dumas. Dans ce journal de bord à quatre mains, les deux compères racontaient leurs quinze premières années d'aventures sous-marines. Autrement dit, toute la période qui précède l'odyssée de la *Calypso*.

Le livre est un incontestable succès de librairie. Treize traductions en langues étrangères, dont le japonais et le turc. Au total, plus de quatre millions d'exemplaires vendus à travers le monde ! Cette réussite va jouer un grand rôle dans la notoriété croissante du cinéaste explorateur.

Plus intime, l'autre événement représente un immense soulagement. Et, sans nul doute, un grand moment de joie. Après plusieurs années de démarches et une visite décisive au président Vincent Auriol, son frère Pierre-Antoine recouvre enfin la liberté.

C'est au cours de l'été de cette même année que « PAC »

franchit les grilles de la centrale de Clairvaux. L'ancien rédacteur en chef de *Je suis partout* a passé près de dix années de sa vie en prison. Si son état de santé est déplorable — les médecins n'ont pas encore diagnostiqué le cancer qui va l'emporter quelques années plus tard —, la détention ne lui a enlevé ni sa morgue ni son humour désespéré. Dans une France paralysée par les grèves, il écrit : « J'ai quitté en août 1944 une France privée de transports, de gaz, d'électricité, de téléphone et de service postal. Je retrouve en août 1953 une France privée de transports, de gaz, d'électricité, de téléphone et de service postal[1] ! »

Selon son fils Jean-Pierre, les relations entre Pierre-Antoine et Jacques-Yves ne se sont pas améliorées au fil des années, le premier reprochant au second de ne pas lui avoir assez rendu visite en prison[2]. Jugement nuancé, selon la seconde femme de « PAC » qui affirme n'avoir jamais vu Pierre se montrer franchement en colère contre son frère. En même temps, précise-t-elle, « on ne peut pas dire qu'ils étaient complices. Les choses de la mer n'intéressaient pas Pierre. Toutefois, il est vrai qu'il me répétait souvent : ''On ne peut pas compter sur lui...'' Il parlait de Jacques[3] ».

Une chose est sûre : à sa sortie de prison, Pierre s'entretient longuement avec Jacques. Le pacha de la *Calypso* demande à son aîné de se tenir dorénavant tranquille. Vaines recommandations. « Pour tâcher moi aussi de sauver un peu d'honneur, et aussi par fidélité pour les camarades d'infortune qui n'ont pas renoncé à leur idéal, sitôt franchies les grilles du bagne, je me suis senti, en dépit de tous les conseils adverses, une furieuse démangeaison de recommencer à imprimer que la Terre est ronde, c'est-à-dire de recommencer à polémiquer[4]. »

On l'a compris, l'ex-collaborateur est resté fidèle à la mémoire du maréchal Pétain et à ses engagements passés. Des convictions qui ne facilitent pas ses démarches auprès de journaux issus pour la plupart de la Résistance. Sa situation matérielle n'est donc pas confortable et son cas aurait été désespéré s'il n'y avait eu *Rivarol*, dont les membres de la rédaction l'accueillent avec une « fraternelle gentillesse », confiera-t-il. Il restera au sein de l'équipe de la revue royaliste, nostalgique du vichysme, jusqu'à sa mort, en 1958. Parallèlement à ses articles, il publie plusieurs ouvrages pamphlétaires. « Il connaissait beaucoup de monde parmi les éditeurs », nous affirme-t-on. Il passait pour être très ami, entre autres, de Bernard de Fallois qui avait table ouverte chez lui. Une intimité que relativise aujourd'hui l'éditeur parisien[5].

Un certain nombre de changements interviennent également dans sa vie privée. Fernande, sa femme, meurt d'une tumeur au cerveau quelques mois après sa remise en liberté. Le 14 octobre 1954, il se remarie avec Françoise-Thérèse, une Parisienne née en 1919 de parents alsaciens : son père, Maurice Ganzmann — croix de guerre 1914-1918 —, et sa mère, Lucienne Goguelat, sont tous deux fonctionnaires de l'Éducation nationale.

La jeune femme connaît Pierre-Antoine depuis de nombreuses années. Après la guerre, elle collabore comme journaliste traductrice à la télévision américaine. Sa parfaite connaissance de l'anglais lui permet également de devenir une des traductrices attitrées du magazine *Time Life*. Par ailleurs, elle traduit en français les œuvres de l'auteur de science-fiction américain Arthur Clarke. L'éditeur Alain Moreau lui confiera également par la suite quelques travaux.

Le second mariage de Pierre-Antoine est assez mal accueilli dans la famille. Daniel Cousteau, l'autorité morale du clan, ne cache pas sa réprobation. Françoise-Thérèse Cousteau nous confie : « Daniel et le Commandant ne souhaitaient pas que Pierre se remarie. Mis devant le fait accompli, ils n'ont rien fait pour nous faciliter les choses. Un jour, Daniel m'a dit : "Entre notre monde et le vôtre, il y a un rideau de fer !" Je n'ai pas compris. Les Cousteau n'étaient pas des aristocrates, mais des bourgeois. Mes parents étaient des fonctionnaires, certes, mais une famille sans histoire. Nous étions également catholiques. Par la suite, je devais recevoir beaucoup de leçons de morale. Je les ai très mal ressenties à l'époque. Nous tenions beaucoup l'un à l'autre. De la même façon, la naissance de ma fille, Perrine, n'a pas été non plus bien acceptée. Ils ne voulaient pas qu'on entende parler de nous. J'ai le sentiment que nous gênions l'ascension du Commandant. »

Françoise-Thérèse Cousteau poursuit : « Je me souviens d'une vive altercation avec Jacques. C'était quelque temps après notre mariage. Pierre était déjà malade. Je lui avais reproché sa froideur, son manque de chaleur dans la situation où nous nous trouvions. Il m'a dit : ‘‘Je suis quelqu'un d'extrêmement froid et nous sommes tous comme cela dans la famille !'' »

De cette ambiance familiale, Perrine Cousteau, fille unique de ce second mariage de Pierre-Antoine, a gardé des souvenirs d'enfance plutôt crispés : « Les premières années, nous assistions systématiquement aux grandes fêtes familiales qui se déroulaient avenue de La Motte-Picquet. Je me souviens d'un Noël en particulier. Je devais avoir cinq ou six ans. Tous les paquets cadeaux étaient déposés au pied de l'arbre. J'avais remarqué que l'un des paquets portait le prénom de ma mère, ‘‘Françoise''. Il s'agissait d'une bouteille de parfum. Je la lui ai apportée. Mais, vite, on est venu me le reprendre pour donner le paquet enrubanné à l'autre Françoise de la famille. Cette année-là, maman ne reçut aucun cadeau. C'était monstrueux [6] ! »

Françoise vouait une admiration sans bornes à son père qui éprouvait à l'égard de sa fille aînée de l'indulgence et une grande affection. Pierre-Antoine se heurte, en revanche, au mystère que représente à ses yeux Jean-Pierre. Son garçon a quatorze ans lorsque lui-même épouse en secondes noces Françoise-Thérèse. L'adolescent et sa belle-mère s'entendent bien [7].

En réalité, il semble que Jean-Pierre, à l'âge difficile de l'adolescence, ait été davantage impressionné par la vie d'aventurier de son oncle Jacques que par celle, plus dramatique, de son père. De son côté, Jacques n'a jamais dénigré son frère. Bien au contraire, à maintes occasions devant son fils, il n'hésite pas à évoquer ses qualités dans ces termes : « Ton père est plus élégant que moi. Il est aussi le plus intelligent de nous deux [8]. »

Jacques-Yves Cousteau connaît les enfants. Il les aime. Il sait que leur éducation n'est pas une mince affaire. Selon le long témoignage de Jean-Pierre Cousteau recueilli par Axel Madsen, il semble que, durant cette étape délicate de l'adolescence, Simone et lui n'échappèrent pas à cette phase de défiance qui peut s'instaurer entre parents et enfants. Philippe fut probablement le plus rebelle. « Si Jacques disait blanc, Philippe affirmait aussitôt noir », raconte Jean-Pierre Cousteau qui qualifie d'« œdipiennes » les confrontations entre son cousin et son père [9]. Ajoutons que, selon lui, les relations entre Philippe et sa mère étaient également souvent tendues, même si Simone savait lui en imposer. La scolarité des deux garçons s'est déroulée pour l'essentiel à l'École des Roches, en Normandie. Ils partageaient leurs vacances entre l'appartement de leurs grands-parents, avenue de La Motte-Picquet, à Paris, et le Var. Il leur arrivait aussi de rejoindre leurs parents à bord de la *Calypso*. Car, bien sûr, le Commandant ne perdait jamais la mer de vue...

En 1953, Jacques-Yves Cousteau sait qu'il n'en a pas terminé avec le pittoresque professeur Piccard. Cinq années après son échec de 1948 dans les eaux du Cap-Vert, le génial savant suisse lance un nouveau défi avec un bathyscaphe « revu et corrigé » baptisé *Trieste*, du nom de la ville italienne qui lui a apporté son aide. Comme dans l'expérience précédente, la Marine française accepte, *via* le GERS, d'apporter son aide. L'Europe avant la lettre : un concepteur helvétique pour un bathyscaphe qui reste la propriété du Fonds national belge, jusqu'au jour où, après trois plongées en grande profondeur, il appartiendra à la Marine nationale française sous le sigle de *FNRS-3*.

À la tête du Groupe d'études et de recherches sous-marines, le capitaine de corvette Georges Houot et l'ingénieur du génie maritime Pierre Willm. Cousteau a été sollicité pour occuper les fonctions d'officier photographe cinéaste. De son côté, la National Geographic Society a accepté de financer l'équipement de l'océanographe dont les caméras sont dotées des flashes électroniques de l'ingénieux Harold E. Edgerton. Pour ses images, Cousteau a décidé d'utiliser pas moins de quatre appareils et d'un pied protégé dans des moulages. Durant l'été 1953, Auguste Piccard effectue plusieurs plongées en Méditerranée. La sphère tient bon. Le 30 septembre, son fils Jacques l'accompagne lors d'une ultime descente. Les deux hommes atteignent trois mille cent cinquante mètres ! Pari gagné pour les Piccard.

Grâce aux bathyscaphes *FNRS-3* et *Trieste*, l'exploration des grands fonds ne fait que commencer. Les opérations « précontinent », avec les maisons sous-marines que Cousteau lancera quelques années plus tard, s'inscriront dans la suite logique des expériences de la famille Piccard et des descentes de ses condisciples Houot et Willm. Ces expériences confirment à Cousteau que des techniques existent dorénavant pour aller à la découverte d'un monde jusqu'alors inconnu.

Le 7 janvier 1954, la *Calypso* quitte Toulon. Destination : le canal de Suez, la mer Rouge et l'océan Indien. Pour les plongeurs, c'est la découverte féerique d'un univers de corail. C'est aussi une série de rencontres imprévues avec des requins de récif à pointes blanches. Un, dix, bientôt trente squales. Ce jour-là, Falco et Dumas ne peuvent se défendre qu'avec un débordoir, morceau de bois muni d'un bout ferré inventé par Cousteau après pareille circonstance qui a failli mal tourner, quelques années plus tôt. Les deux plongeurs finissent par remonter à l'air libre sains et saufs en se collant l'un à l'autre selon la technique dite du « dos-à-dos ».

La *Calypso* poursuit sa route. À bord, un jeune homme initie les plongeurs au maniement de la caméra. Il s'appelle Louis Malle. Il a vingt-trois ans et sort de l'IDHEC. Marcel

L'Herbier, l'un des patrons de l'Institut des hautes études cinématographiques, a recommandé chaudement l'étudiant cinéaste à Cousteau qui cherchait alors un assistant. Lors de ce premier voyage en mer, Malle tournera beaucoup. Il dispose en tout et pour tout de six mois pour se former et pénétrer les secrets d'une technique spéciale. « C'était l'époque où nous fabriquions nos caméras. Cousteau avait mis au point une caméra que nous étions les seuls à utiliser [10] », racontera plus tard l'auteur de *Lacombe Lucien* et d'*Au revoir les enfants*.

Cousteau confie à son jeune assistant, après qu'il a fait ses preuves, la réalisation de trois documentaires qui sont présentés à plusieurs millions de téléspectateurs américains dans le cadre d'émissions dominicales parrainées par la Fondation Ford. Une réussite qui lui vaut de collaborer au grand projet du *Monde du silence*. « C'étaient les années heureuses, ajoute Louis Malle. C'étaient mes premières années de cinéaste. Je découvrais non seulement le monde sous-marin, mais également les nombreuses possibilités de filmer. C'était merveilleux. C'était nouveau. On faisait ce que personne d'autre n'avait fait avant nous. C'était extraordinairement excitant [11]. »

Louis Malle accomplit des performances de plongeur pour tourner ses images. En lui, Falco apprécie aussi la gentillesse. En sus des plongées, Malle accepte très volontiers d'assurer ses tours de quart [12]. Le monteur Georges Alépée en parle comme d'un « garçon exceptionnel », et de nous préciser : « Un type bien en tant que cinéaste et en tant qu'homme. Un type qui a de la classe [13]. »

La *Calypso* quitte la mer Rouge. Elle file vers l'océan Indien : les Seychelles, Madagascar, les Comores. Au total, plus de six mois de croisière. Le prélude indispensable au tournage du *Monde du silence*. Le film est en gestation depuis longtemps. C'est que Cousteau commence à comprendre ou plutôt à « sentir » les goûts du public. Il se méfie beaucoup de ses propres réactions. Pour aller au-devant des désirs des spectateurs, une seule solution : les rencontrer. Pendant quatre mois, l'explorateur des fonds sous-marins s'astreint à présenter deux conférences par jour à travers la France. Il projette d'abord un court métrage de quarante-cinq minutes, suivi d'un débat avec des enfants, des étudiants, des retraités, des entreprises, des communautés religieuses, et il confiera plus tard avoir fort appris au cours de ses tournées.

Du côté de la critique, les comptes rendus sur les premiers courts métrages de l'explorateur sont en général très élogieux. Depuis plusieurs années, le cinéphile Jean Mitry suit la carrière de Cousteau dont il trouve tous les films intéressants, « parfois remarquables ». À propos d'*Autour d'un récif*, réalisé en 1948, il n'hésite pas à parler d'authentique chef-d'œuvre avant de décrire un spectacle étonnant : « Sous une lumière glauque, autour d'un récif de corail féerique comme de ces villes englouties chères à l'imagination fantasmatique, une myriade de poissons dérangés dans leur course par les plongeurs vont, viennent, disparaissent autour des coraux ou à travers leurs branches, composant un étrange ballet où l'on ne sait plus très bien s'il s'agit du vol ou de la nage. Montée en harmonie avec une musique de jazz, cette explosion de mouvements purs semble avoir été réglée par le plus extraordinaire des chorégraphes. C'est éblouissant. Et beaucoup plus convaincant que l'artificiel "ballet des poissons chinois" de *Fantasia* ou que le jeu des "graphismes purs" de bien des films abstraits. Ici, l'irréel onirique se conjugue en la réalité même [14]. » Pour Cousteau, c'est un encouragement à poursuivre dans la voie difficile qu'il a choisie.

8 mars 1955. Le grand départ. Le bateau noir et blanc largue les amarres. Ce jour-là, Falco a la migraine. Et pourtant, il s'en souviendra comme de l'un des plus beaux moments de sa vie [15]. Le plongeur quitte Marseille pour participer au tournage de ce qui va devenir le film culte du monde sous-marin : *Le Monde du silence*.

À bord de la *Calypso*, il revoit Louis Malle, que Cousteau souhaite associer à son film pour « l'encourager à faire une carrière ». Jamais, d'ailleurs, le Commandant ne tarira d'éloges sur le cinéaste : « C'est un homme d'une intelligence prodigieuse qui, sauf dans *Ascenseur pour l'échafaud*, a toujours eu une propension à flirter avec le risque, ce qui lui permet d'explorer les frontières [16]. »

Héritiers d'une grande dynastie bourgeoise du Nord — la famille Beghin —, Malle et l'un de ses frères participent au financement de la production du *Monde du silence* dans le cadre des Requins associés, la société productrice de Cousteau. Sa création s'est déroulée dans une atmosphère décontractée lors d'un repas avenue de La Motte-Picquet, chez Daniel Cousteau. Autour de la table se trouvaient Louis Malle, l'opérateur Edmond Séchan, Simone Cousteau, le père du Commandant et Jacques-Yves, à qui Malle présenta le monteur Georges Alépée — il venait de terminer le montage de *Crin blanc*, le chef-d'œuvre d'Albert Lamorisse.

Au début de ce mois de mars 1955, Louis Malle rejoint la côte méditerranéenne. À bord de la *Calypso*, il retrouve le directeur de la photographie Edmond Séchan et son adjoint, Pierre Goupil. Luis Marden, le photographe de la *National Geographic*, fait également partie du voyage.

Comme d'habitude, Simone Cousteau supervise l'intendance, ce qui n'est pas une mince affaire. Sa conscience professionnelle la pousse même à interroger le médecin du bord, Denis Martin-Laval, le successeur de Véron de La Brunnière : « Tout est prêt, toubib ? » Avant de préciser : « J'espère que vous avez pensé aux capotes ? » Même s'il connaît bien « la Bergère » et son franc-parler, le médecin ne cache pas son étonnement. « Combien en faut-il ? » demande-t-il. « Vingt-six hommes à bord pour quatre mois avec une dizaine d'escales, faites le calcul ! » Séchan et Goupil, qui assistent à la scène, renchérissent à plaisir : « Pensez surtout à nous, docteur, nous sommes les plus gros consommateurs. » « Ni l'un ni l'autre n'avaient l'air de coureurs de jupons, raconte Martin-Laval. Rouge de honte, j'écumai toutes les pharmacies de Toulon et je revins avec mille cinq cents préservatifs. Les cameramen, hilares, me remercièrent en expliquant : "Sous les tropiques, on les remplit de glaçons pour rafraîchir les bains de développement." [17] »

Au-delà de son aspect humoristique, l'anecdote vient à point nommé pour rappeler le rôle primordial joué par Simone Cousteau dans la carrière intense et mouvementée de la *Calypso*. Un rôle que Jacques-Yves sera d'ailleurs le premier à reconnaître. « Simone est le témoin permanent de l'esprit *Calypso* à bord. Elle y a vécu plus longtemps que quiconque. Elle est toujours en mer et ne retourne à ses foyers que lorsque le bateau est à quai pour les vacances de l'équipage. Celui-ci a changé tout doucement, mais Simone est toujours là. Elle insuffle son optimisme à son monde [18]. »

La traversée de la Méditerranée n'est pas des plus calmes. La *Calypso* essuie une violente tempête. À la mi-mars, après une brève escale à Port-Saïd, en Égypte, le navire entre en mer Rouge, puis jette l'ancre dans la région de Ras Mohammed. Quelques années auparavant, Cousteau y avait repéré l'épave d'un bateau coulé pendant la Seconde Guerre mondiale. Rendus sur place, les cameramen plongent et filment.

La *Calypso* poursuit sa route. Elle s'arrête sur le récif d'Abulat, près de Djedda, en Arabie Saoudite. Pour Cousteau, des lieux déjà visités et des souvenirs pénibles : c'était alors son premier voyage en mer Rouge ; Jean-Michel et Philippe avaient respectivement quinze et treize ans. Avec leur mère, ils avaient rejoint Djedda en avion où mouillait alors la *Calypso*. La famille tenait à visiter la ville saoudienne, la troisième après La Mecque et Riad par son importance. La visite, hélas ! avait tourné court, la famille Cousteau assistant à une scène particulièrement horrible. « Un policier a attrapé un homme qui avait dérobé quelques billets de banque. Là, devant nous, sur le trottoir, il a sorti sans hésiter son sabre immense et tranché la main du voleur [19] », se souviendra plus tard le Commandant.

Dans une version légèrement plus nuancée, l'écrivain journaliste James Dugan, ami de Cousteau, avait raconté, en 1957, cet épisode saoudien. Selon l'Américain, Jean-Michel et Philippe avaient pris l'avion seuls pour rejoindre la *Calypso* alors en mission scientifique au large des récifs d'Abulat. « Le commandant Cousteau dit à sa femme : "Nous n'arriverons jamais à finir ce travail si nous l'interrompons pour aller récupérer les garçons. Il nous reste deux jours de boulot. Qu'en penses-tu ?" Elle dit : "Finissons le travail." Elle ravala sa peur de savoir ses fils seuls dans une ville où les esclaves avancent enchaînés le long des rues et où un membre de la famille régnante peut vous emmener en prison sous prétexte que votre tête ne lui revient pas. [...] Finalement, la *Calypso* rejoignit Djedda et Mme Cousteau se précipita à quai pour récupérer ses fils. Une limousine battant pavillon français s'arrêta brusquement pour laisser sortir Jean-Michel et Philippe flanqués du représentant de l'ambassade de France. Jean-Michel dit : "Pourquoi étais-tu inquiète, maman ? Comme on t'a pas vue à l'aéroport, on savait que tu devais travailler dur. Nous avons donc appelé le représentant français ici qui nous a invités à séjourner chez lui. Nous sommes allés partout. Nous avons tout visité." [20] »

Le 28 mars est un jour noir pour l'équipage et l'équipe de tournage de la *Calypso*. S'y déroule, en effet, l'un des épisodes les plus pénibles de toute la carrière de Falco — de son propre aveu, le genre d'erreur qui aboutit à une frénésie de sang abominable et à la « folie humaine [21]... ».

C'est d'abord un coup de butoir sous la coque. Rapidement, on s'aperçoit qu'un bébé cachalot est venu se jeter sur l'hélice. L'animal n'est pas mort. Il est remonté à la surface. Autour de lui, une mer rouge de sang. Les marins voient le mammifère frémir de douleur. Ils comprennent que ses heures sont comptées. D'autant qu'apparaissent des requins, attirés par le sang. Les poissons rapaces s'agitent. Soudain, l'un d'eux fonce sur sa proie. Sa gueule lacère le corps du bébé cachalot. Le signal de la curée donné, les requins se jettent sur la victime. Falco est bouleversé par l'horreur du spectacle. Il n'est pas le seul. Les marins se sentent saisis d'effroi. Révoltés, ils s'arment de rames, gaffes, harpons ou fusils. Commence alors le massacre des squales : « Le carnage et la confusion durent une demi-heure. Lorsque les derniers requins s'éloignent, il ne reste plus du cachalot qu'un squelette. Nous nous regardons mutuellement, hébétés. Nous sentons monter en nous un énorme sentiment de honte. Qu'est-ce qui nous a pris ? Pourquoi ce délire ? Quel était le sens de ce massacre ? Nous avons voulu faire payer aux squales une faute que nous seuls avions commise. Rien n'est plus imbécile, ni plus immoral, ni plus indigne d'hommes qui ne jurent que par la science et la protection des espèces [22]... »

La scène du funèbre festin a été filmée. On l'intégrera dans le montage final du reportage, du moins dans sa version française. Pour la réalisation de leur film, Cousteau et Malle se sont partagé le travail, chacun conduisant son équipe. Au total, une douzaine de plongeurs cameramen. Tout au long de la préparation du tournage, un scénario d'une vingtaine de pages a été écrit. Il s'efforce de coller au plus près du sujet. Dans la réalité, c'est l'improvisation qui prédomine, ou plutôt l'imprévu, comme dans cette séquence du bébé cachalot. Malle bouleverse à plusieurs reprises son plan de travail, ce qui l'oblige à tourner des raccords par plusieurs dizaines de mètres de fond.

Après avoir traversé à nouveau le détroit d'Ormuz, la *Calypso* prend le cap de l'océan Indien. Le tournage se poursuit dans les îles Farquhar, Gambetta, Assomption et Aldabra. Louis Malle et ses opérateurs filment tout leur soûl poissons, coraux, oiseaux et tortues géantes. Dans les eaux des Seychelles, d'une transparence inouïe, l'équipe Cousteau rencontre celui qui va devenir la vedette incontestée de leur film : Jojo le Mérou. C'est Dumas qui apprivoise l'animal, non sans mal, il est vrai. Il lui faudra se ceinturer d'astucieux sachets de viande pour sceller l'amitié entre lui et Jojo, devenu en quelques jours la mascotte de l'équipage.

À Marseille, Georges Alépée se retrouve avec plus de trente mille mètres d'images sur sa table de montage. Il visionne les rushes et le voilà plein d'enthousiasme. Alépée n'a pas assisté au tournage du *Monde du silence*. Un atout pour ce grand professionnel, ainsi dépourvu d'attaches affectives avec le travail réalisé. Il nous raconte la genèse du film : « Il n'y avait pas de découpage et peu de fil conducteur. Il y avait des séquences exceptionnelles. À la limite, il n'y avait pas besoin d'histoire. J'ai proposé à Cousteau de monter le film comme un spectacle de cirque. Une suite de numéros formidables. La séquence des plongeurs avec leurs torches au début est significative. Ils arrivent. C'est magnifique. Mais on ne sait ni d'où ils viennent ni où ils vont [23]. »

Les auteurs du *Monde du silence*, eux, voguent vers le succès. Pour la réception exceptionnelle du mois de février 1956, le Commandant avait bien fait les choses. Amiraux en grande tenue, musique des équipages de la flotte, fusiliers et pompons rouges : toute la Marine nationale française avait répondu présent pour cette première mondiale du *Monde du silence* projeté sur l'écran du Théâtre des Champs-Élysées. Dès le lendemain, le journaliste Philippe Bouvard décrira, pour les lecteurs du *Figaro*, non sans humour, cette mémorable soirée : « Depuis sa passerelle de commandement, l'amiral Le Bigot accueillait un défilé d'officiels : le général Ganeval, représentant M. René Coty ; les présidents Monnerville et Le Troquer ; deux douzaines d'ambassadeurs montant à l'abordage des loges en rangs serrés ; le général Guillaume, demeuré en pékin pour ne pas faire, au milieu de tous ces capitaines de vaisseau, le désolant complexe du terrien...

« Mais si les historiens du cinéma se penchent plus tard sur cette soirée de l'an de grâce 1956, je pense qu'ils retiendront surtout ce fait : jamais film n'avait été encore autant applaudi... Et pourtant, on connaît le public blasé des galas... Et celui des salles obscures... Il n'y eut qu'un authentique chef-d'œuvre pour leur tirer ainsi durant une heure et demie des salves d'applaudissements et des cris d'enthousiasme [24]... »

L'enthousiasme du public et des critiques s'explique avant tout par la qualité exceptionnelle des images et par la découverte de ce monde sous-marin jusqu'alors inconnu. Unanimes, les journalistes reconnaissent que le film est fort éloigné de l'anthropomorphisme qui fausse, par exemple, les documentaires de Walt Disney. Claude Mauriac est touché par la poésie du film : « Les ingénieurs et même les gens d'affaires à propos desquels Henri Michaux ironisait ont eu leur part dans la réussite du *Monde du silence*, écrit-il. Science et poésie s'y concilient, ces images étant d'autant plus belles qu'elles sont moins récusables. La beauté serait peu de chose ici sans la réalité. Poésie et vérité. Plastique et métaphysique. La moindre arabesque dorée aux flancs luisants du plus petit animal marin pose une énigme [25]. »

Pour le chroniqueur du *Monde*, Jean de Baroncelli, les auteurs n'ont heureusement pas cédé à la tentation du sensationnalisme. « Tout truquage est absent du *Monde du silence* : cela, on peut le certifier. Et c'est cette vérité, cette ‟authenticité", si l'on préfère, qui fait entre autres choses le prix du film de J.-Y. Cousteau et Louis Malle. À aucun moment les auteurs et leurs amis ne cherchent à nous impressionner en haussant le ton. Leur écrit est simple, familier même [26]. »

Les organisateurs du IXe Festival du film de Cannes ne s'y trompent pas non plus. Ils retiennent le long métrage de Cousteau et de Malle dans la sélection officielle. Le jury est présidé par Maurice Lehmann, directeur de l'opéra de Paris. À ses côtés, Arletty, Louise de Vilmorin, Henri Jeanson et Otto Preminger figurent parmi les jurés. Sur la Croisette, les stars défilent pour le plus grand plaisir des cinéphiles. Et quelles stars ! Ingrid Bergman, Orson Welles, Jean Cocteau, Brigitte Bardot, Kim Novak, Ginger Rogers, etc. D'ailleurs, on est en plein conte de fées : quelques jours auparavant, à Monaco, le prince Rainier a épousé une autre actrice célèbre, Grace Kelly.

Comme l'exige la tradition, Cannes a également son ministre vedette. Pour l'ouverture, on attend la venue du garde des Sceaux, François Mitterrand. Une arrivée que Maurice Lehmann ne manquerait pas pour un empire : « C'est François Mitterrand qui donne le coup d'envoi, avec une demi-heure de retard, et qui veut se faire pardonner en baisant longuement et ostensiblement la main de Michèle Morgan, l'héroïne du film français présenté en début de festival, *Marie-Antoinette*[27]. »

En fait, le retard du ministre ressemble à un gag de cinéma : un appel par radio devait lui indiquer l'heure exacte. Pour des raisons mystérieuses, le signal ne lui est pas parvenu, alors que tout le festival l'attendait... Selon le *Paris-Match* de l'époque, le départ du ministre fut aussi « raté » que son arrivée : un appel téléphonique de Paris lui rappela qu'il devait prendre le lendemain la parole au procès de l'« affaire des fuites[28] ».

Fuites ou pas, à Cannes, la vie continue. Le dernier jour du festival, le jury se réunit pour sa délibération. Les discussions commencent à neuf heures du matin. Les jurés sont partagés entre l'*Othello* du Soviétique Serge Youtkévitch, *Le Mystère Picasso* de Henri-Georges Clouzot, mal accueilli par le public, et *Le Monde du silence*. Après plusieurs heures de discussion et de privation — les jurés ne sont pas autorisés à quitter la salle, même pour s'abreuver, avant d'avoir rédigé le procès-verbal —, on dévoile enfin le palmarès : la palme d'or est attribuée au *Monde du silence*. Une surprise : pour la première fois dans l'histoire du festival, l'honneur suprême revient à un documentaire. Un choix plébiscité tant par le public que par la critique.

Après Paris et les lauriers cannois, la carrière du *Monde du silence* est loin d'être terminée. Présenté à New York au Paris Theater, le reportage sous-marin français obtient les mêmes louanges de la part de la presse. « Ce film nous a laissés abasourdis », avoue le *Daily Mirror*. « Ce film est de beaucoup le meilleur de tous ceux que nous avons vus récemment dans le même genre », dit Alton Cook, du *World Telegram and Sun*[29]. Son confrère du *New York Times*, le célèbre chroniqueur Bosley Crowther, renchérit et n'hésite pas à parler du « plus beau et fascinant documentaire jamais réalisé » *(« The most beautiful and fascinating documentary of its sort ever filmed*[30] *»)*. À l'instar de ce qui s'est passé en France, le film décroche un oscar à Hollywood quelques mois plus tard. Nous sommes en 1957. L'ascension de Jacques-Yves Cousteau continue irrésistiblement.

IX

Palais et maisons sous la mer (1957-1966)

1957. Le capitaine de corvette Cousteau quitte officiellement l'armée. Une rupture purement administrative, car, dans la réalité, l'officier cinéaste conservera des liens privilégiés avec la marine.

Son départ ne procède pas d'un coup de tête. Il coïncide avec sa nomination au poste de directeur du Musée océanographique de Monaco qui, déjà, bénéficie d'une réputation internationale. Homme pratique, le prince Rainier a compris tous les avantages que pouvait tirer Monte-Carlo de la présence d'un professionnel comme Cousteau. Sa récente gloire cannoise apporte un supplément appréciable sur le plan médiatique. Mieux, la venue de l'explorateur cinéaste peut stimuler une équipe pétrie d'habitudes et d'esprit de routine.

Le gigantesque bâtiment incrusté sur le rocher dominant la mer avait été voulu au début du siècle par Albert Ier. L'arrière-grand-père de Rainier était un passionné sincère des choses de la mer, un marin dans l'âme. Lorsqu'il monte sur le trône, Albert s'adonne depuis quelque temps déjà à l'océanographie. Il a fait construire des navires de recherche. À bord de l'*Hirondelle* et de la *Princesse Alice*, il participe à de nombreuses croisières scientifiques au cours desquelles il recueille des matériaux et toutes sortes de poissons. Pour les abriter, le prince décide alors de faire construire l'Institut océanographique. Il est inauguré en 1910.

Un demi-siècle plus tard, rien ne semble avoir changé. Depuis sa création, le musée n'a connu que deux directeurs, brillants certes, mais dont le trait de caractère dominant ne semble pas avoir été le dynamisme. Paradoxalement, le musée attire chaque année une foule plus considérable de visiteurs. Ces derniers se promènent invariablement à travers deux sections bien distinctes conçues par le prince navigateur : le musée proprement dit, où sont rassemblés en grand nombre des documents et des appareils scientifiques se rapportant aux recherches maritimes, et un aquarium dont les pensionnaires sont des spécimens variés et souvent rares de la faune et de la flore sous-marines. C'est de là que s'échappera, en 1984, la fameuse « algue tueuse » qui défraiera la chronique, comme nous le verrons plus loin.

Lorsque Cousteau prend ses fonctions, il souhaite, c'est bien naturel, apporter certains changements. Ses premières décisions concernent le fonctionnement de l'honorable entreprise, à savoir l'organisation, le personnel et la hiérarchie. Ainsi, le Commandant demande aux chefs de service d'assurer des tours de garde le week-end, comme les autres personnels, l'établissement étant ouvert toute l'année sans interruption. Cette obligation est diversement appréciée. Malgré ces inimitiés, Cousteau, de l'avis général, apporte un sang nouveau à une maison qui dormait.

Pour se rendre à Monaco, le Français a posé ses conditions. « J'accepte de venir, mais j'amène avec moi le commandant Alinat, qui sera mon adjoint, et qui sera le permanent », a-t-il déclaré au Comité de perfectionnement qui désigne les patrons de l'institut. En outre, Cousteau veut continuer de voyager avec la *Calypso* quand il le jugera bon : il souhaite surtout poursuivre sa carrière de cinéaste. Les trente personnalités scientifiques et politiques du comité acceptent. Sans doute ont-ils pris la mesure du personnage. « C'était une maison trop petite pour lui. Il n'y avait pas de quoi l'occuper huit heures par jour », nous expliquera un spécialiste de la vie monégasque.

Pendant dix ans, l'enthousiasme et l'optimisme seront de mise dans la principauté. Sous l'impulsion du nouveau directeur, des dizaines de jeunes vont venir participer aux activités Cousteau : les laboratoires, les maisons sous la mer, etc. « À un moment, on a compté jusqu'à vingt-cinq ingénieurs d'une vingtaine d'années travaillant ensemble sur le même projet. Ça pétait le feu de tous les côtés ! » se souvient un témoin de cette époque. Mais il reconnaît également que cette dynamique devait retomber quelques années plus tard pour faire place à un certain « ronronnement ». Un état de fait dû en grande partie aux longues absences de Cousteau. Jean Alinat a certes été choisi pour le remplacer, mais l'ancien nageur de combat, vétéran du GERS, entièrement dévoué à son patron, ne possède pas son tempérament de fonceur. Après quelques erreurs d'orientation, Cousteau décide de recruter un autre militaire pour le seconder. Par l'intermédiaire d'une association d'anciens marins, il trouve son homme : Philippe Roy, trente-cinq ans, ancien spécialiste du déminage dans la Royale, qu'il quitte avec le grade de capitaine de corvette. Après avoir passé deux ans dans une entreprise industrielle de la Drôme, Roy est donc engagé au musée. Il occupe aujourd'hui encore le poste de secrétaire général.

Cousteau s'installe pour trente-deux ans dans le fauteuil de directeur du Musée océanographique. Trois décennies qu'il résumera en seize secondes seulement dans son film bilan, *Mes premiers 75 ans*. C'est peu dire qu'il y a trouvé un certain nombre d'avantages. Pas forcément matériels d'ailleurs. Il ne recevait pas un salaire exorbitant : de l'ordre de vingt-cinq mille francs actuels. Certes, comme ses prédécesseurs, il avait droit à un appartement de fonction — la villa Richard. Mais il ne l'a jamais occupée, la prêtant à des membres de sa famille, essentiellement son père et ses petits-neveux qui y sont venus passer leurs vacances, ou à des responsables d'associations de passage. Avec Simone, il a préféré habiter dans son appartement privé, situé boulevard de Belgique, d'où il domine le port. Ses fils Philippe et Jean-Michel s'y sentent bien : avec leurs amis, ils aiment faire rugir les moteurs de leurs scooters avant de se précipiter au milieu d'assemblées d'explorateurs et de scientifiques [1]... Nul doute que, pour Cousteau, l'intérêt majeur a été la position morale qu'accorde le poste de directeur d'un institut connu dans le monde entier. En effet, même s'il ne se définit pas comme un savant, il commence à avoir pas mal d'ennemis dans le milieu scientifique. « Il n'est pas un scientifique, mais il prend des positions scientifiques, et cela agace, nous explique-t-on. Entre les scientifiques et lui, il y a de la jalousie, de l'antipathie personnelle. Il faut faire la part des choses. Sa position à Monaco a permis de calmer le jeu pendant un certain temps. »

Au cours de cette même année 1957, les activités de Cousteau sont multiples. En juin, la RTF — Radio-télévision française — entend donner un lustre particulier à sa première Eurovision. Elle décide de retransmettre en direct les activités de l'équipe Cousteau en plongée. Participent à cette première de futures vedettes de l'« étrange lucarne » : Igor Barrère, Georges de Caunes, Roger Couderc, Alexandre Tarta et Pierre Tchernia. En août, c'est l'exploration de la fosse de la Romanche, dans l'Atlantique. Un mouillage par sept mille quatre cents mètres de fond. Edgerton teste de nouveaux matériels photographiques en collaboration avec Laban. Mission, hélas ! écourtée par une tragédie : quelques jours après les premiers essais, le professeur américain apprend la mort de son fils en plongée.

Puis ce sont des sondages en mer d'Alboran, et enfin l'expérimentation d'une soucoupe plongeante. En octobre, Cousteau réclame à Falco deux dauphins pour le musée. La mort dans l'âme, le fidèle « Bébert » accomplit sa mission. Il n'est pas chasseur ; pourtant, il réussit à capturer son premier animal au lasso en Méditerranée. Loin d'être soulagé, c'est même bientôt un drame pour le Marseillais. Il apprend que le dauphin, baptisé Kiki, refuse de s'alimenter. Le mammifère ne supporte pas la captivité. Privé de liberté, il mourra au bout d'une semaine. Une femelle, également capturée par Falco, ne survivra pas six mois. Aussitôt informé, Cousteau promet alors qu'il n'y aura plus de bassins de dauphins dans son musée.

La même année, Cousteau produit un court métrage intitulé *La Galère engloutie*, dont la réalisation est signée Jacques Ertaud. D'autres films sont en cours de tournage : *Vitrines sous la mer*, réalisé par Georges Alépée, et *Histoire d'un poisson rouge*, signée Edmond Séchan, qui décrochera un prix au Festival de Cannes puis un oscar à Hollywood.

Peu auparavant, le Commandant a tourné avec Louis Malle un film consacré à la fontaine du Vaucluse, déjà évoquée[2]. Au cours de ce tournage difficile, Malle filmera *La Grande salle des ténèbres* située à plusieurs dizaines de mètres de profondeur ; ce sont les premières prises de vues réalisées par un plongeur à une telle distance.

Si le cinéma coûte cher, l'entretien de la *Calypso* se révèle ruineux. Comme il l'avait fait précédemment avec la British Petroleum, Cousteau se voit contraint de solliciter des missions scientifiques ou industrielles afin de faire rentrer de l'argent dans les caisses de son association, l'OFRS. Dans ce but, il accepte, en 1958, d'effectuer pour Gaz de France des études préliminaires à la construction d'un pipe-line entre l'Algérie et l'Espagne sur le trajet Mostaganem-Carthagène.

La mission de la *Calypso* est à peine terminée que Jacques-Yves apprend l'agonie de son frère, atteint d'un cancer du colon. Il s'attendait à une issue tragique, mais la nouvelle de la soudaine dégradation de la santé de Pierre-Antoine le bouleverse. Aussitôt, le directeur du Musée océanographique quitte Monaco pour Paris. Il prie des médecins de grand renom d'examiner le malade. Jusqu'au dernier jour, il assistera son frère. Un réconfort moral pour ce dernier. Certains de ses anciens amis ne feront pas montre d'une telle fidélité. C'est le cas de Lucien Rebatet, qui refuse une dernière visite à son « complice dans la folie », comme il appelait « PAC » au temps des années sombres. En revanche, on verra des gestes élégants, désintéressés : Louis Malle, par exemple, accepte de donner son sang au malade. Comme ce dernier, il appartient au groupe sanguin peu répandu, O négatif. Ultime mais vain recours. Après plusieurs semaines d'atroces souffrances, Pierre-Antoine Cousteau s'éteint le 17 décembre 1958 dans son appartement de la rue Violet, dans le XVe arrondissement. Il était âgé de cinquante-deux ans. Quelques semaines avant sa mort, il avait confié des manuscrits à son ami Henry Coston avec mission de les publier. Celui-ci exécutera les vœux de « PAC ». La première de ses œuvres posthumes s'intitulera *En ce temps-là...*

Durant les années 1959 et 1960, la *Calypso* continue à louer ses services à de nombreuses missions scientifiques : travaux sur la fosse de Porto Rico, en particulier la Rift Valley ; études des courants marins au large de la Corse ; prélèvements de plancton ; recherches d'hydrologie en Grèce, en Algérie puis au Maroc. Parallèlement, Cousteau tente de mettre au point la soucoupe plongeante. Depuis plusieurs années, il rêve d'une machine capable de descendre là où l'homme ne peut aller. Son « sous-marin de poche » voit enfin le jour. Il a la forme d'une soucoupe volante. L'engin effectue une première plongée au large de Marseille au cours de l'été 1959, Falco acceptant de faire partie de ses deux passagers. Cousteau procédera à d'autres essais au large des îles du Cap-Vert en décembre 1959 : « Je pénètre dans la soucoupe et je m'allonge sur le petit matelas pneumatique placé devant l'un des deux hublots d'observation. Albert Falco est à mes côtés. On referme le capot et nous attendons que la soucoupe soit mise à l'eau. La grue manœuvre vite : encore un instant et nous nous enfonçons [3]. »

Les premiers essais sont couronnés de succès : plus de trois cents mètres. D'autres suivent. Bientôt, la soucoupe devient opérationnelle pour les chercheurs. Et Falco de servir, selon sa propre expression, de « chauffeur sous-marin » à une kyrielle de scientifiques : Reyss, Monniot, Laubier, Dangeard, Drach, Devos, etc.[4].

C'est également à cette époque que l'infatigable Cousteau décide de transformer l'institut de Monaco en un centre international de rencontres scientifiques. Sa récente participation à New York au premier congrès océanographique mondial le comble d'aise. Dans la foulée, il accepte de présider une conférence sur les déchets nucléaires, organisée par l'Agence internationale de l'énergie atomique (AIEA), qui ne tardera pas à installer ses laboratoires dans la principauté.

Pour parler franc, les connaissances de Cousteau en matière de physique nucléaire ne sont pas très grandes. Devant ses interlocuteurs, il semble même cautionner le projet du gouvernement français, qui a décidé de jeter en Méditerranée les déchets nucléaires de la centrale de Marcoule.

Un an plus tard, les responsables politiques locaux ne cachent plus leur émotion devant ce qui devient « l'affaire de l'immersion des déchets radioactifs ». Des manifestations se déroulent dans les principales villes de la Côte pour empêcher le transport de quelque six mille cinq cents containers de déchets qui doivent être immergés entre le cap d'Antibes et la Corse. À la presse, Cousteau déclare que son organisation n'a jamais mis à l'étude le déchargement des déchets nucléaires, que son nom y fut mêlé uniquement parce qu'il a étudié les lieux où le rejet devait s'effectuer. Il affirme haut et fort que le site choisi par la France présente de grands dangers pour les villes du littoral. Pis, selon lui, l'immersion des déchets pourrait avoir des conséquences biologiques irréparables pendant plusieurs générations[5]. Devant le tohu-bohu politique et médiatique, et à la demande du général de Gaulle, le Haut Commissariat à l'énergie atomique préfère alors abandonner son projet.

Embarrassante affaire. Dans ses souvenirs, Cousteau se défend en affirmant qu'on lui a fait jouer en l'occurrence un rôle « peu sympathique ». Des observateurs estiment pour leur part que la position du directeur du musée monégasque fut si ambiguë pendant quelques mois qu'elle permettait toutes les interprétations favorables aux autorités.

De la même façon, certains collaborateurs du Commandant trouveront plutôt singulière une mission réalisée au bénéfice du groupe industriel Pechiney. L'une des sociétés marseillaises du groupe, spécialisée dans l'aluminium, souhaite alors faire localiser un site acceptable en eaux profondes pour décharger ses déchets. Malgré les protestations de pêcheurs et de biologistes marins locaux, l'OFRS de Cousteau se veut rassurant en choisissant un canyon de deux cents mètres de profondeur [6].

L'ingénieur peintre André Laban a participé à cette mission. Avec une grande honnêteté intellectuelle, il a accepté de nous en raconter les circonstances : « Dans un premier temps, on a effectué des sondages pour trouver le tracé, surveiller la pose du premier tuyau, puis du second. On avait vérifié que ça crachait bien, etc. Un autre jour, Pechiney nous a demandé d'effectuer des prises de vues pour montrer que les boues recrachées étaient inoffensives. Nous sommes descendus avec la soucoupe. "Bébert" était le pilote. J'ai effectué des tas de prises de vues. Mes images montraient qu'il y avait encore des animaux vivants autour du "dégueuloir" à trois cents mètres de profondeur. Cela ne prouvait rien, mais elles suffisaient à Pechiney pour affirmer que leurs boues étaient propres dans une émission à la télé [7]... »

En réalité, la vérité apparaîtra à Laban quelques années plus tard, à l'occasion d'une nouvelle descente dans cette fosse de Cassidaigne située à l'est de Cassis, à deux milles du large : « À l'époque, je travaillais pour la société GO International, créée par des anciens de chez Cousteau comme Renaud, Mollard, Trombétat et beaucoup d'autres techniciens. J'occupais le poste de chef pilote dans un autre sous-marin. Ce jour-là, nous avions choisi la fosse de Cassidaigne parce que nous étions plus près de la terre. J'ai commencé à descendre jusqu'au moment où je suis arrivé dans un nuage de plus en plus dense. Je me suis retrouvé à six cents mètres dans la boue. Une masse de boue phénoménale. J'ai été littéralement englué par cette boue purulente. J'ai eu toutes les peines du monde à m'en sortir. Je n'ai pas vu de faune. L'eau ressemblait à un immense disque rouge. Je me pose toujours la question de savoir où vivent les poissons là-dedans... Depuis, je m'en veux d'avoir cautionné Pechiney avec mes prises de vues[8]. »

L'affaire rebondira en janvier 1993 lorsque les Verts découvriront que quarante millions de tonnes de poussière de bauxite ont été déversées en mer au large de Cassis par l'usine Pechiney de Gardanne. Pour eux, une pollution catastrophique. Le Commandant, lui, restera silencieux...

Au printemps 1961, Cousteau est de retour aux États-Unis. Depuis la publication d'un long article élogieux dans le magazine *Time*[9], son nom commence à être célèbre. À New York, la National Geographic Society lui remet sa médaille d'or. À Washington, il est reçu par le tout nouveau président, le juvénile John Fitzgerald Kennedy.

Juste avant l'été, Philippe décroche son bac. Comme son père, il veut devenir réalisateur de cinéma. Avant de s'inscrire à l'IDHEC, il effectue, comme son père encore, son service militaire dans la marine. Après le temps des classes, il rejoint son unité basée en Algérie. De son côté, Jean-Michel, qui a achevé ses études d'architecture commencées en 1955, gribouille sur des feuilles de papier quelques plans de « maisons sous la mer ».

Le 14 septembre 1962 débute la série des *Précontinents*. Le projet est ambitieux : faire vivre plusieurs hommes sous la mer. Pour sa première expérience, Cousteau a choisi l'île de Pomègue, au large de Marseille. Deux hommes de la *Calypso* — « Bébert » Falco et Claude Wesly — vont être immergés à une dizaine de mètres de profondeur pendant une semaine. Quelques jours avant la tentative, Cousteau réunit ses plongeurs pour leur expliquer leur mission : « Nous n'irons jamais vivre dans les plaines abyssales, par trois ou six mille mètres de profondeur. Mais nous pouvons envisager qu'un jour l'humanité colonisera le plateau continental, ce prolongement des continents sous la surface de la mer, entre zéro et deux cent cinquante mètres de profondeur. Le plateau constitue, en fait, la portion la plus riche et la plus intéressante de l'Océan. C'est la raison pour laquelle j'ai décidé de baptiser notre expérience *Précontinent*. *Précontinent I*, car il y en aura d'autres[10]... »

L'idée lancée quelques années auparavant va enfin devenir réalité. Elle s'appuie sur les travaux de deux Anglo-Saxons : le Britannique Robert Davis qui, dès les années 1930, a imaginé un habitat en forme de cloche et l'Américain George Bond qui a mené le programme *Sealab* dans les années 1960. Bond a compris, grâce à des études physiologiques sur la respiration, qu'il n'était plus nécessaire d'utiliser une chambre de décompression avant de pénétrer dans une maison sous-marine, mais qu'il valait mieux que l'habitat lui-même soit un caisson de décompression. Ce qu'explique Jacques Rougerie en ces termes : « C'est aussi ce qu'avait compris l'inventeur et milliardaire américain Edwin A. Link qui, dès 1956, mit en chantier son cylindre de trois mètres de long sur un mètre de large fait de deux compartiments et pouvant descendre jusqu'à cent quatre-vingt-dix mètres. À la même époque, un autre industriel fameux finançait la recherche spatiale et son programme s'appelait *Man in space*. C'est en réponse à cela que Link baptisa le sien *Man in the sea*[11]. »

C'est avec le caisson conçu par Link que le Belge Robert Stenuit réussit sa grande première dans la baie de Villefranche-sur-Mer, près de Nice. Elle se déroule le 6 septembre 1962, soit huit jours avant l'expérience bruyamment annoncée par Cousteau. Discrètement, Stenuit descend à soixante mètres de fond. Il réussira à vivre normalement vingt-six heures d'affilée dans son habitacle d'aluminium. Pour les spécialistes et les historiens de la mer, il est le premier véritable « océanaute » ou « aquanaute », selon la terminologie alors à la mode. L'un des pionniers de l'équipe Cousteau, André Laban, le reconnaît bien volontiers quand il nous affirme : « Il est faux de dire que les premiers océanautes sont Falco et Wesly. Le Belge a bien été le premier. Malheureusement, sans publicité, ses expériences sont passées inaperçues [12]. »

Le défi lancé par Cousteau ne perd cependant rien de sa valeur. Dans leur cylindre *Diogène*, immergé à dix mètres en rade de Marseille, Falco et Wesly vont résister plus longtemps que Stenuit : une semaine. Il est vrai que la formule choisie par le Français est différente. Alors que l'équipe Link-Stenuit a opté pour un mélange d'hélium et d'oxygène, les plongeurs de Cousteau respirent de l'air comprimé. De la même façon, la profondeur choisie par Jean Alinat ne doit rien au hasard. Écoutons Claude Riffaud : « Si l'hypothèse de Haldane était exacte (et tout le monde le pensait), un plongeur pouvait sans difficultés physiologiques remonter de dix mètres (où la pression absolue est de deux atmosphères) à la surface (où la pression est de une atmosphère) : ce rapport de deux à un était (pour les faibles profondeurs) à la base du calcul des tables de décompression — les calculs du GERS et des chercheurs anglo-saxons devaient montrer par ailleurs qu'à de plus grandes immersions ce rapport devait être revu à la baisse. Les deux habitants de *Diogène* pouvaient même en théorie sortir de leur "maison" et intervenir à vingt-cinq mètres de fond puis remonter au niveau des dix mètres sans ressentir le moindre trouble [13]. »

Deux autres expériences suivent *Précontinent I* : neuf mois plus tard en mer Rouge (*Précontinent II*), puis en 1965 dans la baie de Villefranche, face à Saint-Jean-Cap-Ferrat (*Précontinent III*). Pour ces missions, on va utiliser un mélange à base d'hélium.

Précontinent III est un projet ambitieux. Six hommes, dont Philippe Cousteau, doivent vivre et travailler sous l'eau pendant près d'un mois. À la surface, une équipe de scientifiques et de techniciens. Parmi les premiers, le professeur Vaissière, chef du laboratoire de Monaco. Chez les seconds,

André Laban, le bras droit de Cousteau, a été désigné comme le chef de la mission. Il raconte : « Pour moi, *Précontinent III* a été une réussite. Vaissière s'occupait de la partie diététique. Chouteau et Aquadro ont mené des expériences préparatoires de façon à ce qu'on parte avec une certaine sécurité du point de vue physiologique. Le but de la mission était de voir si on pouvait vivre et travailler dans une atmosphère d'hélium — 98 % — et aussi bien dans la maison que dans l'eau. Cela a été une réussite, puisqu'on était parti pour quinze jours et que nous sommes restés trois semaines. Nous avons appris que nous avions décidé de rester plus longtemps… En réalité, c'est Cousteau tout seul qui avait pris la décision ! De toute façon, s'il nous avait posé la question, nous aurions donné notre accord.

« Tout le monde est ressorti indemne. La bouffe était dégueulasse, mais personne n'a souffert de quoi que ce soit. Les pétroles d'Aquitaine avaient descendu une vraie tête de puits. Il fallait faire des manipulations, charger des outils. Tout cela était chronométré en surface grâce à une caméra qui filmait en bas. Nous travaillions aussi vite que les pétroliers à terre. De ce côté également, c'était une réussite [14]. »

Un succès relatif, admet cependant Laban qui précise : « L'intérêt à faire vivre des hommes pendant une longue période à une profondeur déterminée repoussant la décompression en fin de séjour, c'est utile si on travaille longtemps sur le même point. Vous déposez la maison à un endroit et vous ne bougez plus. La changer de place au bout de deux jours n'est pas rentable pour les pétroliers [15]. »

Sollicitée, sans souci de discrétion, la presse française et internationale a couvert abondamment l'aventure sous-marine *Précontinent III*. Trop, au goût de certains participants, comme cette ancienne collaboratrice du professeur Raymond Vaissière. Selon cette chercheuse qui enseigne aujourd'hui à la faculté des sciences de Nice, « *Précontinent*, c'était d'abord une ambiance lourde et des psychodrames permanents. Ensuite, il y avait du fric qui tombait d'un peu partout. Il y a eu deux types — deux journalistes — du *National Geographic* qui sont restés six mois avec un budget quasi illimité. Ils payaient plein de trucs. Avec eux et Cousteau, c'était une mise en scène permanente. On me disait : "On a besoin d'une photo 'examen du sang des océanautes', alors mets-toi là !" Je me mettais au microscope devant une lame et clic-clac, ils prenaient leurs clichés. Avec un autre scientifique, un médecin américain spécialiste de plongée, on n'arrêtait pas de faire de la figuration... J'étais en dehors de leur truc, mais je n'arrivais pas à trouver cela très correct. Des discussions scientifiques avec le Commandant ? Jamais. Lui, c'était une espèce d'ouragan qui passait, accompagné de visiteurs avec lesquels il avait un intérêt quelconque ; il y avait souvent des Américains. Pour la plupart des non-scientifiques, marchands de bonbons et autres à qui il racontait des choses énormes avec un culot monstre. Nous étions sidérés de ce qu'il arrivait à dire en faisant beaucoup d'esbroufe. Un jour, je l'ai entendu dire à un visiteur : "Comme vous le voyez, dans ce laboratoire, on fait de la microscopie électronique." En réalité, il s'agissait de microscopie photonique... Il ne l'aurait pas dit si ses visiteurs avaient pu faire la différence [16]. »

Au-delà de cet aspect médiatique, la jeune femme émet des réserves similaires sur la dimension purement scientifique de l'expérience : « D'une façon générale, il y avait un manque de rigueur scientifique. C'était du bricolage ! C'est moi, par exemple, qui transportais avec ma Fiat 500 le pipi des océanautes dans un laboratoire dont la réputation était particulièrement mauvaise. Il avait été retenu parce que le moins cher.

« Il fallait faire des économies, d'autant que l'expérience a duré plus longtemps que prévu. Il y a eu des couacs au démarrage. Les plongeurs sont sortis au bout d'un mois au lieu de trois semaines. On les a récupérés dans un état de fatigue un peu avancé.

« Personnellement, j'ai toujours pensé que l'opération comportait trop de risques. Nous savions que le mélange d'hélium que respiraient les océanautes présentait un danger pour les animaux, chèvres, etc., qui ont attrapé une sorte de leucémie. Cousteau balaya l'argument. Il est passé outre, alors que son fils participait à l'expérience. C'était sa caution. »

Comme pour nuancer son long réquisitoire — qui prouve que tout n'allait pas alors au mieux dans le meilleur des mondes sous-marins —, l'enseignante niçoise reconnaît par ailleurs que le pacha de la *Calypso* a peut-être eu raison d'avoir du culot, puisque ses plongeurs cobayes n'ont rien attrapé. « Si on émet des réserves en se disant que le mélange n'est pas au point et que l'expérience doit être repoussée d'un an pour éviter de faire courir des risques, peut-être est-on finalement timoré, peut-être ne fait-on pas avancer les choses... »

Comme pour donner raison à l'ancienne assistante du professeur Vaissière, la marine américaine arrêtera ses expériences *Sealab* après la mort tragique de plusieurs plongeurs. La France, avec d'autres pays, ne devait pas tarder non plus à mettre un terme aux opérations « maisons sous la mer ».

Les grandes profondeurs étaient enfin accessibles, mais la route encore longue pour opérer sans danger. Riffaud reconnaît que toutes les expériences ont apporté un certain nombre d'acquis positifs, mais qu'« ils étaient trop cher payés par des infrastructures très lourdes, et difficiles à mettre en œuvre. En outre, et surtout, les spécialistes français pensaient que ce n'était pas en faisant vivre des hommes sous la mer pendant de longues périodes qu'on répondrait de manière satisfaisante aux exigences du travail sous-marin, qu'il soit civil ou militaire. On sait bien qu'on ne cherche pas à faire vivre des mineurs au fond de leurs galeries ; on les descend et on les remonte chaque jour à la surface[17] ».

Un point de vue que ne partage pas, loin s'en faut, Cousteau qui, après l'annonce de l'abandon des projets des habitats sous-marins, s'indigne. Pour lui, ses océanautes ont travaillé en pure perte. « Oh ! je sais bien que l'œuvre des pionniers n'est jamais inutile et qu'un jour ou l'autre on en tirera bénéfice. Mais, vingt ans après *Précontinent III*, l'humanité n'a toujours pas commencé de coloniser le plateau continental, et notre entreprise de maisons sous la mer n'a pas eu de continuateur », constate-t-il avant de conclure, fataliste : « Toute invention suscite des réticences psychologiques, sociologiques, administratives, etc. Personne n'y peut rien [18]. »

Une consolation pour le Commandant, le film tourné durant de longues semaines en mer Rouge reçoit une nouvelle récompense à Hollywood : l'oscar du meilleur documentaire 1964.

Comme son titre l'indique, *Le Monde sans soleil* se déroule entièrement sous l'eau, hors du soleil. Il raconte cette autre vie, cet univers différent auquel rêve l'explorateur cinéaste.

Le Monde sans soleil-Précontinent II a été réalisé entre le 14 juin et le 14 juillet 1963 sur le récif de Shaab Rumi, en mer Rouge, à quelques dizaines nautiques au nord de Port-Soudan. L'histoire tourne autour de recherches pétrolières effectuées par cinq hommes : Raymond Kientzy dit « Canoë », André Portelatine, Claude Wesly, Pierre Guilbert — le cuistot —, André Folco et Raymond Vaissière. Leurs travaux se déroulent en deux temps. Les deux premiers océanautes devront vivre durant une semaine à vingt-cinq mètres de profondeur, alors que les trois autres resteront reclus pendant un mois dans leur maison profonde — l'*Étoile de mer* — à dix mètres de la surface. Dans la réalité, ils ne sont pas tout à fait prisonniers, puisque plusieurs fois par jour ils effectuent des sorties dans une eau dont la température avoisine les 28 °C.

En France et aux États-Unis, *Le Monde sans soleil*, distribué et produit par Colombia Pictures, remporte un large succès public. Les critiques sont cependant plus nuancés qu'ils ne l'avaient été pour *Le Monde du silence*. Ce nouveau film de Cousteau ne présente pas le même effet de surprise. Le journaliste américain Bosley Crowther, dont nous avons signalé l'article particulièrement dithyrambique dans le *New York Times* pour la palme d'or française, ira jusqu'à émettre des doutes sur l'authenticité de certaines séquences. Il évoque des « truquages évidents » en ces termes : « Il est raisonnablement permis de penser que certaines des scènes ont été tournées en studio, dans un aquarium et dans un bassin ; ce qu'elles ont été à l'évidence. Cette sorte de simulation était véritablement nécessaire : par exemple, une prise de vues au cours de laquelle la caméra évolue depuis l'intérieur de la maison sous-marine en traversant la fenêtre jusqu'à l'extérieur était manifestement faite en studio. Dans le cas inverse, l'eau se serait engouffrée par la fenêtre inondant tout sur son passage.

« Quand M. Cousteau nous parle de soucoupe émergeant du lac souterrain après un impressionnant voyage le long du plateau continental, et nous montre un de ses occupants en train d'en déverrouiller l'écoutille puis de s'en extraire partiellement, on est alors saisi par le caractère science-fiction de l'image, et on est tenté de se demander si M. Cousteau ne nous mène pas... en bateau.

« Les océanographes consultés ici hier ont tous dit qu'il était hautement improbable qu'une caverne en mer profonde, retenant une "bulle" ou poche d'air à son sommet, puisse exister. À supposer qu'elle existe, l'atmosphère y serait irrespirable, ont-ils poursuivi, car il s'agirait de méthane ou de gaz des marais et la pression y serait de toute façon intolérable pour l'homme. C'est vraiment dommage que cette contrefaçon évidente excite notre doute et gâche notre plaisir à la projection de ce film par ailleurs plausible. Car c'est une merveilleuse expérience que ce festival d'images poétiques complété par une bonne narration anglaise et agrémenté d'un excellent thème musical [19]. »

Cousteau supporte déjà très mal la critique ou la contradiction. À la lecture de l'article, il entre dans une colère noire, exige un droit de réponse qui lui est d'ailleurs accordé : « Puis-je affirmer très nettement que nous n'avons pas besoin de bassins ou de studios ? Pas une seule image de mon film n'a été tournée dans un aquarium ou un studio, et les prises qui ont dû être renouvelées en vue du montage l'ont été dans les structures mêmes (unité centrale ou cabine de profondeur) qui ont servi à l'expérience[20]. » Le Commandant, qui demande au critique américain de revoir attentivement son film, poursuit son plaidoyer en affirmant à propos de la séquence de la caverne : « La description visuelle et verbale du parcours ascendant vers le lac dure deux minutes à la projection et fait état pour la soucoupe d'une période d'ascension en temps réel de dix minutes[21]. »

Consciencieux, le chroniqueur américain retourne au cinéma. Il regarde avec une attention soutenue les séquences litigieuses. Quelques jours plus tard, il persiste et signe en écrivant dans les colonnes de son journal que la séquence finale est « si spécialement mise en scène et si vaguement expliquée qu'elle tend à embrouiller le spectateur moyen ; les esprits rigoureux, quant à eux, peuvent se poser la question de savoir s'ils ne sont pas en train d'être mystifiés[22] ».

Ayant pris soin de visionner à notre tour le passage en question, nous sommes également obligés de reconnaître que le commentaire de Cousteau n'aide guère à la compréhension. Reprenons-le dans le détail. C'est d'abord la voix *off* du Commandant qui dit : « Il est 19 heures 50. Nous sommes à moins deux cent quatre-vingts mètres. Nous remontons. » Une minute et quarante secondes plus tard, la caméra — tenue par qui ? — filme Cousteau de dos. On le voit regarder sa montre puis s'adresser à Falco : « Déjà huit heures. Il doit faire nuit là-haut. » Et « Bébert » de lui répondre : « Oui... Qu'est-ce qu'on fait alors ? On essaie d'entrer dans le tunnel ? » « Pourquoi pas ? » termine le Commandant, qui reprend son commentaire *off* deux minutes plus tard : « Au bout du tunnel, un lac miniature, une poche d'air et de vapeur. Une grotte où la lumière jaillit pour la première fois. » Nous n'aurons pas plus de précisions sur cette grotte caverne mystérieuse, car, quelques secondes plus tard, le mot « Fin » apparaîtra sur l'écran.

Aux autres arguments du cinéaste, Crowther répond par le scepticisme. Il n'avait pas tort.

Dans la première partie de sa réponse, Cousteau affirme

qu'il n'a eu besoin ni de bassins, ni d'aquariums, ni de studios. C'est vrai. Mais il reconnaît également que pour des raisons de « montage », certaines « prises de vues ont été renouvelées dans les structures mêmes (unité centrale ou cabine de profondeur) qui ont servi à l'expérience »... En clair, le Commandant affirme une chose et son contraire. Car il y a bien eu des scènes recommencées ou ajoutées après la fin du tournage. Des prises de vues complémentaires communément appelées dans le cinéma « raccords ». Vingt-cinq ans plus tard, le témoignage du monteur du film vient confirmer le regard intuitif du journaliste américain.

Georges Alépée a aujourd'hui soixante-sept ans. Il vit retiré dans le Loiret. Il a été le monteur attitré de Cousteau pendant une dizaine d'années. Il a également été son réalisateur pour certaines scènes raccords et l'explique sans se faire prier : « J'ai effectivement joué le réalisateur pour le film consacré aux maisons sous la mer — *Précontinent* — tourné en mer Rouge. J'ai réalisé de nombreuses scènes intérieures qu'on voit dans le montage final. Ces scènes n'ont pas été tournées durant l'expérience *Précontinent*, mais à Marseille. En tant que monteur, je voyais les scènes qui manquaient. Je réalisais ces scènes raccords avec Pierre Goupil, qui était l'opérateur de prises de vues [23]. »

Les scènes intérieures, selon notre propre chronométrage, représentent une durée totale de vingt-six minutes et cinquante-cinq secondes. Soit environ le tiers du *Monde sans soleil* [24] (1 h 28' 53''). Des scènes importantes, car elles rythment le film, racontant la vie des hommes à bord du village sous-marin et de la soucoupe. Elles sont supposées avoir été tournées sur le lieu même de l'action, autrement dit dans les eaux de la mer Rouge. Selon Alépée, ce fut loin d'être totalement le cas. On s'en aperçoit d'autant mieux à l'issue d'une lecture attentive de chaque séquence. En examinant chaque scène, plan par plan, grâce notamment à l'image arrêtée, on constate que les opérateurs, avec la meilleure volonté du monde, ont commis des erreurs grossières : un slip bleu devient noir, un ventilateur change de place, les horloges ne sont pas synchronisées, le débordoir pour chasser les requins disparaît comme par enchantement. Pis : Falco, qui arborait une barbe de trois jours lors de sa descente avec Cousteau, se retrouve soudain avec des joues de bébé... Justement dans cette séquence litigieuse de la grotte...

Dans le milieu du cinéma, on parle de Georges Alépée comme d'« un homme de caractère », en ajoutant aussitôt qu'il est « un technicien de grand talent ». Pour lui, le vrai et le faux sont forcément intimement liés dans la création cinématographique. En clair, le créateur digne de ce nom est obligé de faire du vrai avec du faux. « C'est par rapport au spectacle, explique-t-il. Le spectacle, l'art, on s'en fiche à la limite qu'il soit la réalité. On est appelé à tricher un peu pour que le spectacle soit meilleur et agréable. Je ne vois pas pourquoi on se priverait d'un document exceptionnel. Et d'un autre côté, comment dire dans le commentaire du film : "Attention ! Le plan du requin qui fait ceci a été en fait tourné quatre ans plus tôt..." C'est impossible de l'amener comme cela. Nous avons d'ailleurs un exemple typique dans *Le Monde du silence* avec la séquence des dauphins qui sautent. Pour cette séquence, j'ai utilisé des plans récents mais également des agrandissements de plan en 16 mm tournés bien avant et qui n'avaient rien à voir avec la séquence principale. On les a utilisés parce qu'ils étaient très riches en quantités de dauphins qui sautaient [25]... »

Selon Richard Munson, l'un des deux Américains qui nous ont précédés sur la voie difficile d'une biographie « non officielle » de Cousteau, le Commandant prit d'autant plus mal les allégations de Crowther que ses activités prenaient plus d'importance. Ses équipes de scientifiques, ingénieurs, plongeurs et autres spécialistes basées à Monaco, sur la *Calypso* et à l'OFRS — plusieurs dizaines de personnes —, lui coûtaient beaucoup d'argent. Plusieurs millions de francs chaque année. D'où la nécessité vitale de faire rentrer des fonds. Au fil des années, la National Geographic Society [26] lui versa une dotation régulière. Des entreprises industrielles lui commandèrent des missions précises. Le gouvernement français décida de lui allouer des budgets importants pour des recherches et pour la construction d'un sous-marin révolutionnaire : l'*Argyronète*. Mais ce bâtiment fantôme fut à l'origine d'un grave différend entre les fidèles du général de Gaulle et l'infatigable océanographe…

X

Le dossier *Argyronète* (1967-1972)

« Commandant, je ne donne jamais deux fois... » Le ton est cassant et ironique. Georges Pompidou n'a pourtant pas élevé la voix. Cousteau comprend que son entretien avec le président de la République française est clos. Un témoin lit un vif dépit sur le visage de l'océanographe. Le chef de l'État vient d'opposer une fin de non-recevoir à sa nouvelle demande de crédits. Le président avait pourtant imaginé un entretien plus chaleureux. Selon Bernard Esambert, son conseiller, Pompidou avait bien l'intention de se faire plaisir en recevant Cousteau. « Cela me changerait de mes visiteurs habituels », avait-il confié quelques jours avant la rencontre.

L'entretien avec le cinéaste marin débute d'ailleurs sur un ton cordial, ce jour d'automne 1972. Jusqu'au moment où Cousteau commence d'égratigner méthodiquement le CNEXO. Et Pompidou de comprendre que certains succès et l'existence même du Centre national pour l'exploitation des océans irritent visiblement son célèbre visiteur.

Peu après, à l'occasion d'une visite du Centre océanographique de Bretagne, le président se retrouve précisément en compagnie des responsables du CNEXO, dont son patron,

Yves La Prairie. Georges Pompidou se tourne vers ce dernier et, avec un sourire bonhomme, lui demande : « Une méchante langue m'a dit récemment que le CNEXO fabriquait plus de béton que de bateaux, faisait plus de papiers que de campagnes à la mer... Serait-ce vrai [1] ? » La Prairie ne s'attendait pas à une telle sortie. À ses côtés, René Chauvin, le directeur du centre brestois, manque de suffoquer. La Prairie est interloqué. Il connaît le président Pompidou depuis de nombreuses années. Il apprécie les qualités humaines de l'homme d'État. Comprenant d'où vient le coup, il souhaite en avoir confirmation de la bouche même de l'hôte d'honneur du COB. Il se permet alors d'interroger à son tour Georges Pompidou : « Une méchante langue, Monsieur le Président ?... » Déjà, le président lève une main pour la poser sur l'épaule de son interlocuteur, signifiant ainsi qu'il ne faut pas prononcer de nom. Pompidou sourit : « Je n'en ai rien cru. Et je vous garde toute ma confiance [2]. »

Avec ce *satisfecit*, le président met un point final au dossier *Argyronète*, dans lequel les noms de Jacques-Yves Cousteau et du CEMA reviennent fréquemment. Une odyssée qui risquait de coûter fort cher aux contribuables français ; ultime argument qui permet à Georges Pompidou de renvoyer Cousteau dans les cordes : « Commandant, je ne donne jamais deux fois [3]. »

Pourtant, tout avait bien commencé. L'*Argyronète* était né dans l'euphorie des *Précontinents*. Le nom même du projet aurait dû plaire à l'homme de culture qu'était le président de la République. L'*Argyronète* — de *argyro*, du grec *arguros* « argent », et *néo* « je file » — symbolisait cette araignée aquatique vivant dans une sorte de cloche de soie qu'elle file. Sous cette cloche, l'insecte marin accumule sous son abdomen de l'air qu'il va chercher à la surface.

Derrière ce nom poétique, un pari technologique fou. Il s'agit de larguer des plongeurs jusqu'à six cents mètres de profondeur grâce à une structure futuriste qui tiendrait tout à la fois du sous-marin et de la maison sous la mer. Le concepteur du projet ? Un ingénieur particulièrement brillant de l'Institut français du pétrole : Pierre Willm. Depuis plusieurs années, l'IFP poursuit un important programme de recherches. Les travaux sur des gisements sous-marins d'hydrocarbures sont jusqu'alors effectués avec des matériels télécommandés. Autrement dit, le contraire de l'observation directe. Avec le programme *Argyronète*, l'IFP compte bien changer de méthode. Il persuade le CNEXO de s'associer au projet.

Le Centre national pour l'exploitation des océans — qui deviendra plus tard l'IFREMER — est un établissement public datant de mars 1967, créé avec la bénédiction du général de Gaulle. Sa création partait d'un constat simple. L'océanographie française était certes l'une des premières au monde, mais, en raison de l'émiettement des structures, les travaux de recherches fondamentales et appliquées étaient exécutés dans plus de cent laboratoires, centres, services, établissements, stations côtières, etc., d'environ cinquante organismes publics ou privés différents[4] !

L'un des principaux objectifs du CNEXO est donc de « rationaliser l'organisation d'ensemble des recherches », c'est-à-dire de mettre un peu d'ordre dans la maison Océan.

Les candidats potentiels pour diriger le nouvel organisme ne manquent pas. Au ministère de la Recherche, cependant, on fait la fine bouche. On ne souhaite ni amiraux ni ingénieurs généraux de la marine. Pour occuper le poste, dit Alain Peyrefitte, « il faut du plus jeune et du non militaire[5] ». Sur le bureau du ministre, une liste de noms qu'il raye au fur et à mesure de ses réflexions : pas d'universitaire, pas d'industriel privé... Deux noms sont épargnés : André Giraud et Jacques-Yves Cousteau. « Je me charge d'interroger Giraud », dit le ministre à Yves La Prairie, alors adjoint au patron du CEA, à qui Peyrefitte demande pour sa part de contacter Cousteau. Et pour cause : ex-officiers de la Royale, les deux hommes se connaissent. Ils ont eu l'occasion de se rencontrer à plusieurs reprises.

Lorsqu'il nous reçoit dans sa demeure de Cestas, située en Gironde, et donc voisine de Saint-André-de-Cubzac, Yves La Prairie tient à nous rappeler les qualités importantes et indéniables qui justifient, selon lui, la notoriété acquise par Cousteau : « D'abord, c'est un grand marin, qui a le sens de la mer, qui sait ce que naviguer veut dire. Ensuite, il a un grand courage physique. Avec un bateau hors d'âge comme la *Calypso*, naviguer en Antarctique, ce n'est pas rien. Il a longtemps pris des risques personnels en plongée. C'est en outre un homme doté, encore maintenant, d'une grande imagination. Je me souviens de soirées, chez moi ou chez lui à Monaco, durant lesquelles il développait les projets originaux qu'il avait à cœur[6]. »

À l'offre du gouvernement, Cousteau — « l'homme de mer, le courageux et l'imaginatif », comme le qualifie La Prairie — répond sans attendre. Une réponse un tantinet théâtrale : « Je préférerai toujours rester un loup libre plutôt que de devenir un chien domestique au service de l'État[7] ! » Une autre version laisse entendre que le général de Gaulle, alors président de la République, ne voyait pas d'un bon œil la candidature Cousteau. L'homme de Londres semblait ne pas avoir apprécié l'attitude du marin pendant la guerre. À moins que ce ne fût plutôt celle de son frère Pierre-Antoine ?

De son côté, Alain Peyrefitte n'est guère plus chanceux avec André Giraud qui décline également la proposition, mais pour d'autres raisons. Finalement, le maire de Provins comprend que le candidat idéal n'est autre que le collaborateur avec lequel il se torturait l'esprit depuis plusieurs semaines : Yves La Prairie en personne. Ce dernier accepte le poste après quelques jours de réflexion.

Le 2 septembre 1968, le coup d'envoi au projet *Argyronète* est donné. Ce jour-là, une convention est signée entre l'IFP et le CNEXO. Les deux organismes participeront à part égale au financement du projet dont la réalisation va être confiée à un maître d'œuvre : le CEMA — Centre d'études marines avancées — dirigé par Cousteau.

La réputation de cette petite société n'est plus à faire. En dehors des *Précontinents*, l'OFRS-CEMA a démontré son savoir-faire en fabriquant les fameuses soucoupes plongeantes *Deep Star* (mille deux cents mètres) pour la compagnie américaine Westinghouse Electric et deux « puces » capables de plonger à cinq cents mètres.

Sur la planche à dessin, l'*Argyronète* apparaît comme un chef-d'œuvre d'invention et d'imagination à rendre jaloux Jules Verne. Comme dans le *Nautilus*, tout ici a été conçu pour la meilleure visibilité possible. Le bâtiment est équipé de nombreux hublots, de projecteurs, de six caméras de télévision. L'assise sur le fond est assurée par quatre béquilles extensibles munies de semelles.

Le séjour en « maison sous la mer » et la plongée sont assurés par la mise en pression de la maison avec un mélange d'hélium et d'oxygène et l'emploi du système « narguilé ». Le stockage des gaz (air, oxygène, hélium, mélange) est extérieur à la coque résistante : trente-deux bouteilles de trois cent trente litres à deux cent cinquante bars. Le chauffage, la ventilation, l'éclairage, les services d'eau douce et de sanitaire du sous-marin et de la « maison sous la mer » sont indépendants. En revanche, le stockage et la préparation des aliments sont assurés à l'intérieur du sous-marin. Un petit sas spécialisé permet de passer à la maison la nourriture préparée et divers objets. Les premiers travaux pourront commencer dans les mois qui suivent. Nous sommes alors en 1968.

C'est cette même année, dans une France secouée par une grave crise sociale, politique et culturelle, que l'OFRS, créé en 1953 par Cousteau, devient CEMA. Un changement de sigle pour un statut identique. Celui d'une association sans but lucratif installée à Marseille. Comme nous l'avons vu, le financement des différentes missions de l'homme sous la mer a été assuré de multiples façons. Essentiellement par des fonds publics mis à sa disposition par le Bureau de recherches pétrolières (BRP) pour l'expérience *Précontinent III* et par le Comité pour l'exploitation des océans et la délégation générale de la recherche scientifique et technique (COMEXO) pour l'équipement de son laboratoire hyperbare, le CNEXO se contentant de poursuivre l'œuvre commencée par le COMEXO.

Dans sa tâche, le CNEXO est assisté d'un comité scientifique et technique comprenant des universitaires, des responsables des pêches et autres spécialistes.

En tant que patron du CEMA, Cousteau participe aux réunions du comité. Pendant les premières années, ses relations avec La Prairie sont au beau fixe. Il est vrai que le Breton n'a jamais caché son admiration pour le Pacha de la *Calypso*. De son côté, Cousteau paraît rassuré de savoir un marin à la tête du CNEXO. Seule ombre au tableau, semble-t-il, les convictions gaullistes marquées de La Prairie. Elles irritent Cousteau qui le lui fait sentir. Du coup, les discussions entre les deux hommes tournent parfois au vinaigre.

Un jour, à Monaco, dans les années 1960, devant plusieurs témoins, Cousteau s'en serait pris violemment au Général, alors président de la République. Des propos injurieux — « Ce grand con ! » — sur lesquels La Prairie, très choqué sur le coup, ne veut pas revenir vingt ans après. Il préfère essayer d'oublier, ne pas polémiquer. « Cousteau avait le droit de penser ce qu'il voulait, mais évidemment certains termes étaient excessifs », nous confie-t-il.

Dans une France vouée au culte de l'homme du 18-Juin, la réaction de La Prairie semble normale. Sans être viscéralement gaullistes, comme peut l'être le patron du CNEXO, de nombreux Français pensent que certaines bornes ne sauraient être dépassées. C'est — paradoxalement — le cas de Pierre-Antoine Cousteau qui s'est trouvé plusieurs années auparavant dans la situation de remettre à sa place un interlocuteur irrévérencieux. Écoutons-le évoquer son algarade avec cet interlocuteur qu'il ne désigne pas nommément : « Le premier garçon qui prononça devant moi le nom du Général me dit tout naturellement, comme une chose qui allait de soi : "Ce con de De Gaulle !" Je fus scandalisé. D'autant que le garçon qui blasphémait ainsi n'était point un fasciste hitléro-nippon. C'était un médaillé de la Résistance[8]... »

S'il voit ses relations avec le directeur général du CNEXO se tendre, Jacques-Yves Cousteau jouit d'une assez grande influence au sein du comité scientifique et technique de cet organisme. Tant que ce comité consultatif approuve les projets en faveur du CEMA, les contacts entre Cousteau et l'organisme d'État se déroulent sans anicroche. En revanche, lorsque d'autres établissements bénéficient des crédits publics, l'atmosphère se crispe, au point de se dégrader gravement au bout de quelques années. La rupture totale sera consommée après l'affaire de l'*Argyronète*.

Pour Cousteau, le projet est venu à point. Dans une grande euphorie, il a recruté de nombreux personnels pour des travaux étalés sur quatre ans. Comme il se doit, le patron du CEMA présente à ses commanditaires — IFP et CNEXO — un premier devis d'environ vingt millions de francs. Petit à petit, le projet se met en route. On commence même à réaliser l'engin. Hélas ! au fil des mois, des informations parcellaires parviennent à Paris. Toutes vont dans le même sens : le projet ne va pas coûter vingt millions de francs, mais cinquante, voire cinquante-cinq millions. On ne se trompe guère, puisque le montant définitif s'élèvera à cinquante-sept millions de francs !

Compte tenu de ses responsabilités, La Prairie se fait un devoir de prévenir sa hiérarchie. Il en parle à son ministre et à son conseil d'administration. Le patron du CNEXO rédige un rapport où il rappelle l'intérêt du projet, qui peut donner à la France une avance non négligeable sur les Américains, puis signale une sous-estimation financière dans le cadre du devis initial.

1971. De nombreux changements sont intervenus à la tête de l'État après les événements de mai 68. Georges Pompidou a succédé en 1969 au général de Gaulle. Alain Peyrefitte a laissé sa place à François-Xavier Ortoli. C'est à ce dernier que La Prairie adresse rapport et recommandations. Le ministre du Développement industriel et scientifique, après avoir pris conseil auprès de Pompidou, décide de suspendre provisoirement la construction de l'*Argyronète*. Nous sommes le 9 septembre 1971.

Le coup est rude pour tous les ingénieurs et techniciens qui se sont investis depuis de nombreuses années dans le projet. De son côté, Cousteau ressent cette suspension comme une catastrophe. Du jour au lendemain, le voici obligé de licencier du personnel et de laisser les activités de sa société marseillaise et des laboratoires monégasques se réduire comme une peau de chagrin. « Il y a eu une charrette monstrueuse, nous dit l'un des patrons au musée de Monaco. Tous les ingénieurs et scientifiques sont partis après l'abandon de l'*Argyronète*. La plupart d'entre eux travaillaient sur ce contrat colossal. Ils se sont retrouvés sans travail du jour au lendemain. Dans l'esprit de beaucoup, il y a eu un traumatisme qui n'a pas disparu entièrement, chez les anciens notamment [9]. »

Pugnace, Cousteau ne s'avoue pourtant pas vaincu. Usant de sa notoriété, il est facilement reçu par Ortoli, puis par Pompidou. Aux deux hommes, il explique la situation, demande des crédits tout en proférant des remarques désobligeantes sur le CNEXO et sur sa direction. Un message très mal perçu, comme on a pu le voir plus haut ! Alors, devant plusieurs autres ministres et divers témoins, il n'hésite pas à évoquer son éventuel départ de France. Il prévient aimablement : « Ou bien le gouvernement français m'aide financièrement, ou bien je me fais naturaliser américain ! » Et de préciser : « Pouvez-vous imaginer à la une des journaux : ''Lâché par le gouvernement français, Cousteau demande à devenir citoyen américain'' [10] ! »

Argument efficace, sinon patriotique. Ortoli est un politique. Il sait l'opinion publique favorable à Cousteau. Dans une France post-soixante-huitarde à l'épiderme sensible, le ministre ne peut se permettre un faux pas. Pour donner à la société de Cousteau les moyens de franchir sans trop de dégâts une passe financière difficile, il demande au CNEXO de lui proposer des contrats de recherches sur un certain nombre de sujets susceptibles de l'intéresser.

Dans les semaines qui suivent, des réunions entre ingénieurs et scientifiques CNEXO-CEMA se déroulent à Paris et à Marseille. On évoque des projets assez variés, pour s'arrêter finalement sur des mesures scientifiques à effectuer dans divers domaines concernant l'océanographie. Projets de matériels adaptés dans le domaine de l'électronique, de la mécanique, de la robotique, entre autres. Bref, des contrats de plusieurs millions de francs pouvant satisfaire les compétences du CEMA. La société association ne bénéficie pas forcément d'un régime de faveur. Nombre de sociétés semblables à travers la France signent également avec différents ministères ce genre de contrats plus ou moins « juteux ». En contrepartie, ces sociétés s'engagent à adresser régulièrement des comptes rendus sur l'avancement de leurs travaux. Des rapports épluchés par les ingénieurs et les scientifiques du CNEXO. Bizarrerie : le CEMA ne fait jamais rien parvenir. Pis, aucun des chargés de mission de l'établissement ne réussit à pénétrer dans les locaux marseillais : on leur ferme systématiquement la porte au nez.

De son côté, le CNEXO doit également subir un examen serré de ses dépenses. Un contrôle minutieux effectué par la Cour des comptes. Comme il fallait s'y attendre, les fonctionnaires contrôleurs finissent par s'étonner que les différents contrats CEMA-Cousteau n'aient fait l'objet d'aucun compte rendu. Aussitôt prévenu par les premières conclusions des inspecteurs, et à la demande d'Ortoli, Yves La Prairie invite Cousteau à passer le voir.

Lorsque l'océanographe entre dans le bureau du patron du CNEXO, l'atmosphère est chargée d'électricité. La Prairie expose la situation à son visiteur. Il lui rappelle les fins de non-recevoir opposées à ses ingénieurs ; le refus identique infligé par le comptable du CEMA, Henri Jacquier, au directeur financier du CNEXO. Il le prie d'accepter une ultime et complète visite d'un des directeurs du CNEXO afin d'établir des éléments capables de calmer les appréhensions de la Cour des comptes et du ministre.

Les arguments du haut commis de l'État ne semblent pas émouvoir l'explorateur cinéaste. Ou trop. En fait, ils l'irritent si profondément que le Commandant décide de quitter les lieux non sans avoir lâché à son interlocuteur : « La Prairie, vous apprendrez qu'on ne contrôle pas Cousteau [11] ! »

Il va sans dire que, depuis ce jour, les liens entre les deux hommes se sont dégradés. Nous sommes alors en 1972. Pour de mystérieuses raisons, le rapport de la Cour des comptes tarde à être publié. Mais il verra tout de même le jour... en 1974. Sa lecture ne retiendra pas l'attention de la presse qui n'y consacrera que de rares échos. Pourtant, les conclusions des rapporteurs sur le dossier *Argyronète* méritent qu'on s'y attarde. Tout le monde en prend effectivement pour son grade : l'Institut français du pétrole qui « s'est trouvé dans l'obligation de rechercher un financement complémentaire car, avant même le début de la mise en chantier, les crédits estimés nécessaires avaient doublé par rapport à la prévision initiale » ; le CNEXO, qui aurait été davantage inspiré de « faire prévaloir le rôle de coordination qui lui est dévolu » ; les établissements intéressés qui auraient dû lui « faciliter l'exercice de cette mission » ; le ministre Ortoli, qui a décidé d'abandonner le projet « après que près de vingt millions eurent été dépensés, en pure perte » ; puis le CEMA, association selon la loi de 1901, qui n'avait pas d'« assise financière solide » et qui « résolvait, dans une certaine mesure, ses problèmes de trésorerie grâce aux marchés précités relatifs à l'*Argyronète* ». Et les rapporteurs d'expliquer : « Lors de l'abandon de cette opération, le CEMA se trouva ainsi dans une situation telle que le CNEXO fut invité à conclure avec lui, pour un montant total de 1 758 188 francs, dont 1 671 399 francs immédiatement versés, des marchés qui n'étaient en réalité destinés qu'à assurer sa survie [12]. » De coûteux expédients, conclut le rapport : ils n'ont fait que retarder de quelques mois la disparition du CEMA, absorbé par une société privée qui a dû ensuite déposer son bilan.

Après l'abandon du projet *Argyronète*, Cousteau remâche son dépit durant de longues semaines. Il en veut au gouvernement français d'avoir fait capoter, selon lui, « son » projet de construction de ce sous-marin du XXIe siècle (le projet, entièrement revu et corrigé, sera repris vingt ans plus tard par la COMEX). Le Commandant étale alors publiquement, à de nombreuses reprises, des ressentiments qu'il concentre de façon outrancière et injuste sur Yves La Prairie. Il n'hésite pas à exprimer son « mépris » pour le patron du CNEXO [13] ; l'établissement n'échappe pas non plus à la vindicte du Commandant, étrillé avec une virulence inouïe dans un pamphlet rédigé avec Henri Jacquier : *Français, on a volé ta mer* [14] !

Ces réactions révèlent un trait de caractère bien à lui. D'anciens collaborateurs du fougueux marin, que nous avons rencontrés, regrettent d'ailleurs que les attaques personnelles prennent trop souvent chez lui le pas sur le débat d'idées.

En outre, dans ses déclarations publiques, Cousteau tend à se poser en victime de technocrates jaloux. Jamais, en revanche, il n'apportera de précisions sur certains contentieux. Comment, par exemple, les dix-neuf millions de francs lourds — l'équivalent d'une centaine de millions d'aujourd'hui — que le CNEXO lui a consentis entre 1967 et 1972 furent-ils utilisés ?

Pour des observateurs avisés, l'affaire de l'*Argyronète* a de désagréables relents de scandale financier. L'échec du sous-marin futuriste et ces démêlés feutrés avec le gouvernement français de l'époque marquent en tout cas un tournant important dans l'itinéraire professionnel de Cousteau. C'est, en effet, à partir de ce moment-là qu'il entame sa véritable carrière américaine. Celle-ci n'ira pas sans mal, même si des jalons ont été astucieusement posés depuis quelques années.

Philippe Cousteau a probablement donné des idées à son père. En 1967, le cadet des enfants du Commandant épouse une Californienne d'une grande beauté, Janice Sullivan. La jeune femme est née à Los Angeles où elle travaille comme mannequin. Selon le chercheur écrivain Richard Munson, le mariage se déroule contre la volonté de Jacques-Yves qui n'assiste pas à la cérémonie, mais cette mauvaise humeur ne durera guère. Le jeune couple s'installe à Marina del Rey, en Californie. Il attendra 1976 avant de donner naissance à son premier enfant, Alexandra.

Comme son père du temps de sa jeunesse, Philippe a toujours rêvé de voler ; quelques mois après son mariage, il décroche un brevet de pilotage. Parallèlement, il crée sa propre maison de production de films : Thalassa. Un attachement profond lie les deux hommes, mais la *Calypso* est un sujet de dispute fréquent. Pour Philippe, le navire est tout bonnement désuet, « un chalutier inconfortable ». Pourtant, une fois réconcilié avec le Pacha, il fait ajouter l'arsenal aérien du navire : une montgolfière et un hydravion. Interviennent également des changements parmi les hommes. C'est en grande partie en raison de l'influence de Philippe — de l'« arrogance », préfèrent dire certains — que le Commandant devra bientôt se séparer de plusieurs piliers de son équipe.

Philippe commence à piloter lorsque son père signe son premier contrat avec la compagnie américaine de télévision CBS. Il s'agit de réaliser une série de documentaires naturalistes présentés sous le titre générique : « Le monde de Jacques Cousteau ». Le *French explorer* ne lésine pas sur les moyens. Il demande à plusieurs célébrités de prêter leur voix pour le commentaire. Orson Welles, le génial réalisateur de *Citizen Kane*, se prête au jeu, comme le feront plus tard des acteurs ou chanteurs français — François Périer, Georges Wilson, Léo Ferré.

Le succès attire le succès. En février 1967, Cousteau tient une conférence de presse pour annoncer la signature d'un nouveau contrat avec la télévision. Cette fois-ci, il s'agit de la chaîne ABC. La collaboration porte sur la réalisation de douze films à raison de quatre diffusions par an. Montant du contrat : quatre millions deux cent mille dollars. Une bonne affaire pour tout le monde, car le mariage durera dix ans avec plusieurs dizaines de documentaires vendus à plus de cent chaînes de télévision à travers le monde sous le label : « L'odyssée de l'équipe Cousteau ». Flatté par cette énorme audience internationale, le cinéaste se plaît à répéter à tous les journalistes qui l'interviewent sur le sujet : « Nous vendons nos films dans plus de cent pays. Je suis plus regardé que "Dallas" [15] ! » Lorsque, en retour, des critiques lui reprochent un certain culte de la personnalité — le Commandant peut montrer « sa propre image plus souvent qu'on ne voit le portrait de Kim Il Sung dans les cérémonies officielles de Corée du Nord » ! Mieux : il réussit la performance de faire nommer plus de soixante fois le nom de Cousteau dans le commentaire d'un seul film ! ironisent *Le Canard enchaîné* et *Le Nouvel Observateur* [16] —, il précise : « Si je ne ramenais pas tout à moi, comme vous dites, dans mes livres et dans mes films, je ne les vendrais pas. Aux États-Unis, s'il n'y a pas de star, on ne vend pas [17]. »

Quelques mois après les premières diffusions de « L'odyssée », le Commandant se trouve en Californie lorsqu'il apprend la mort de son père. Daniel Cousteau avait quatre-vingt-treize ans. Il s'est éteint dans l'appartement de l'avenue de La Motte-Picquet, entouré des enfants et petits-enfants de son fils Pierre-Antoine. Parmi ces derniers, Alain Poliakoff, l'aîné de Françoise Cousteau mariée depuis quelques années à un fils d'immigré russe installé à Paris comme garagiste. Alain, né en 1954, a une sensibilité à fleur de peau. Il ne cache pas ses sentiments. Il nous raconte sa passion pour son grand-père : « Pour moi, Daniel, que tout le monde appelait "Daddy", a été l'homme le plus extraordinaire que j'aie connu. Une vie tellement remplie, de telles qualités humaines ! C'était la personne la plus proche de moi au 48. Maman était assez dégagée de mon éducation. Je ne voyais jamais mon père. Je vivais vraiment avec "Daddy". On passait de longues heures ensemble, souvent sans dire un mot. On se comprenait totalement. On jouait à la bataille avec cinq ou six jeux de cartes à la fois. Autrement dit, nous nous retrouvions avec quelque trois cents cartes chacun. Nos parties de bataille duraient deux mois ! Il m'a initié à tous les jeux de société : dames, échecs, etc. Il m'emmenait partout : musées, zoo. [...]

« Les relations familiales ont vraiment commencé à se détériorer avec la maladie et la mort de "Daddy" », ajoute Alain Poliakoff, que cette situation a visiblement navré. Selon lui, pris dans le tourbillon permanent de ses projets, le Commandant n'aurait pu accorder suffisamment de temps à son père.

« Lorsque "Daddy" est mort, Jacques était à Los Angeles. On lui a téléphoné. Il a répondu : "Je reviens dans quinze jours..." C'est le côté un peu inhumain du personnage. Avec le recul, pourtant, je lui pardonne complètement cette froide attitude. Daniel était mort. Pourquoi rentrer immédiatement en France ? Pourquoi interrompre ce répit qu'il s'accordait au milieu de ses multiples activités juste pour venir faire un enterrement ? Si je me mets à sa place dans ce monde où il a vécu, à ses copains morts en plongée, à la guerre, à l'après-guerre, de garder quelqu'un en chambre froide durant une dizaine de jours, il n'y a effectivement rien de monstrueux là-dedans.

[...] « Le jour de sa mort, "Daddy" m'a donné sa bague en me disant : "Maintenant, va-t-en !" Lorsque je suis revenu, c'était fini. C'était le jeudi 20 mars 1969 [18]. »

Sur le plan des affaires, Cousteau n'agit pas en son nom propre, mais comme patron de cette société Requins associés que nous avons déjà évoquée [19]. De la même façon, il ne traite pas directement avec la société ABC, mais avec Metromedia, installée à Los Angeles, elle-même filiale de la société de production US Wolper, dont le *boss* n'est autre que David Wolper, futur producteur du film *Roots* (*Racines*) et des Jeux olympiques de Los Angeles.

Dès le début, Jean-Michel Cousteau s'est associé à l'entreprise. L'aîné des fils est plus spécialement responsable de la logistique des expéditions de la *Calypso*. Les tournages sont prévus pour durer trois années. Des prises de vues doivent être réalisées aux quatre coins du monde : Méditerranée orientale, mer Rouge, océan Indien, Atlantique Sud, Brésil, Guyane, mer des Antilles, canal de Panama, Pérou, Galapagos, Alaska, Floride, Honduras britannique.

Quelques mois après le début de sa mission, le navire noir et blanc appareille pour Port-Soudan. Nous sommes en juin 1967. Cousteau sait qu'une menace de guerre pèse sérieusement sur ce coin d'Afrique. Malgré cela, l'ex-officier de marine espère pouvoir regagner Toulon *via* le canal de Suez. Mauvais calcul, il ne tarde pas à s'en apercevoir : « La tension entre l'Égypte et Israël arrive à un point voisin de la rupture. Je cours chez notre agent, Conto Michalos, pour lui demander de me faire partir au plus vite sur Paris. 5 juin, catastrophe ! Les hostilités ont débuté entre l'Égypte et Israël. En fin de matinée, la nouvelle se répand : le Soudan déclare aussi la guerre à Israël. Des manifestations se déroulent dans les rues. Deux de nos amis reçoivent des pierres. L'avion de midi, dans lequel je devais m'embarquer, est reporté à cinq heures du soir, puis à sept heures. Malgré la guerre, tout le monde fait la sieste jusqu'à quatre heures. L'atmosphère à Soudan Airways est hostile. Conto Michalos fait ce qu'il peut, mais lui-même est bien peu de chose [20]. »

L'avion de Cousteau finit par décoller. Quelques jours plus tard, l'équipage de la *Calypso* resté à Port-Soudan est pris à partie par l'aviation israélienne à la suite d'une erreur. Le canal de Suez est fermé, le navire bloqué. Que faire ? Depuis Paris, Cousteau donne au capitaine Roger Maritano l'ordre de descendre vers le sud et de contourner le cap de Bonne-Espérance. Des équipes de marins plongeurs se succèdent au fil des étapes.

Cet intermède à risques ne sera pas le seul dans la carrière de la *Calypso*. La présence du navire dans des zones de conflits laissera même penser à certains observateurs qu'il ne s'agit pas de simples coïncidences. De là à affirmer que l'ancien dragueur de mines — bourré de matériels électroniques sophistiqués — a pu effectuer des missions de renseignements, comme certaines rumeurs le voudraient, serait sans doute aller bien vite en besogne.

Dès la fin de juillet 1967, les tournages reprennent normalement. Durant les mois qui suivent, les cameramen et cadreurs impriment des kilomètres de pellicule. Les titres des différents épisodes de « L'odyssée » sont évocateurs : *Les Requins*, *Jungles de corail*, *Le Destin des tortues de mer*, *Baleines et Cachalots*, *Le Trésor englouti*, *La Légende du lac Titicaca*[21].

Les premières diffusions aux États-Unis de « L'odyssée sous-marine de l'équipe Cousteau » remportent un vif succès. Alex Rychlewski est né en 1953 dans l'État de New York. Il se souvient de sa passion d'adolescent pour les films de Jacques Cousteau, comme les Américains préfèrent appeler le Français. Il nous raconte : « Cousteau, pour moi, c'était l'aventure et l'exotisme. Il ne touchait pas la vie quotidienne des gens. Il permettait d'échapper à la banalité quotidienne. Ses images étaient des initiations aux voyages, à la rêverie. Pour moi, Cousteau était l'équivalent de John James Audubon, qui donnera plus tard son nom à la National Audubon Society. Audubon était un grand naturaliste des Antilles françaises, né au XVIIIe siècle. Il s'est beaucoup intéressé à la faune et à la flore américaines[22]. »

Ce dépaysement dont parle notre interlocuteur est toutefois indissociable du personnage qu'il voyait régulièrement apparaître sur l'écran. Il poursuit : « Il parlait en anglais avec un accent charmant et une aisance aristocratique. Pour moi, il représentait le beau côté de la France. »

Au fil des années, l'explorateur cinéaste acquiert une notoriété certaine aux États-Unis. Au point de devenir une « valeur sûre ». Une célébrité que notre Américain explique ainsi : « Il est devenu un *household name*, un nom que tout le monde

Le futur explorateur de fonds sous-
marins à quelques mois
en compagnie de son frère aîné
Pierre-Antoine, qui s'achemine vers
ses cinq ans. (Photo : Dr Perrine Cousteau)

Élisabeth Cousteau avec ses deux
garçons : Pierre-Antoine (au centre)
et Jacques-Yves (à gauche).
(Photo : archives privées)

Jacques-Yves Cousteau jeune homme
s'initiant au ski dans les Alpes.
(Photo : DR)

La famille Cousteau pendant la “drôle de guerre”. De gauche à droite :
Simone, Jacques-Yves, Daniel («Daddy»), Élisabeth («Mutti»), Pierre-Antoine
et sa première femme Fernande Semaille. (Photo : archives privées)

Pierre-Antoine et son frère Jacques-Yves,
tous deux soldats en 1939.
(Photo : archives privées)

Pierre-Antoine Cousteau (à gauche) avec des amis dans l'appartement du 48, avenue de La Motte-Picquet, en 1956. Assise par terre, sa fille aînée Françoise. A l'extrême droite, Lucien Rebatet, alias François Vinneuil. (Photo : archives privées)

Jacques-Yves Cousteau et sa nièce
Perrine (cinq ans), rue Violet, Paris,
en 1960. (Photo : Dr Perrine Cousteau)

Réunion de famille au port d'Asques, sur la Dordogne.
Juin 1991. De gauche à droite : Michel Quancard,
Antoine Duranthon, Annie Quancard, Jacques-Yves
Cousteau, Pierrette Duranthon, Suzon Capra,
Hermine Théallet, Françoise-Thérèse Cousteau, Pierre
Capra. (Photo : Dr Perrine Cousteau)

Les premiers plongeurs de la *Calypso*. De gauche à droite :
Albert Falco, André Laban, Armand Davso, commandant Cousteau
et Raymond Kientsy, dit «Canoé». (Photo : DR)

Jacques-Yves Cousteau (1) en 1940 sur les bords de la Méditerranée
en compagnie d'amis, parmi lesquels : Plilippe Tailliez (2)
et Frédéric Dumas (3). (Photo : DR)

Le Commandant en compagnie de son fils aîné Jean-Michel.
(Photo J. Dalban. Kipa)

Philippe Cousteau était un mordu d'aviation. Une passion qui lui sera fatale le 28 juin 1979 sur les bords du Tage, près de Lisbonne. (Photo : Jurion. Gamma)

Le commandant Cousteau et sa femme Simone surnommée «La Bergère» (à droite) en compagnie du prince Rainier et de la princesse Grace de Monaco venus saluer le départ de la *Calypso* pour l'océan Indien, en février 1967. (Photo : AFP)

Le Commandant fut l'un des invités d'honneur du Sommet de la Terre à Rio, en juin 1992. Ici, en compagnie de plusieurs chefs d'États dont le Roumain Ion Ilescu et le Cubain Fidel Castro. (Photo : AFP)

Cousteau fut à plusieurs reprises l'un des visiteurs de marque de la Maison-Blanche, à Washington. Il y fut successivement invité par J.-F. Kennedy, Ronald Reagan et, en juin 1992, par le Président George Bush. (Photo : AFP)

En France, François Mitterrand a également reçu plusieurs fois le plus populaire des Français. Le 22 mai 1991, le président de la République examine de près une carte de l'Antarctique que l'explorateur-cinéaste lui a apportée. (Photo : AFP)

Paris. Novembre 1991.
Un Sept d'Or est remis
à J.-Y. Cousteau.
Il récompense le cinéaste
et le producteur
de télévision
dont les documentaires
sont diffusés dans plus de
cent pays à travers le monde.
(Photo : Nivière-Lefranc.
Kipa. Interpress)

Février 1992. Jacques-Yves Cousteau au milieu d'enfants dans
un studio de la chaîne de télévision française Canal J.
Pour le Commandant, la télévision est un formidable
outil pédagogique qui doit sensibiliser les générations futures
aux problèmes de l'environnement.
(Photo : Baril. Kipa. Interpress)

Juin 1989. Le marin-cinéaste délaisse
son traditionnel bonnet rouge
pour revêtir l'habit vert d'académicien.
Dans sa main gauche l'épée de cristal baptisée
«Excalibur».
(Photo : D. Lefranc. Kipa. Interpress)

connaît. En même temps, il a fait mieux que de le devenir : il l'est resté. Il fait aujourd'hui partie des rares Français connus, même si Depardieu commence à l'être également. Avant Cousteau, il y a eu Maurice Chevalier, Brigitte Bardot et le général de Gaulle... »

C'est donc bien grâce à la télévision que Cousteau devient un personnage célèbre et populaire. Le Commandant a compris avant d'autres toute l'importance du tube cathodique. Ce n'est pas le moindre paradoxe pour un cinéaste qui n'a jamais caché la piètre opinion qu'il se faisait de la télévision, « cette espèce de petit tube dégueulasse qui donne une sale image et cochonne le son [23] ». À la télévision française, dans le cadre d'émissions spéciales consacrées à ses longs métrages, il résumera en termes plus choyés sa démarche en affirmant : « J'ai sacrifié mon goût pour le cinéma pour l'efficacité [24]. » Des cinéphiles avertis abondent dans son sens lorsqu'ils résument ses propres productions. Roger Boussinot, par exemple, écrit : « Les films de Cousteau ont transformé le documentaire en un genre nouveau de récits. L'œuvre, abondante, a plutôt été destinée par la suite au "petit écran" des télévisions. Le genre est différent, si la quête du document est la même. Au gré des missions de la *Calypso*, l'équipe Cousteau a réalisé des "séries" de documentaires passionnants. Le réalisateur s'est progressivement mué, cependant, en propagandiste de l'écologie et de la protection de la nature, la mer étant son domaine. En 1975, il a présenté un film, *Le Voyage au bout du monde*, sur l'Antarctique. Le souci propagandiste, aussi noble et justifiée soit la propagande, est toujours très difficile à mettre en art [25]. »

De leur côté, les critiques de télévision soulignent le « lyrisme échevelé » du réalisateur à qui ils reprochent son manque de rigueur scientifique. Certains chercheurs invités à bord de la *Calypso*, comme le professeur Eugenie Clark, expriment les mêmes réticences. Après sa participation au tournage d'un film consacré aux requins [26], elle déclare : « Les films de Cousteau sont trompeurs d'une certaine façon, parce qu'ils le dépeignent comme un scientifique. Je n'ai dans l'esprit aucune contribution scientifique particulière qu'on lui doive, car il n'en a pas le temps. Il est piégé. Il a besoin d'entretenir cette grande image, de donner l'impression qu'il va toujours de l'avant. Quand vous arrivez à ce pouvoir, vous perdez quelquefois le sens de ce que vous aviez commencé à entreprendre [27]. »

Ces critiques ne sont pas sans rappeler les propos que tenaient quelques années plus tôt le vulcanologue Haroun Tazieff lors d'une croisière en mer Rouge. Comme lui, Eugenie Clark regrette que les impératifs de tournage prennent le pas sur de véritables recherches scientifiques. En clair : trop de précipitation et pas assez de précision. Pour sa défense, Cousteau n'a jamais caché qu'il faisait avant tout de la pédagogie spectacle. Autrement dit, qu'il enseignait, mais en amusant. « Je ne suis pas un savant, aime-t-il là encore répéter. Je ne suis qu'un honnête observateur de la nature. » Une lucidité tout à son honneur, à condition que d'autres allégations ne viennent pas ternir l'image du protecteur indéfectible des animaux. Elles surgiront quelques années après la création de la Cousteau Society qui va bientôt rassembler plusieurs dizaines de milliers de « fans » derrière le Français le plus connu aux Amériques.

XI

Sous la bannière étoilée (1973-1979)

Norfolk, Virginie. Accroché au mur extérieur donnant sur la 21e rue, le célèbre emblème vert et blanc de la *Calypso*. Un panneau en bois défraîchi par les intempéries. Ce 11 mars 1992, l'entrée principale de The Cousteau Society est condamnée. Une note manuscrite indique qu'il faut contourner le large bâtiment plat coincé entre la rue et une voie de chemin de fer. Un train de marchandises circule au moment où je traverse un parking privé. Je remarque une porte dérobée. Un fourgon postal semble attendre un chargement. Je pénètre dans un vaste hall. Des caisses en carton jonchent le sol. Sur ma gauche, une grande salle de réunions où s'activent une dizaine de mères de famille. J'apprendrai par la suite que la *society* compte vingt-quatre employés rémunérés et une centaine de bénévoles.

Ce jour-là, ce sont quelques-unes de ces *volonteers* qui emballent, ficellent de nouveaux cartons qu'elles traînent ensuite vers la sortie. Une joyeuse cacophonie règne. Une femme remarque ma présence. Elle s'avance vers moi. Avec un sourire lumineux, Lee Myriam Clark me demande dans un français laborieux les motifs de ma visite. J'explique. Elle me quitte, ma carte de visite à la main, se dirige vers un long couloir bordé de bureaux.

J'observe le vaste hall d'entrée. Sur les murs, des posters géants en couleurs du Commandant en tenue de plongée. Dans un coin, une table basse où sont posés pêle-mêle des exemplaires récents de *Calypso Log* et de *Dolphin Log*. Je feuillette le premier. En page trois, les photos du Commandant et de son fils Jean-Michel. Elles annoncent un éditorial signé à quatre mains, « Caring for the future ». Pages quatre et cinq, les articles de la Charte des droits pour les générations futures. Sur une demi-page, pour aérer un texte dense, une photographie souriante du Commandant en compagnie de Pierre-Yves, neuf ans. La légende explique que le *captain* Cousteau et son jeune ambassadeur « for future generations » voguent sur le Rhin [1]. Elle ne précise pas que Pierre-Yves est le propre fils de l'océanographe qui a épousé quelques mois plus tôt Francine Triplet, une jeune femme de quarante-cinq ans, ancienne hôtesse à Air France !

À côté des journaux, plusieurs formulaires de la pétition pour les droits des générations futures en anglais et sur *recycled paper* attendent leurs signatures. D'autres prospectus prient le lecteur de rejoindre The Cousteau Society — « Join The Cousteau Society » — en expliquant que comme membre « vous soutiendrez : l'invention, l'exploration, la communication ».

Myriam Clark revient, visiblement chagrinée. Le responsable du service financier de l'association, Robert L. Steele, ne peut me recevoir. Il n'a pas reçu le feu vert de la Fondation Cousteau à Paris. J'insiste auprès de mon aimable intermédiaire afin qu'elle m'accorde un entretien dans la journée ou les jours suivants. Malheureusement, la gracieuse Mme Clark m'explique qu'elle ne peut nous parler des activités de la *society*. Elle doit aller « supporter » son grand fils qui participe à un match de handball important. Par ailleurs, ajoute-t-elle, le moment est mal choisi. En fait, j'ai surpris tout le monde en plein déménagement : The Cousteau Society part de cette banlieue triste de Norfolk Skills Center pour des locaux plus accueillants d'une commune voisine, Chesapeake.

Quand je demande enfin à mon interlocutrice le nom du responsable des contacts avec The Cousteau Society à la municipalité de Norfolk, elle me regarde, désolée, avant de répondre : « Nous ne sommes pas une association locale, mais une organisation internationale[2] ! »

Je ne tarderai pas à comprendre l'incongruité de ma question. Dans les heures qui suivent, j'apprends en effet que la rupture entre la mairie de Norfolk et le commandant Cousteau a été consommée le jour même de ma visite. Pis : l'organisation du Français devait avoir quitté avant la fin de la semaine les locaux gracieusement loués — un dollar par an — par la municipalité depuis plus de dix ans. Un divorce à l'américaine qui mérite des explications.

C'est en 1973, après l'échec cuisant du projet *Argyronète*, que Cousteau décide de s'installer de façon quasi permanente en Amérique. Dans un premier temps — le 19 septembre —, il dépose les statuts de The Cousteau Society, une « *not-for-profit organization* », l'équivalent des associations type 1901 déjà créées en France. But de l'association : « la protection de la nature et la promotion de la qualité de la vie ». Elle devient opérationnelle en janvier 1974. Après avoir songé à s'installer à Winston, dans le Connecticut, on emménage finalement dans des locaux situés à New York. L'immeuble à deux étages du 425 E-52e rue, à Manhattan, ne paie pas de mine. Ma visite de l'endroit ne dépassera pas le hall d'entrée et le comptoir en bois derrière lequel une jeune Américaine me demande de recontacter la responsable des relations avec la presse en déplacement pour quelques semaines en Californie.

D'après les statuts officiels, le président de l'organisation est le Commandant et le vice-président, son fils Jean-Michel. Comme la plupart des associations, son fonctionnement est assuré par les cotisations de ses membres. Grâce à ses films diffusés à la télévision, Cousteau est connu. Le thème de l'écologie commence à être porteur. Les Américains adhèrent par milliers à The Cousteau Society. Le droit d'entrée est, au choix, de vingt dollars pour un particulier ou de vingt-huit dollars pour une famille. Une cotisation qui permet de recevoir gracieusement le *Calypso Log* ou le *Dolphin Log*. Grâce à ces bimensuels rappelant que l'information et l'éducation sont les principales préoccupations de l'association, le membre adhérent est au courant des activités de la société : expéditions de la *Calypso*, publications de livres, productions de films, calendrier des conférences données par Jean-Michel et autres rencontres du Commandant avec les responsables de la planète.

Devant le succès — plus de cent mille membres au bout d'un an —, l'association se voit bientôt obligée d'ouvrir d'autres bureaux : à Norfolk, en Virginie, puis à Los Angeles, en Californie, chacun des trois centres possédant sa spécificité. New York et Los Angeles s'occupent de la publication de livres et des productions de films, pendant que Norfolk devient le QG administratif et financier de l'organisation.

Le choix de la Virginie n'est pas dû au hasard. En tant que ville portuaire, Norfolk peut, d'une part, recevoir les navires de l'association ; elle est, d'autre part, située à quatre cents kilomètres seulement de Washington, centre de toutes les décisions importantes. Non loin — ce n'est pas négligeable —, des locaux de recherches scientifiques et technologiques de la NASA, avec laquelle Cousteau souhaite ardemment travailler.

Ville de cinquante mille habitants, Norfolk est surtout connue comme base navale. Une histoire et une vocation qui rappellent à Cousteau celles de Toulon. À cette tradition militaire l'équipe municipale souhaite juxtaposer des attractions plus spectaculaires, en liaison si possible avec la mer. Des activités capables d'attirer les touristes dans ce coin isolé de Virginie. Pourquoi ne pas faire venir Jacques Cousteau ? se demande le maire Vincent J. Thomas, dont certains amis connaissent le célèbre explorateur sous-marin. Le défi n'est pas insurmontable. Une première rencontre se déroule rapidement grâce aux amis du maire : les hommes d'affaires et banquiers John R. Sears, Joshia P. Darden et Thomas D. Blanchard Junior.

Devant un tel déploiement d'amabilités, le Français accepte que The Cousteau Society s'installe à Norfolk en échange d'une gratuité totale du loyer et d'un protocole d'accord sur un projet ambitieux : la construction d'un Parc océanique Cousteau. Tout est prévu : le lieu d'implantation, situé sur le front de mer, et le montage financier du projet, estimé à environ trente millions de dollars. En accord avec la municipalité, on décide que la conception artistique et technique de ce vaste complexe sera confiée au fils du Commandant, Jean-Michel. Étant entendu, exige Cousteau, qu'aucun poisson ni autre animal vivant ne sera proposé à la curiosité des touristes.

Dans un premier temps, la presse locale se fait naturellement l'écho de l'installation des Cousteau. Les articles sont plutôt flatteurs. Bientôt, la *Calypso* effectue une entrée triomphale dans le port de l'Atlantique. Musique, bateaux à pompes, rien ne manque à cet accueil chaleureux. Cependant, l'euphorie dure peu. Des « papiers » critiques apparaissent dans les colonnes des journaux. Ils rappellent notamment l'échec de la famille Cousteau en Californie, quelques années auparavant.

Échec, en effet, en 1969. Jean-Michel, avec la bénédiction et l'aide de son père, avait décidé de transformer le *Queen Mary* en musée de la mer de neuf mille mètres carrés. Pour ce projet, un contrat fut signé entre les Cousteau et la municipalité de Long Beach qui avait racheté le célèbre paquebot pour plusieurs millions de dollars. Les termes de l'accord précisaient que l'océanographe assurerait tant la conception que la promotion du futur musée aux États-Unis et en Europe, en contrepartie d'un forfait annuel de cinquante mille dollars. Jean-Michel était à la tête d'un cabinet de designers basé à Los Angeles. C'est ce cabinet qui a construit les dix vitrines du musée pour un coût de trois millions sept cent mille dollars. Hélas ! Contrairement aux prévisions, le Living Sea Museum se traduisit par un coup d'épée dans l'eau : un million de visiteurs sur les deux millions prévus ! En quelques années, le déficit financier se chiffre en millions de dollars.

Sans pitié, selon la tradition américaine, la presse de Virginie raconte en long et en large l'histoire du « Titanic-Cousteau ». Elle souligne l'inexpérience de Jean-Michel comme concepteur architectural, le manque de constance du Commandant qui, après avoir convaincu par son enthousiasme, s'est peu à peu désintéressé du projet.

Vincent J. Thomas ne se laisse pas démonter par les critiques. « Je ne pense pas que vous puissiez vous servir du passé pour condamner le futur [3] », affirme-t-il à ses concitoyens. Jean-Michel ne se dérobe pas non plus. Il répondra seul aux questions des journalistes. Pour sa défense, il explique : « J'ai appris à connaître ce que nous pouvions faire ou ne pas faire à Norfolk. Je sais où se trouvent les vraies ressources de ce pays. Je ne savais pas ça il y a onze ans [4]. »

En déplacement à Hawaii, le Commandant ne fera pas de commentaires sur l'affaire du *Queen Mary*. L'ancien directeur du musée flottant, Robert Cohen, affirmera que son patron « était déconcerté par la politique de Long Beach. Si le *Captain* Cousteau avait su ce qui l'attendait ici, il ne serait jamais venu [5] ».

Il est également vrai qu'en ce temps-là « JYC », comme l'appellent ses intimes, souffrait de la disparition de son fils Philippe, dont nous avons déjà évoqué les tragiques circonstances.

Peu avant sa mort, Philippe Cousteau avait commencé le tournage d'un film consacré à l'île de Clipperton, un atoll minuscule dans le Pacifique, dont le lagon, fait unique au monde, est constitué d'eau douce. Était-ce un élément déterminant dans son choix ? Le sujet lui tenait à cœur depuis de nombreuses années. Chose curieuse, quelques mois avant sa mort, également, Pierre-Antoine Cousteau, le journaliste écrivain « maudit » de la famille, rédigea un long article sur cette île du bout du monde intitulé : « Pour un empire adéquat au système : Clipperton [6] ». Un an après le drame, Jacques-

Yves Cousteau achèvera la réalisation du documentaire commencé par Philippe. Pour raconter cette île peu ordinaire — *Clipperton : île de la solitude* —, il y ramènera Ramon, soixante-dix ans, l'un des derniers survivants d'un épisode tragique de l'histoire de l'atoll. Mort, violence, décomposition constituent les principaux thèmes du film. Le Pacha de la *Calypso* est de toute évidence encore sous le choc de la disparition de son cadet. Certains critiques californiens n'en tiendront pas compte lorsqu'ils reprocheront aux images et aux commentaires de Cousteau une certaine complaisance morbide.

Le temps passe. Depuis l'installation à Norfolk, en 1979, de The Cousteau Society, sept années se sont écoulées. L'ambitieux projet de complexe touristique ressemble de plus en plus à une Arlésienne. Une Arlésienne *made in USA*. Même si Jean-Michel a acheté une maison, la famille Cousteau espace de plus en plus ses visites en Virginie. Pis, la municipalité, qui a investi de l'argent dans de nombreuses études, ne sait plus quoi penser. Vincent J. Thomas se désespère jusqu'au jour où il est remplacé par Joseph A. Leafe. Le nouveau maire n'a pas l'intention de s'en laisser conter. Il a la désagréable impression que son prédécesseur s'est fait « rouler ». Surtout quand il apprend que le Commandant a proposé à la ville de Saint Louis, dans le Mississippi, de construire également un *Ocean Center sur* le même modèle que celui de sa cité[7]. À Norfolk, on prend très mal l'affaire. On juge ce comportement inélégant et déloyal. En accord avec ses conseillers municipaux, Leafe décide de mettre un point final au projet Cousteau.

Earl Swift est reporter au *Virginian Pilot*. Il me rejoint dans les archives du quotidien en compagnie de son coéquipier Mike Kneper. Tous deux connaissent bien les dessous de l'affaire. « Il y a eu également un contentieux financier, m'explique Swift. Dans la corbeille de mariage, Norfolk déposait l'essentiel du financement, environ vingt-cinq millions de dollars ; Cousteau devant apporter de son côté environ cinq millions de dollars. En réalité, il n'a jamais rien apporté. »

« En fin de compte, la municipalité est aujourd'hui heureuse de ne pas avoir poursuivi son projet avec Cousteau. Elle a appris l'échec du parc océanique des Halles à Paris », complète Mike Kneper, qui poursuit : « Dans un autre domaine, certains membres de la municipalité se sont étonnés du tarif de la location — un dollar par an — accordé à l'association. On a demandé de le revoir à la hausse — huit mille trois cent trente-trois dollars par mois —, soit un loyer annuel de cent mille dollars ! Cousteau a préféré déménager[8]... »

Les sentiments des journalistes sur l'explorateur cinéaste français restent encore aujourd'hui fort mitigés. Earl Swift le juge même sévèrement : « Pour moi, Cousteau est avant tout un aventurier. C'est un faux savant. Il est populaire aux États-Unis grâce à la télévision. En réalité, il est davantage reconnu que populaire[9]. »

L'échec du *Queen Mary* et le projet avorté du centre océanique de Norfolk n'entament guère à vrai dire la carrière américaine de Cousteau. Ses films continuent d'être diffusés sur les chaînes de télévision. Par ailleurs, ses interventions sur des thèmes concernant l'environnement sont fréquentes. Écouté, il aime rappeler que l'éducation des jeunes reste l'une de ses principales préoccupations. C'est pourquoi il accepte que ses documentaires soient diffusés sur les chaînes publiques TV-KCET en Californie et d'autres, comme PBS — Public Broadcasting Service.

Sa popularité lui attire aussi, naturellement, certaines critiques. On lui reproche, entre autres, de passer plus de temps à se filmer qu'à montrer l'environnement. Tout aussi mal vue, rapporte Munson, est l'obstination de Cousteau à inventer des drames pour rendre ses films plus attrayants. Un critique, ajoute l'Américain, attaqua même l'équipe de la *Calypso* pour avoir provoqué et excité des animaux jusqu'à ce qu'ils réagissent comme le scénario l'exigeait. Et de citer en exemple le film consacré aux hippopotames, mammifères que les marins du navire énervèrent tellement que l'un d'eux en vint à brutaliser l'embarcation où se tenait le cameraman : cette scène filmée donnera au documentaire la « dimension dramatique » recherchée [10].

D'autres animaux supporteront moins bien les « expériences » de l'équipe Cousteau. C'est le cas de l'une des otaries de *Pépito et Cristobal*, qui meurt quelques jours après sa mise en captivité. Le texte de présentation de la jaquette du film, vendu aujourd'hui sous forme de cassette vidéo, est éloquent. Il débute par la question suivante : « Qui n'a rêvé de devenir l'ami d'une otarie, comme on est ami avec un chien ? » Et d'expliquer : « L'occasion se présente aux équipiers de la *Calypso* tandis que le navire explore les côtes d'Afrique du Sud, non loin du cap de Bonne-Espérance. Un troupeau d'otaries... "Si nous en capturions deux ? demande Albert Falco. Nous étudierions leur espèce et nous essaierions de nous en faire des auxiliaires de plongée..." Cousteau accepte. Deux jeunes pinnipèdes, vite baptisés Pépito et Cristobal, embarquent sur le navire. [...] Chaque jour est surprise. Bêtises et fugues se succèdent. Quand l'heure arrive de leur rendre la liberté, ce sont les hommes qui ont le cœur gros [11]... » On ne précise pas que l'un des animaux est mort.

Ces comportements singuliers ne sont pas isolés. Madsen et Munson font état de plusieurs séquences arrangées, dont celle mettant en scène un bébé baleine lors d'un tournage au Canada en 1980. La supercherie, selon les écrivains américains, aurait été dénoncée par l'un des cameramen présents. Dans un échange de lettres, Jacques Leduc s'offusque de voir son nom mêlé à une affaire dont il m'affirme n'avoir jamais été le témoin ; il précise qu'il s'agit sans nul doute d'un « malentendu ». Ce technicien de l'Office national du film du Canada, coproducteur du film, termine ainsi sa missive de façon quelque peu ambiguë : « J'ai travaillé une douzaine de jours à bord de la *Calypso* et n'en garde que de bons souvenirs, y compris du Commandant, qui m'impressionnait par sa jeunesse et sa faculté d'émerveillement. J'étais cameraman, rien que ça, ni monteur, ni producteur, ni rien d'autre ; je ne suis pas en position pour avérer ou infirmer les thèses et les opinions que vous soutenez [12]. »

Josy Dubié est un grand voyageur. Il a d'abord parcouru le monde comme journaliste. Pour la RTBF, la télévision belge, il a signé de nombreux grands reportages. Son talent et son professionnalisme lui ont valu des récompenses prestigieuses. Comme nouveau patron de l'unité « Télévision » de l'ONU à Genève, il continue à sillonner la planète. Lui aussi a l'occasion d'entendre des échos peu amènes sur Cousteau et ses équipiers. Lors d'un tournage en Nouvelle-Guinée, en 1991, il recueille ce témoignage particulièrement troublant sur le comportement d'une équipe de l'explorateur cinéaste français : « Je me trouvais en Nouvelle-Guinée pour réaliser un reportage sur les crocodiles. Je me suis rendu dans une ferme assez extraordinaire à Lae, qui se trouve sur la côte est. Son propriétaire s'appelle Drake Mitchell. Il élève quelque chose comme vingt-cinq mille crocodiles : la plus grande ferme à crocodiles au monde. Son expérience et sa passion pour les crocodiles lui ont permis de mettre au point, il y a quinze ans, un programme qui protège l'espèce. Grâce à ses méthodes, les indigènes papous ne tuent plus les crocodiles où ils les trouvent. Ils les capturent et les élèvent dans des petites fermes avant de les envoyer chez Mitchell où on les fait croître pour obtenir un maximum de rendement.

« Une équipe Cousteau est venue là il y a quelques années. Elle s'est conduite de façon scandaleuse, d'après Mitchell qui a surpris des membres de cette équipe en train de frapper dans l'eau pour réveiller ses bêtes. Ils voulaient avoir des images spectaculaires. Mitchell est entré dans une grande colère. Il les a chassés. En représailles, les membres de l'équipe Cousteau ont fait courir le bruit que Mitchell était un tueur, etc. Il était écœuré. J'ai longuement enquêté sur cette ferme. Je peux vous assurer que Mitchell est un type bien. J'ajouterai même génial. Il fait un superbe travail. Grâce à son initiative, il permet à des milliers de Papous de continuer à vivre. D'aller à l'école. Tout cela grâce à l'élevage des crocodiles [13]. »

D'après mes recherches, l'incident évoqué par Dubié se serait produit lors du tournage intitulé *Papouasie : la rivière des hommes-crocodiles* réalisé par Jean-Michel Cousteau et Mose Richards, dans le cadre de la série « L'équipe Cousteau à la redécouverte du monde [14] ». Ce documentaire, présenté comme un film de Jacques-Yves et Jean-Michel Cousteau, a été diffusé par la télévision française au cours de l'année 1992.

Au sujet des mauvais traitements infligés à des animaux, la plupart des plongeurs contactés me répondront par la dérobade. André Laban, lui, ne niera pas. L'ancien chef de mission de *Précontinent III*, réalisateur à ses heures, évoquera le sujet en ces termes : « Si on montre des films tels qu'ils sont réalisés dans les laboratoires, c'est intéressant pour quelques spécialistes, mais c'est ennuyeux pour le large public. C'est ''immontrable''. Si on veut que cela soit visible et attrayant, il faut du suspense, il faut de l'émotion, des animaux malades ou qui souffrent. Il faut raconter des histoires. Cousteau est pourtant un mauvais conteur. Ce sont les gens de Hollywood qui le corrigent. Ils disent ce qui peut ''marcher'' ou pas. Ils exigent une séquence de ceci ou de cela. Par exemple, dans le film sur les machines plongeantes [15], ils ont demandé une scène où un sous-marin devait se retrouver coincé. Une dramatisation. Nous avons fini par tourner cette séquence. En voyant cette scène, il y a des gens qui tremblent. Un jour, j'ai simulé un malaise lors d'une plongée pour les besoins d'une séquence. Après sa diffusion à la télévision, des amis m'en ont parlé. Il y ont réellement cru et m'ont demandé comment je m'en étais remis... »

Soudain, Laban se tait. Il aime les silences. En ce milieu de matinée, un rayon de soleil vient éclairer plusieurs peintures accrochées dans l'atelier où nous conversons. L'ingénieur chimiste est aussi un peintre d'un réel talent. Toutes ses toiles sont inspirées par les fonds sous-marins.

« Des mauvais traitements infligés aux animaux ? reprend Laban. Oui. Le pauvre cachalot dans *Le Monde du silence*... Le dynamitage de poissons dans le même film... On a capturé parfois quatre otaries pour en filmer deux. Les deux autres restant en réserve. C'était pour *Pépito et Cristobal.* » S'agit-il vraiment de mauvais traitements ? s'interroge alors l'ancien bras droit de Cousteau avant d'évoquer « l'affaire des pieuvres ». Voici son témoignage : « Un jour, on a capturé un poulpe [16] pour les besoins d'un film. On l'a mis dans un aquarium sur la plage arrière de la *Calypso*. D'après le scénario, le poulpe — ou pieuvre — sortait de l'aquarium pour regagner la mer. Comme il n'y avait aucune raison pour que le poulpe sorte de l'eau, on l'a aidé un peu... en lui injectant une dose de Chlorax de soude, l'équivalent des grenades lacrymogènes qu'on jette pour faire sortir quelqu'un de sa tanière. Nous n'étions pas les premiers à faire ça. On a imité les Américains [17]... »

Dans son ouvrage intitulé *Pieuvres : la fin d'un malentendu*, Cousteau évoquera ces singulières méthodes utilisées par les responsables du musée aquatique de Seattle, aux États-Unis. Il parle d'abord des amis que les plongeurs de la *Calypso* et lui-même s'étaient faits sur place : Joanne Duffy, une jeune licenciée en biologie marine, et Gary Keffler, qui possède un magasin de sports nautiques dans la ville américaine. Cousteau raconte : « Ils ont mis à notre disposition tous les moyens dont ils disposaient et aussi toutes leurs connaissances des mœurs des céphalopodes. Ils nous ont raconté que depuis 1957 se déroulait chaque année dans la baie de Seattle une compétition assez cruelle de chasse aux pieuvres. Le prix va au plongeur qui rapporte la prise la plus lourde.

« C'est à l'occasion de ce concours que les plongeurs de Seattle ont trouvé le truc pour faire sortir les animaux de leur trou : ils répandent dans l'eau à l'entrée de la grotte un peu de sulfate de cuivre ou une solution de Chlorax. La pieuvre, qui est très sensible à toutes les émanations chimiques, sort de son abri [18]. »

Dans le même ouvrage, Cousteau décrit à sa manière l'épisode de la pieuvre qui ne résiste pas à l'appel du grand large : « J'espérais qu'à bord de la *Calypso* l'*octopus dofleini* de Seattle, bien traité, bien nourri, placé dans une eau à température constante, supporterait sa situation et même s'habituerait à nous. Mais le bas était trop petit et la pieuvre trop grande. Elle a réussi à soulever et à déplacer la claie que nous avions posée sur son aquarium et que nous avions lestée de plusieurs poids de vingt kilos. Nous avons vu ses bras se glisser l'un après l'autre au-dehors, ses yeux apparaître, puis son grand corps glisser sur la plage arrière de la *Calypso*. Nous l'avons laissé faire. La mer était là toute proche et quand nous avons entendu le bruit que faisaient ses quelque quarante kilos en tombant à l'eau, nous avons été délivrés d'un remords, celui de tenir captif un grand animal fait pour la vie libre, dans la mer et qui était digne de notre respect [19]. »

Au-delà des impératifs de tournage qui expliquent ces curieux traitements, une autre question se pose : Cousteau aime-t-il vraiment les animaux qu'il a été amené à observer et à filmer ?

André Laban pense que l'ex-officier de marine a évolué avec le temps. Il explique : « Aujourd'hui, il ne parle plus de chasse sous-marine. Et pourtant il fut l'un des premiers chasseurs, et quel chasseur ! À une époque, il chassait avec des balles explosives. *Par dix-huit mètres de fond* est un film sur la chasse sous-marine. On y voit Dumas et Tailliez armés d'arbalètes et ramenant de grosses prises [20]. »

Pour sa part, Georges Alépée avoue s'être longtemps posé la question et s'interroge aujourd'hui encore [21]. Aux allégations contenues dans les deux biographies américaines, Cousteau n'opposera pas de démenti. En France, en revanche, il commentera à plusieurs reprises la fameuse séquence des requins massacrés par ses équipiers dans *Le Monde du silence*. Après une récente rediffusion du film sur France 2, le journaliste Claude Sérillon, à son tour, ne cachera pas son étonnement. À sa question, Cousteau répondra : « J'ai refusé de remanier le film. Il représente ce qu'on pensait à l'époque du tournage, il y a trente-huit ans. De toute manière, j'aurais été incapable d'arrêter mes hommes. Ils étaient devenus fous furieux. Une hystérie certes, mais dans la tradition de la haine des marins pour les requins. Une haine séculaire. Aujourd'hui, on sait que les requins ont le droit de vivre, comme les autres animaux, mais à l'époque cela ne venait pas à l'esprit. Personnellement, j'étais choqué, mais il était impossible d'arrêter mes gars [22]. »

Sur l'autorité bafouée du Pacha de la *Calypso*, Henri-Germain Delauze a un point de vue personnel. Le patron de la COMEX à Marseille connaît Cousteau depuis quarante ans. Il a notamment fait partie des premiers plongeurs volontaires avant de devenir son principal concurrent dans le domaine de la construction de machines sous-marines. Malgré la rivalité qui oppose les deux hommes, ses propos très directs méritent attention : ils recoupent d'autres témoignages recueillis au cours de mon enquête sur l'autocratisme de l'océanographe. Laissons parler Delauze : « Quand Cousteau dit à la suite du film qu'il n'aurait pas arrêté ses gars, il se moque du monde. Quand Cousteau disait ‘‘Stop !'', tout le monde se mettait à quatre pattes. Il avait une autorité considérable. Personne n'osait le contrarier [23]. »

Quant à l'argument de Cousteau sur la haine ancestrale des marins et la sensibilité du public des années 1950, il semble bien là aussi qu'une nuance doive être apportée. Le monteur du film, Georges Alépée, m'a affirmé que la séquence des requins a dû être supprimée en Grande-Bretagne : « À l'époque, je suis parti à Londres pour couper cette séquence, avant la projection du film dans les salles. Les Anglais ne badinaient pas avec les souffrances infligées aux animaux [24]. »

Cousteau « tortionnaire » ? L'affirmer ainsi serait grotesque. Réaliste ? Sans aucun doute. Trop, peut-être. Voici une explication plausible de cette relative dureté : l'homme au bonnet rouge a suffisamment bourlingué au cours de sa vie aventureuse pour savoir que la nature peut se montrer impitoyable et que certains comportements humains n'ont parfois rien à envier à la jungle animale. Le cinéaste marin aime les animaux, mais pas forcément toutes les espèces. Ainsi, il n'a jamais caché son affection particulière pour les mammifères marins. Ce qui ne l'empêche pas d'être terriblement inquiet lorsque son ami Hubert Reeves lui annonce que, au train où va le saccage de l'environnement, il n'y aura plus de papillons sur la planète au XXIe siècle, autrement dit, pour Cousteau, « plus de poésie de l'enfance [25] » !

En fin de compte, le Français le plus connu au monde n'aurait-il pas davantage accordé son affection au monde des humains ? C'est probable. Cousteau aime à répéter que sa seule raison d'être, précisément, est son amour pour l'humanité. De là à imaginer qu'il puisse transformer son image de personnage charismatique en celle de leader politique, il n'y a qu'un pas que certains rêvent déjà de lui voir franchir...

TROISIÈME PARTIE

XII

Le retour au pays (1980-1986)

« Cousteau président ? Et pourquoi pas ? » s'interrogent les écologistes français durant l'été 1980. Comme, avant lui, René Dumont, le Commandant ne représente-t-il pas « un genre particulier de savant dont l'âge et la connaissance du terrain semblent garantir la sagesse et l'indépendance [1] » ? argumentent les partisans de l'océanographe. Ne chuchote-t-on pas, par ailleurs, que l'idée flatte déjà l'auteur du célèbre *Monde du silence* ?

C'est vrai. Cousteau, alors âgé de soixante-dix ans, songe sérieusement à poser sa candidature. Une tentation qu'il confirmera dix ans après : « J'avais reçu près de quatre-vingt mille lettres me demandant de me présenter à l'élection présidentielle. J'ai réfléchi à cause de ces lettres, car je n'avais jamais envisagé une candidature auparavant. Je me suis enfermé chez moi pendant quinze jours. J'ai invité quelques philosophes à venir discuter avec moi. Nous avons réfléchi sur la signification, la place de la politique française par rapport aux enjeux du reste du monde. Je me suis rapidement convaincu que plus je resterai indépendant, plus j'aurai d'influence [2]. »

Selon plusieurs membres de l'entourage de Cousteau, il semble bien que l'opinion de Simone ait joué un rôle prépondérant dans la décision négative du Commandant. La « Bergère » se méfiait comme de la peste des choses de la politique.

L'idée d'une candidature Cousteau n'était pourtant pas le fruit du hasard. Elle avait été mûrement réfléchie avant d'être lancée un an avant la date prévue de l'élection présidentielle. À l'origine, un certain nombre d'écologistes militants, dont Didier Anger, soucieux d'éviter que l'écologie devienne un parti politique traditionnel. Selon eux, « une personnalité déjà médiatisée n'essaierait pas ensuite de tirer la couverture à elle et de profiter de la campagne électorale pour tenter une OPA sur le mouvement écologiste[3] ». Durant l'été 1992, Antoine Waechter reprendra malicieusement le même argument en se proposant d'introniser de nouveau le Commandant comme candidat des écologistes pour l'élection de 1995[4]...

Il faut se rendre à l'évidence. Depuis la candidature unique de René Dumont à l'élection de 1974, la famille « écolo » de l'Hexagone reste désunie, tiraillée entre deux grands courants : les Verts de Waechter et les Amis de la Terre de Brice Lalonde ; le premier ne supportant pas que le second devienne le porte-voix des écologistes et vice versa.

En 1980, cette rivalité n'est pas pour déplaire à Cousteau qui, au début, ne refuse pas formellement de devenir le « dénominateur commun » des différents mouvements. Le Commandant déclare même que les votes écologistes pourraient atteindre 20 % des suffrages si un programme solide était proposé aux électeurs. Pour lui, si le poids de l'opinion publique est « la seule façon d'infléchir la politique gouvernementale quelle qu'elle soit[5] », il faut toutefois « éviter de rentrer dans le système ». On retrouve ici la méfiance viscérale de Cousteau pour la politique politicienne, cette « politique sale qui pue[6] ». À cet égard, le patron de la *Calypso* ne peut s'empêcher de faire état de son inquiétude lorsqu'il sent « pointer chez certains militants parmi les meilleurs des ambitions personnelles ». Lors d'une interview à la télévision, il n'hésite pas à parler de « grenouillades ». Les observateurs voient immédiatement dans cette attitude une attaque implicite contre Brice Lalonde. Lequel réagit aussitôt dans ces termes : « Je suis un militant. Je veux la victoire pour le mouvement écologiste. Je veux qu'il change la société. C'est vachement ambitieux. D'autre part, il est vrai que le vedettariat pose un problème — et le commandant Cousteau doit le savoir —, c'est celui des formes de communication de notre société. Aucune candidature n'y échappera [7]. »

La polémique est ouverte. Quelques jours après les déclarations de l'animateur des Amis de la Terre, huit représentants d'associations écologiques élus à Lyon approuvent à grands cris le soutien de Jacques-Yves Cousteau à l'engagement électoral des écologistes. En revanche, ils regrettent amèrement que le Commandant, « sous la pression des journalistes qui l'interrogeaient, ait cru bon de recommander aux maires de France de suspendre toute promesse de parrainage en laissant entendre qu'il détenait personnellement les clés du bon choix d'un candidat écologique [8] ».

Cousteau — quoi de plus normal pour un marin ? — sait dans quel sens souffle le vent. La rivalité chez les écologistes commence à tourner au vinaigre. Lui-même pourrait bien y perdre quelques plumes. Du coup, il préfère se retirer. Lalonde est finalement choisi pour représenter les Verts français. Et l'océanographe de ressasser sa déception : « on » n'est pas venu le supplier de devenir le représentant des écologistes ; « on » lui a préféré un jeune homme sans expérience concrète des problèmes...

L'animosité du Commandant à l'égard de Lalonde ne diminuera pas. Trois ans après que le patron du futur Génération Écologie a accepté d'entrer dans le gouvernement de Michel Rocard, Cousteau le « fusille » verbalement : « Regardez Brice Lalonde : il l'a eu son sucre d'orge, mais à quoi cela le mène-t-il ? Même s'il a un rôle déterminant au gouvernement, c'est un pet de lapin comparé à l'ampleur de la tâche sur le plan mondial. C'est un bonhomme paralysé, il se tait ou il démissionne. C'est ce qu'a fait Schwarzenberg d'ailleurs. Devant l'immensité de la mission, mieux valait rester en dehors. Mieux vaut convaincre tous les partis qu'en faire un de plus [9]. »

Une réticence partagée. Du côté des amis de Lalonde, on admet, certes, que Cousteau est un prestigieux défenseur des grandes causes ; on reconnaît sa stature internationale. Mais on s'étonne aussi de ses attaques personnelles. Sans oublier les remarques sur la pensée « trop souvent simpliste » de l'ancien militaire.

Cette pensée, quelques journalistes se sont permis de la mettre en cause. Pierre Prier, par exemple, quand il écrit dans *Le Journal du Dimanche* : « Nous vivrions, selon Cousteau, dans une "caricature de démocratie", dans laquelle grâce à la télé "le citoyen est plus informé que son député" et où "voter, c'est abdiquer pour cinq ans". Il possède des solutions simples aux grands problèmes de la planète : l'addition, dans la Constitution de chaque pays, d'une "déclaration des droits des générations futures", ou la création d'un minimum vieillesse universel, distribué par les Nations unies sans passer par le "gouffre des gouvernements locaux"... Est-ce pour cela que, sauf son respect, l'entourage de Cousteau prend parfois des allures de secte ? Dans le *Calypso Log*, consacré à ses soixante-quinze ans, un long article titré "Jacques-Yves Eyquem" compare sérieusement le Commandant à Montaigne, après avoir envisagé toute la galaxie philosophique, de Platon, Aristote, Descartes et Spinoza jusqu'à Marx, Freud et Sartre. Et les sempiternelles retrouvailles filmées entre le Commandant et son fils Jean-Michel laissent quelquefois rêveur. Surtout lorsqu'elles sont ainsi commentées, toujours dans le journal de la *Calypso* : "À bord, une joie profonde nous envahit. Nous bouleverse... C'est le sentiment de vivre un moment symbolique illustrant toute une action. La stature internationale du commandant Cousteau, son éthique, sa liberté d'expression en font un porte-drapeau capable... d'agir pour préserver l'environnement et la paix pour les générations futures. La joie qui nous bouscule aujourd'hui, c'est celle de contribuer à cette œuvre pour l'avenir'' [10] ».

Moins sévères, d'autres observateurs tenteront pourtant de répertorier les thèmes défendus par Cousteau. On apprend ainsi qu'« il condamne l'effacement des grandes ''valeurs'' que constituaient la religion, la famille et la patrie » ; que « l'hédonisme, l'individualisme et le culte de l'argent des sociétés ''développées'' l'inquiètent » ; qu'« il faudra trouver une façon de vivre complètement différente, qui sera probablement beaucoup plus satisfaisante pour les individus » ; on constate enfin que « pour se faire entendre, il a généralement préféré revêtir la tunique d'un éducateur et incarné ainsi une vision douce, médiatique et pédagogique de l'écologie [11] ».

À travers ces remarques, il est aisé de comprendre que The Cousteau Society n'a rien à voir, ni dans ses buts ni dans ses méthodes, avec une association du type Greenpeace. Cette dernière, nous explique une fonctionnaire française à l'ONU, défend la nature, mais pas seulement. « Ses actions ont des connotations politiques », nous affirme-t-elle ; et d'expliquer : « Ses membres veulent faire passer leur message à travers des actions concrètes. Ici, à New York, Greenpeace est présente dans toutes les négociations. Ils ont des délégations très puissantes. Ils sont actifs. Ils n'arrêtent pas de solliciter les représentants des pays concernés par un problème. Un militantisme qui n'existe pas avec The Cousteau Society [12]. »

Cousteau veut se situer « ailleurs » dans son combat pour la défense de l'environnement. Ailleurs, donc hors politique. Il est vrai que le Commandant a toujours préféré son aura, sa notoriété, ses idées pour convaincre et condamner les « mauvais » écologistes. Il reste convaincu que The Cousteau Society est plus puissante comme organisation privée que si elle se transformait en mouvement engagé. « Le président François Mitterrand me consulterait-il si nous étions un parti ? [13] » De fait, Cousteau rencontrera fréquemment François Mitterrand. En juin 1981, l'explorateur sous-marin est également reçu par Ronald Reagan afin d'évoquer de nouvelles réglementations maritimes. « Un entretien cordial et satisfaisant », déclare-t-il à la sortie du bureau ovale. Une démarche individuelle plutôt mal ressentie par de nombreux mouvements écologiques. Sur les actions à entreprendre, Cousteau a des idées bien précises : « Il existe plus de trois mille associations écologiques en France. Leur métier, c'est justement de convaincre les gens de vivre autrement. C'est très bien, c'est indispensable, mais ce n'est pas là que se joue le sort de la planète. Le sort de l'humanité va se jouer ailleurs, dans les cinquante ans qui viennent [14]. »

Changer les comportements individuels, Cousteau n'y rêve pas trop : « La prise de conscience est générale dans les pays développés. Cela ne veut pas dire que tout le monde est prêt à faire des sacrifices. Un tiers des gens à peu près consentent à changer leurs habitudes. Les autres continuent à penser qu'ils ne comptent pas beaucoup face à l'ampleur des problèmes. Mais notre action ne se situe pas à ce niveau. Nous essayons de faire pression sur les dirigeants. Ce sont eux qui peuvent changer vraiment les choses. Et sans la pression populaire, jamais ils ne se préoccuperaient de ces problèmes [15] ! »

C'est bien pour aider cette prise de conscience que Cousteau crée en mars 1981 la fondation qui porte son nom. Il s'agit, en réalité, de la petite sœur française de The Cousteau Society, née huit ans plus tôt aux États-Unis. Dans un premier temps, le Pacha de la *Calypso* installe le siège de son association selon la loi 1901 au 18, rue Beffroy, à Neuilly, dans les Hauts-de-Seine. Quelques années plus tard, il la déménage dans cette impasse parisienne chic, la Villa Wagram, rue du Faubourg-Saint-Honoré, à plusieurs mètres de son appartement privé, non loin de la place des Ternes et de l'Étoile.

Comme son homologue américaine, la nouvelle association reste contrôlée par le « clan ». Jacques-Yves Cousteau est désigné comme président ; son fils Jean-Michel l'assiste en qualité de vice-président. Le troisième homme clef sera Henri Jacquier, le directeur administratif et financier.

À Paris, Jean-Michel, domicilié à la Villa Wagram, souhaite jouer un rôle plus important au sein de l'association. Son commandant de père, qui porte déjà un certain nombre de casquettes dont celle de directeur du Musée océanographique de Monaco, accepte de lui confier la rédaction en chef du *Calypso Log*. Dans un premier temps, le frère de Philippe essaie de dépoussiérer le journal de bord de la fondation, insistant sur la dimension scientifique des missions. Dans cette tâche, il se fait aider par le couple Sarano qui, entre deux voyages, se réfugie du côté de Valence, dans la Drôme. François Sarano est biologiste de formation. Sa femme Véronique possède un doctorat en océanographie.

En France, comme aux États-Unis, la fondation reste d'abord une affaire de famille. Anne-Marie, la femme de Jean-Michel, figure parmi les principales photographes de l'association ; Pam Stacey, l'épouse du scientifique Richard C. Murphy, s'occupe du journal ; Susan Spencer démarche les sociétés susceptibles de jouer les mécènes — elle est la femme de Mose Richards, l'écrivain et le rédacteur de presque tous les commentaires de films de télévision. À leurs côtés, d'autres « indéboulonnables » : Paula Diperna, spécialisée dans les traductions anglais-français ; Lise Coenca, la secrétaire personnelle du Commandant et secrétaire générale de la fondation ; Louise Rossignol, longtemps détachée à Monaco auprès de « JYC », qu'on nous présente affectueusement comme « une vieille de la vieille », avant d'ajouter : « Intelligente et cultivée, elle fait partie avec Anne-Marie Roth des deux piliers du *Calypso Log*. Elles sont des "défenderesses pures et dures" du Commandant. » Enfin, Bertrand Charrier, l'ingénieur maison, chef du projet *Moulin à vent*...

Le vent et les navires ont toujours passionné Cousteau. Il n'est pas le seul. Depuis 1980, le vent source d'énergie gratuite et non polluante suscite un intérêt d'autant plus grand que l'augmentation très importante du prix du pétrole au cours des années 1970 se fait lourdement sentir sur les économies des pays industrialisés.

Dans un premier temps, les Japonais se montrent les plus intéressés. En 1980, ils équipent un navire à deux voiles repliables par système hydraulique et pilotées par un automate programmable. Les Français ne tardent pas à les rejoindre, voire à les dépasser.

Le professeur Malavard, de l'université Pierre-et-Marie-Curie à Paris, invente un nouveau type de voiles plus simple, plus sûr et beaucoup plus performant.

Les premières expériences aérodynamiques sont conduites en soufflerie entre les mois de septembre 1980 et de juillet 1981. Quatre campagnes, soit trois cent cinquante essais, permettent à Lucien Malavard et à Bertrand Charrier de mettre au point un dispositif produisant des « forces aérodynamiques très élevées tout en ne demandant qu'un apport d'énergie extérieure très limité [16] ». Voilà pour la théorie. Reste à construire le premier navire expérimental. C'est là que commence pour Antoine Scotto la plus belle histoire de sa vie.

Le nom du chantier naval de Scotto résonne tout naturellement comme une chanson du célèbre compositeur marseillais Vincent Scotto : les Baux. Il est vrai qu'on n'est pas peu fier d'avoir su maintenir l'art séculaire des charpentiers de marine dans ce port de Sanary. Créé en 1950 au pied d'une falaise — d'où le nom de « baux » —, le chantier a d'abord construit des bateaux traditionnels en bois avant d'évoluer — tourisme oblige — vers la maintenance des bateaux de plaisance. Il s'est tourné également vers la Marine nationale et les grands chantiers navals plus ou moins proches en apportant sa technique au secteur industriel.

C'est au cours de l'une de ses tournées sur un chantier marseillais qu'Antoine Scotto apprend que le commandant Cousteau s'est rendu acquéreur d'un catamaran d'occasion quelques jours auparavant. Une odyssée peu banale pour ce bateau acheté par un skipper qui voulait faire du charter. Faute d'être payé, le précédent propriétaire avait fini par saboter le bateau, perçant carrément des trous dans la coque ! Et le catamaran finalement abandonné dans l'anse du Pharo, sur le port de Marseille, pourrissait sur place. Dans la foulée, Antoine Scotto apprend que la Fondation Cousteau cherche un chantier capable de remettre en état le bateau malmené. Résolu à saisir la chance au vol, le patron des Baux monte à Paris. Scotto croit d'autant plus à sa bonne étoile qu'il connaît les attaches de la famille Cousteau avec Sanary. Coïncidence, la villa le *Baobab* qui surplombe le port se trouve à une centaine de mètres à peine de son chantier. Pourtant, le Commandant ne revient que rarement dans sa demeure provençale. Tout le monde le sait, ici : il a d'ailleurs demandé à l'une des cousines de Simone, Mme Nicault, conseillère municipale de la ville, de gérer sa location estivale.

Villa Wagram, Scotto l'obstiné rencontre d'abord Bertrand Charrier. L'ingénieur lui explique que le catamaran doit représenter une maquette au tiers du futur *Alcyone*. Il faudrait travailler avec l'architecte Mauric, chargé, lui, de la transformation complète du bateau.

Pourquoi pas ? Ravi, le directeur du chantier des Baux accepte les termes du contrat proposé par Charrier. On ramène donc le catamaran à Sanary où commence sa remise en état. Les premiers travaux et les transformations vont durer six mois. Cousteau se déplace à plusieurs reprises sur le chantier. Pour Antoine Scotto, ces visites constituent une véritable révélation. Quand nous l'avons rencontré, le Sanaryen a su trouver les mots pour exprimer l'impact personnel du Commandant : « L'homme m'a laissé des souvenirs extraordinaires. J'ai été frappé par sa présence et par son esprit très critique. J'étais surpris par sa vivacité d'esprit et par la justesse de ses remarques. Cousteau prenait des décisions rapidement sans donner l'impression d'être pressé. Souvent, il disait à Mauric : "André, regarde ça, je le veux comme ça..." Mauric n'était pas d'accord. Ils s'engueulaient en me prenant comme témoin. J'étais gêné. Pour moi, Cousteau était un "monument". Et Mauric également, dans son domaine, était un "monument". J'étais trop impressionné pour jouer l'arbitre [17]. »

De fait, André Mauric n'est pas le premier venu dans le petit monde maritime. Cet architecte marseillais possède, entre autres, à son palmarès *France 3*, conçu pour les régates internationales. Il a surtout été l'un des pionniers de l'aventure Cousteau. C'est lui, en effet, qui a porté la *Calypso* sur les fonts baptismaux trente années auparavant !

Mauric fait partie des rares personnes que le Commandant tutoie. Une véritable amitié et un profond respect unissent les deux hommes. Antoine Scotto comprend rapidement la qualité de leur attachement : « Ils s'engueulaient, mais ils rigolaient souvent aussi. J'étais émerveillé de voir ces hommes — ils avaient quinze ans de plus que moi — se lancer dans un tel projet [18]. »

L'originalité de *Moulin à vent* tient à la propulsion, ce fameux cylindre qu'on va retrouver en double sur l'*Alcyone*. Au départ, le *Moulin à vent* apparaît comme une simple esquisse. Sur le chantier des Baux, une petite équipe d'ouvriers et de techniciens triés sur le volet va s'atteler à la tâche sans relâche pour lui donner forme. Une façon particulière de travailler, comme l'explique Scotto : « Il n'y avait pas trop de plans. On travaillait au coup par coup, au *feeling*. Mauric étudiait la répartition des masses. Le Commandant donnait son avis, toujours pertinent. Personnellement, j'ai suggéré les "jupes" à l'arrière. Un travail d'équipe autour d'une esquisse. Chacun apportait ses idées et sa bonne volonté. Le Commandant avait le don de mobiliser, de transcender tout le monde. On ne pouvait pas rester insensible à son charisme [19]. »

L'origine du nom *Moulin à vent* reste un mystère. Pour Barthélemy Rotger, l'explication n'a rien à voir avec les célèbres moulins de Don Quichotte. Cet historien local pense plutôt aux deux moulins gris qui jouxtent la villa *Baobab* — de véritables moulins à vent qui servaient jusqu'à l'arrivée du chemin de fer à moudre le blé [20]. « Mais non ! », rétorque de son côté Antoine Scotto, qui nous donne une version plus prosaïque : « On l'a baptisé au vin "Moulin à vent". À la fin, tout le monde ne marchait qu'à cela ! »...

Vient le temps des premiers essais. Antoine Scotto n'est pas totalement rassuré. Pour lui, le bateau est trop lourd. À Bertrand Charrier, il confie : « Vous savez, votre truc, on ne sait pas si ça va tenir... » L'ingénieur favori de Cousteau ne partage pas le scepticisme du patron du chantier. Il lui fait part de son sentiment : « Ce n'est pas possible qu'il se retourne. À Paris, nous avons fait des essais avec une force dix. Ça tient très bien. » Présent ce jour-là, le Commandant partage totalement son avis. Il profite du déjeuner qui précède la mise à l'eau du *Moulin* pour annoncer la prochaine traversée de l'Atlantique avec le bateau, précisant même sur un ton goguenard : « Je vais me marrer... »

En fait, la seule chose qui semble contrarier Cousteau, c'est l'avant de l'ancien catamaran. Il ressemble à une pelle et cela ne l'enchante visiblement pas.

Ces premiers essais se déroulent par un temps calme. Par vent de quinze nœuds, le bateau avance à huit ou neuf nœuds. La surprise est de taille : cet engin de plus de quarante tonnes est plus rapide que tous les autres navires présents ! « Trop lourd pour une turbovoile », répète pourtant le Varois étonné par ces essais qui, pour le moment, lui donnent tort. Mieux : ils le « soufflent » littéralement. Le bateau fonctionne très bien. Sa grande surprise — on ne la souligne pas assez à ses yeux lorsqu'on évoque le *Moulin à vent* (le « *MAV* ») —, c'est la souplesse d'un navire capable d'effectuer aussi aisément les marches avant et arrière.

Le bateau n'est pas totalement achevé lorsque Cousteau demande au directeur des Baux de remettre le « *MAV* » à l'eau afin de le présenter à Ted Turner, le patron de la chaîne américaine CNN, nouvel associé du Français pour une série de téléfilms intitulée « Redécouverte de la planète ». Scotto obtempère et ne se plaindra pas : « Le Commandant est venu prendre le bateau. Il est descendu en Sardaigne où se déroulaient des régates pour milliardaires. Sur place, Turner a été agréablement surpris par la malléabilité de *Moulin à vent*. Il suffisait de deux hommes pour le manœuvrer, alors qu'avec son 26-mètres, Turner en avait besoin d'une vingtaine. Ce jour-là, Cousteau leur en a "foutu" plein la vue. »

Après ces essais concluants, le bateau subit les dernières modifications avant son grand départ pour les États-Unis. L'excitation gagne les membres de l'équipe Cousteau impliqués dans le projet. Les visites à Sanary se multiplient : Bertrand Charrier, l'architecte Mauric, l'électronicien Jacques Constans, le commandant conseiller technique Jean Alinat, le biologiste Sarano et le Commandant en personne qui tient, comme d'habitude, à vérifier de ses yeux les ultimes préparatifs. Lors de ses brefs séjours, il est hébergé à Six-Fours par Edmond Mauric, le frère d'André, également architecte.

À l'automne 1983, après quelques essais dans diverses conditions de vent sur l'étang de Berre, *Moulin à vent* est prêt pour sa traversée transatlantique. Du moins le croit-on. Après un départ serein, l'odyssée du MA570031 s'achève au large des côtes américaines par un incident grave qui lui fera rater son entrée triomphale à New York. « *MAV* », il est vrai, a joué de malchance en essuyant plusieurs tempêtes d'une rare violence. Dans la matinée du 18 novembre, sur le chantier des Baux, on a le cœur triste en apprenant la fin piteuse de *Moulin à vent*. Et l'on s'interroge anxieusement. Antoine Scotto comprend que l'échec est moins un problème de vent que celui de la résistance du bateau. « Le mât, surtout », pense-t-il. « Il était trop lourd », se répète-t-il une dernière fois. Il en est là de ses réflexions lorsque son téléscripteur se met à crépiter. Il s'agit d'un télex qui lui est adressé. Le texte apparaît lentement : « Le 17/11/83. Le navire expérimental du commandant Cousteau a perdu son mât dans la tempête entre les Bermudes et les côtes américaines ce matin à 2 h 45 locales. Personne à bord n'a été blessé.

« Le navire fait maintenant route sur moteur vers Norfolk, en Virginie, accompagné par la *Calypso*, le navire océanographique du commandant Cousteau.

« Il y a dix jours, le *Moulin à vent* a été pris dans la tempête six cents milles à l'est des Bermudes. L'équipage constate certains dommages. Plusieurs soudures avaient lâché à la base du mât où il est fixé à la structure portante. "*MAV*" a fait escale aux Bermudes la semaine dernière pour réparations. "*MAV*" appareilla des Bermudes lundi cette semaine et immédiatement trouva du mauvais temps. Inquiet, le commandant Cousteau a pris le cap le plus favorable afin de protéger l'équipement. La nuit dernière, le vent a atteint la vitesse de cinquante nœuds avec mer force huit (des vagues de six mètres) et ce matin à 6 h 45 heure de Paris, "*MAV*" a perdu son système de propulsion par le vent. Le cylindre est tombé vers l'avant du navire et a basculé par-dessus bord.

« Commandant Cousteau a dit ce matin : "Nous avons perdu la quincaillerie, mais les cerveaux qui ont conçu le système sont au travail. Donnez-moi un peu de temps et nous recommencerons [21]." »

Promesse tenue. Un an plus tard, le 12 septembre 1984, la fondation signe un accord de cession de licence exclusive pour le système de propulsion éolienne complémentaire par turbovoile avec la société Cegedur-Pechiney. Le 13 mai 1985, *Alcyone* — nom de la deuxième fille d'Éole, le dieu grec du Vent — quitte le port de La Rochelle pour rejoindre New York. Le fils de *Moulin à vent*, entièrement réalisé en alliage d'aluminium, dessiné par André Mauric et conçu comme un navire de haute mer — trente et un mètres de long pour un déplacement de soixante-quinze tonnes à mi-charge —, va entamer alors un long programme de démonstrations dans le monde entier. Si les professionnels applaudissent les performances technologiques du navire, force leur est de reconnaître que le système Cousteau-Pechiney, avec ses deux turbovoiles de vingt et un mètres carrés chacune, va aboutir à un cuisant échec commercial. Malgré le dispositif qui permet d'économiser de 15 % à 30 % de carburant, le coût de l'exploitation d'un bateau comme *Alcyone* reste plus élevé que celui d'un navire traditionnel.

Pour donner plus d'éclat à la traversée transatlantique de mai-juin 1985, Cousteau a invité deux journalistes à bord du monocoque : Leng King, de CNN et de WBS — chaîne de télévision appartenant également à Turner —, et Vladimir Krivocheev, de Radio Moscou. Un choix qui n'est pas dû au hasard. C'est, en effet, à ce moment-là que Cousteau lance son grand projet, resté jusqu'à ce jour inédit, d'*Almanach de la paix*. Quoi de plus symbolique que l'*Alcyone*, qui transporte à son bord des représentants des deux plus grandes puissances au monde, les États-Unis et l'Union soviétique, où Mikhaïl Gorbatchev vient d'accéder au pouvoir.

Dans l'esprit du Commandant, l'*Almanach de la paix* constitue la suite logique de l'*Almanach Cousteau de l'environnement*, publié en 1981 aux États-Unis et en France et présenté comme un inventaire de la vie sur notre planète.

Cousteau fait appel à un « chasseur de têtes » pour dénicher un journaliste capable de mettre sur pied son projet. L'oiseau rare est bientôt trouvé. Il — ou plutôt elle — s'appelle Élisabeth B. Son profil séduit le Commandant. La jeune femme est une ancienne championne de yachting. Elle parle plusieurs langues étrangères. Après une demi-heure de discussion à bâtons rompus, Elisabeth devient rédactrice en chef de l'« atelier d'écriture » consacré à la paix entre pays de l'Ouest et de l'Est. À ses côtés, un certain nombre de collaborateurs, rémunérés comme elle par The Cousteau Society. Pour la plupart d'entre eux, on a prévu une période d'adaptation. Les méthodes de travail imposées s'inspirent de l'efficacité américaine. Un responsable pour chaque tâche : documentation, dactylographie, secrétariat de rédaction, recherches, etc.

Sur le fond, l'équipe d'Élisabeth B. entame un large travail de réflexion sur le thème de la paix. « Pour nous, la paix, ce n'était pas l'absence de guerre. Mais la paix en soi-même, la paix avec l'environnement. Nous avions pensé à bon nombre d'exemples pris dans la nature. La paix avec les autres [22] », nous a ainsi confié l'une des collaboratrices du projet.

En marge des travaux de l'équipe éditoriale, de nombreuses collaborations extérieures sont également sollicitées. Des spécialistes en polémologie, mais aussi des scientifiques de haut niveau. Par exemple, on demande à l'universitaire et spécialiste des insectes Rémy Chauvin de rédiger un article sur la paix chez les abeilles.

Deux ans s'écoulent. Le projet prend forme. Cousteau annonce pourtant son abandon sans crier gare. Des raisons financières, explique-t-on. Selon notre témoin, ce n'est pas la seule explication. Des motifs politiques ont joué un rôle capital dans la fin prématurée de l'*Almanach de la paix* : « L'avènement de la *perestroïka* de Gorbatchev a également modifié la raison d'être du projet. Il l'a rendu caduc[23]. »

Chez les collaborateurs de l'entreprise ainsi tuée dans l'œuf, la déception est grande. D'autant que, dans la foulée, Cousteau renonce à un autre projet consacré au tiers monde. Élisabeth B. se retrouve au chômage avec un statut de licenciée économique.

Ce nouvel échec n'entame en rien l'énergie et l'enthousiasme à tout crin de Cousteau. Un sondage réalisé par l'institut américain Good Housekeepings ne place-t-il pas le Français comme l'un des dix hommes les plus admirés au monde[24] ? Le Commandant ne continue-t-il pas à crouler sous les récompenses et les distinctions ? de figurer dans des cénacles comme le Television Academy's Hall ou le club du National Geographic Society's Centennial Awards ?

Cousteau accepte tous les honneurs, à l'exception de celui que des adolescents lui proposent un jour de l'année 1985.

C'est lors de cette année scolaire que les enseignants du lycée professionnel de Saint-André-de-Cubzac lancent un concours destiné à trouver un nom à l'établissement, anonyme depuis sa création en 1977. Des noms circulent : Gandhi, Raimu, Piaf, Roger Couderc, François Truffaut. Et pour finir, celui de Cousteau. Une réparation pour l'océanographe né précisément dans le bourg, au 83 de la rue Nationale.

Interrogée sur cette bonne intention, la fondation, à Paris, répond en ces termes : « Le Commandant ne souhaite pas qu'un établissement scolaire porte son nom. En revanche, il ne voit pas d'inconvénient à ce que le nom de son fils Philippe, disparu en 1979, soit retenu[25]. » L'idée séduit les adolescents. L'affaire est entendue. Le 16 juillet 1985, un arrêté préfectoral officialise la dénomination du lycée professionnel, qui peut dorénavant s'appeler lycée professionnel Philippe-Cousteau. Villa Wagram, on ne cache pas sa satisfaction. On annonce même la présence du Commandant le jour de l'inauguration prévue pour le mois d'avril de l'année suivante.

Pour l'occasion, les élèves conçoivent une plaque de fer forgé à l'effigie de la nymphe Calypso escortée par un dauphin, le même symbole figurant sur les armoiries de Saint-André !

La fondation souhaite que l'inauguration ait un certain retentissement. Elle fait d'abord parvenir un chèque de vingt mille francs afin de préparer une exposition photographique consacrée aux tournages de Philippe à travers le monde. Puis elle demande à Claude Wesly, l'un des premiers océanautes, de venir présenter aux élèves quelques documentaires du Commandant.

26 avril 1986. Le jour tant attendu est arrivé. Il pleut sur l'Aquitaine. Jacques-Yves Cousteau est visiblement ému lorsqu'il arrive dans la cour du lycée de la rue Arnaudin. Il n'est pas seul. Janice Cousteau, la veuve de Philippe, a également tenu à être présente. Près de cinq cents personnes applaudissent le Commandant et sa belle-fille lorsqu'ils émergent de leur Renault crème. Gilbert Mitterrand, maire de Libourne et fils du président de la République, s'est déplacé pour saluer la famille Cousteau.

Sous l'impulsion d'un professeur de français fort dynamique, Christian Sauce, et d'un proviseur attentif à l'épanouissement de ses pensionnaires, les élèves ont mis leur point d'honneur à bien faire les choses. Devant leurs hôtes, les « potaches » expliquent leur choix en des termes à la fois conventionnels et directs : « La manifestation d'aujourd'hui constitue pour nous une source de réconfort et de satisfaction. Elle va nous permettre dès maintenant d'envisager l'avenir sous un jour plus favorable. On a l'habitude de dire que les jeunes des lycées professionnels sont en situation d'échec scolaire. En choisissant Philippe Cousteau comme patronyme de notre établissement, nous sommes certains qu'on ne pourra pas dire que nous sommes en situation d'échec d'intelligence ! »

Puis vient pour ces jeunes le moment de mitrailler de questions le Pacha de la *Calypso*. Un jeu auquel ce dernier se prête de bonne grâce. Il est vrai qu'il n'a jamais refusé l'habit de pédagogue dont on l'affuble parfois. En témoigne cet échange sans fioritures :

« Vous avez déclaré que vous êtes très proche des jeunes. Pour quelles raisons ?

— Je crois que je n'ai jamais vieilli moralement. Je suis resté gamin. Qu'est-ce qui caractérise un enfant ? Que tout est possible. J'en suis encore là. Je n'ai pas changé. À tous mes projets, les gens me disent que je suis fou, que cela ne marchera jamais. Ça marche ! C'est comme cela qu'il faut faire. Il ne faut pas écouter les parents. Il faut foncer !

— Que pensez-vous de l'action de Greenpeace dans le domaine de la sauvegarde de la nature ?

— Greenpeace a des buts très analogues aux nôtres, la Fondation Cousteau. Ils emploient des méthodes très différentes. Je ne veux pas les critiquer. Nous sommes des nonviolents ; eux, la violence ne les gêne pas. Nous ne faisons pas d'action commune, mais nous nous aidons dans certaines circonstances. Je suis, par exemple, intervenu à plusieurs reprises pour faire libérer leur bateau, en Espagne, etc., au cours des cinq années passées. Des bonnes relations, mais pas d'actions communes.

— Les Américains rendent hommage à votre action. Pensez-vous que les Français y accordent la même importance ?

— C'est une légende française de dire que nous avons plus de succès en Amérique qu'en France. Ce n'est pas vrai. C'est en France que notre action est la plus suivie. Exemple : nous avons, après quatorze ans d'effort, deux cent mille adhérents américains. Après cinq ans seulement, nous avons cinquante-quatre mille adhérents français. Si vous faites la proportion de la population, nous avons été beaucoup plus vite et efficaces en France qu'en Amérique.

— Vous êtes obligé de vous transformer en hommes d'affaires, de financer vos recherches. Comment le vivez-vous ?

— Sur ce plan-là, je ne suis pas très fort. Ni Philippe ni moi n'étions très forts pour les affaires. Il était beaucoup plus spontané, beaucoup plus poète, beaucoup plus sensible, alors que Jean-Michel est un homme d'affaires rigoureux qui mène bien sa barque et qui nous a fait faire des économies considérables. Chacun a ses qualités.

— Vous êtes homme de mer. Mais avez-vous une terre de prédilection, un pays qui vous attire plus qu'un autre ?

— La France ! Tous les ans, je reviens ici parce que j'y suis né. Je ne vois pas pourquoi je changerais.

— Quels sentiments éprouvez-vous en revenant à Saint-André ?

— C'est une immense joie. Nous nous réunissons tous les deux ans à peu près en famille. Nous sommes presque une centaine. On boit du vin de la région. L'année prochaine, on compte faire une réunion à l'occasion de mes cinquante ans de mariage [26]. »

Ce retour au pays est une magistrale réussite. Cousteau a été sensible à l'accueil que lui ont réservé les jeunes de son village natal. Un réel réconfort pour cet éternel « gamin » de soixante-dix-sept ans toujours prêt à mettre pied à terre, à déboucler le baudrier qui retient son épée, celle du roi Arthur ou de Lancelot : Excalibur. Écoutons-le murmurer quelque magique incantation.

XIII

L'Immortel (1987-1990)

« Excalibur, tu es maintenant à moi, toute faite d'eau cristallisée, pure comme la glace antarctique, incorruptible comme le diamant, fragile comme le verre, mais invincible comme le parfum des fleurs, qui vint à bout des dinosaures.

« Devant tous mes amis, ici et de par le monde, je prête solennellement serment, comme l'eût fait Lancelot, de me battre, avec toi, Excalibur, arme symbolique des poètes qui seuls peuvent changer le monde, et de nous mettre au service de Viviane, Dame des eaux, et de Galaad, le pur conquérant du Graal [1]. »

Lorsqu'il prononce cet étrange serment, ce 15 juin 1989, Jacques-Yves Cousteau répond à l'hommage qui lui est solennellement rendu à l'occasion de la remise de son épée d'académicien. La cérémonie se déroule devant un parterre d'officiels, de parents et de fidèles. Le lieu choisi, le musée de la Marine, situé dans l'enceinte du palais de Chaillot, allait de soi pour un ancien officier de la Royale. Dans ce même endroit, curieuse coïncidence, le marin cinéaste avait présenté son premier film, *Par dix-huit mètres de fond* [2] : nous étions alors en avril 1943.

Quarante-cinq ans après cette époque troublée, Cousteau est élu à l'Académie française. Le Commandant se trouve dans son appartement privé lorsqu'il apprend la nouvelle. Quand les premiers journalistes arrivent Villa Wagram, le nouvel élu vient de sortir de sa douche. Il a enfilé un costume bleu. Entouré de quelques-uns de ses collaborateurs, il débouche une bouteille de champagne. Impassible, il reçoit les félicitations sans laisser transparaître une naturelle fierté ou une quelconque émotion.

Face aux reporters, Cousteau se défend d'avoir eu l'idée de cette candidature : « Je n'y croyais qu'à moitié [3] ! » Il est vrai que l'élection du « bonnet rouge chez les habits verts », comme titre la presse, n'a pas été aussi facile que les amis de Cousteau l'espéraient. Au premier tour de scrutin, l'auteur du *Monde du silence* a obtenu dix-neuf voix contre cinq au peintre et écrivain Michel Ciry. On a décompté également sept bulletins marqués d'une croix qui se voulaient hostiles au candidat. « C'est une élection de commandant et c'est très bien ainsi », dira Maurice Druon pour clore le débat.

Le secrétaire perpétuel de l'Académie française connaît bien Cousteau, qu'il a surnommé « l'Amiral des profondeurs [4] ». Quelques semaines plus tôt, il l'a fait entrer à l'Académie du royaume du Maroc. Selon Druon, cette élection marocaine s'était passée le plus simplement du monde, son ami, le roi Hassan II, lui disant tout à trac : « Pourquoi n'aurions-nous pas Cousteau dans mon académie ? [5] » « L'invitation était lancée. Le Commandant ne pouvait refuser [6]. »

Chez les Immortels, Maurice Druon n'est pas le seul partisan du cinéaste explorateur. Citons : Claude Lévi-Strauss, Léopold Sédar Senghor, Michel Mohrt, Bertrand Poirot-Delpech et Louis Leprince-Ringuet qui s'écrie : « Heureusement, voici Cousteau ! », avant d'affirmer bien haut que l'académie a bien besoin de personnalités audacieuses, estimées sur toute la planète. « N'a-t-elle pas, d'ailleurs, bien évolué depuis quelques années ? » lance encore le physicien et professeur au Collège de France, auteur du *Grand Merdier*, avant d'expliquer : « Plus de cardinaux, dont la pourpre magnifique donnait à sa cour un éclat somptueux : un modeste dominicain sans grade (mais combien attachant et aimé de tous). Plus de ducs, alors qu'ils étaient encore trois voici quelques années... Plus de maréchaux (pour cause) ni même de généraux. Leurs étoiles et leurs "sardines" font place aux étoiles de mer, aux poissons des grandes profondeurs d'un simple commandant de marine[7]. » L'académicien Michel Droit n'est pas en reste. Voici qu'il confie à *France-Soir* qu'il était jusqu'à l'élection de Cousteau le seul plongeur de l'académie : « Je suis descendu à moins cinquante-cinq mètres dans la baie de Villefranche, où j'ai croisé un mérou formidable[8] », racontera-t-il sans préciser toutefois s'il s'agissait de Jojo le mérou...

Cousteau a soixante-dix-huit ans lorsqu'il est élu sous la Coupole. Beaucoup s'interrogent : comment, lui, esprit indépendant, a-t-il pu être saisi par une « fièvre verte[9] » si peu écologique ? Comment a-t-il pu se transformer en un « sous-marin vert » ? surenchérit *Le Canard enchaîné*. Pour l'hebdomadaire satirique, « la diva des grands fonds [...] vient de jeter l'ancre quai Conti » ; « ce grand médiatique pour qui la valeur n'attend pas le nombre des apnées » a finalement « toujours eu la Palme académique[10] ». Pour sa part, Cousteau expliquera que si une élection à l'académie est le plus grand honneur que la France peut accorder, il a bien l'intention d'intéresser ses nouveaux collègues aux problèmes de l'environnement[11].

On l'a compris : Maurice Druon fut l'intercesseur privilégié et répétitif auprès du plus populaire des Français. Mais il semble bien que François Mitterrand, « protecteur » de l'académie en tant que chef de l'État, soit intervenu en personne auprès de ses amis en habit vert pour favoriser le succès de la candidature Cousteau. Durant les mois qui ont précédé l'élection, les deux hommes se seraient fréquemment entretenus au téléphone. C'est du moins ce que nous a rapporté l'un des proches collaborateurs du Commandant.

Le chemin qui mène vers l'Académie française est plus sinueux que les plongées de la *Calypso*. Tout a commencé quand certains de ses confrères ont dit à Maurice Druon : « Cousteau devrait être des nôtres. » Le secrétaire perpétuel sonde alors la « gloire nationale et internationale » qu'est Cousteau. Druon sait que sa mission ne va pas être facile. Des personnalités gaullistes amies ne lui cachent pas qu'elles voient d'un mauvais œil la candidature de l'ancien officier de marine. Peut-être ont-elles eu écho de propos désobligeants visant l'homme du 18-Juin ? À moins qu'elles ne se souviennent fort à propos des démêlés du Commandant avec Yves La Prairie et le CNEXO.

Druon n'a cure de ces réticences. Un premier rendez-vous est pris avec Cousteau dans un club privé de la capitale. L'endroit est sélect ; le règlement strict, notamment en matière de tenue vestimentaire : la cravate y est obligatoire. Connu dans le monde entier pour n'avoir jamais honoré ce genre de coquetterie, l'océanographe cinéaste se voit donc refoulé à l'entrée du club. Aussitôt averti, Maurice Druon prie la direction de l'établissement de trouver une solution. Celle-ci, consciente de l'enjeu, s'exécute. Les deux hommes étant logés dans une petite salle à manger dissimulée, on les priera de s'y rendre en passant par les cuisines. Ce qui, selon l'auteur des *Rois maudits*, les mettra en joie l'un et l'autre.

Fidèle à lui-même, Cousteau ne fait pas de manières. « Vous êtes homme de décision rapide, qui ne prenez pas de chemins courbes pour atteindre aux honneurs, mais qui avez la simplicité d'accepter avec naturel et satisfaction ceux qui vous sont offerts [12] », lui dira Druon plus tard.

Le principe d'une candidature à l'Académie française acquis, le chemin pour accéder à un fauteuil restait encore long. Il était indispensable, entre autres, que l'un de ces fauteuils fût libre. Ce fut le cas en raison de la disparition peu auparavant de Jean Delay. À l'inverse de Cousteau, cet Immortel était peu connu du grand public. Dans le milieu scientifique, en revanche, Jean Delay était réputé pour ses travaux en médecine psychosomatique, et notamment la découverte de la chimiothérapie des maladies mentales.

Comme l'exige la tradition, le nouvel élu doit prononcer l'éloge de son prédécesseur. Cousteau accomplira sa tâche très sérieusement. Il évoquera d'ailleurs le résultat de sa longue enquête lors d'un entretien avec Pierre Assouline.

Le journaliste de *Lire* réussit à décrocher son interview en se rendant dans l'un des restaurants parisiens fréquentés par l'océanographe. Il est vrai que les locaux du magazine littéraire de Bernard Pivot sont alors situés à proximité du restaurant en question. Face au persuasif Assouline, Cousteau accepte un entretien qui se déroule l'après-midi même dans le bureau du grand reporter. L'interview dure plusieurs heures. Cousteau évoque tour à tour ses lectures, le mécénat, la guerre, son frère et ses nombreux projets. Aux questions très variées de son interlocuteur, le nouvel académicien répond avec une grande franchise. C'est même dans un langage fort peu académique qu'il renouvelle ses attaques contre certaines de ses têtes de Turc, comme Yves La Prairie, à l'égard duquel il ne conçoit « pas de la haine », mais du « mépris [13] ». Sur le même ton, il commence à exprimer des réserves sur son prédécesseur à l'académie. Plus encore, il en arrive à accuser Jean Delay de racisme ! Assouline reste médusé. Il nous raconte : « Cousteau m'a dit : "Je suis écœuré parce que je dois faire l'éloge d'un bonhomme qui était un sale antisémite. J'ai interrogé sa femme, sa fille, ses élèves étudiants. C'était un type vraiment odieux, qui a fait des trucs dégueulasses à ses enfants. C'était un xénophobe !" Le Commandant était très violent. Peut-être trop. C'est la raison pour laquelle je n'ai pas intégré ce passage dans l'interview publiée alors [14]... »

Comme j'ai pu le constater, ces insinuations ont surpris sous la Coupole et même offusqué certains académiciens, parmi lesquels ce proche de « JYC », qui m'a confié : « Des réticences sur le fauteuil de Jean Delay ? C'est n'importe quoi ! Est-ce qu'il y a un texte de Jean Delay antisémite ? C'est dérapant... J'ai connu Jean Delay. Il n'a jamais tenu de propos antisémites. Le Commandant a fait un éloge de Jean Delay. Je ne sais pas où est la réticence. Ni de la part de la famille Delay, ni de Florence Delay qui est une amie très proche du Commandant [15]. »

Cet interlocuteur, finalement prolixe, « marqué à gauche » selon ses propres termes, tient à me préciser qu'il fait passer « le devoir d'amitié au-dessus de tout ». Il m'affirme même de façon péremptoire qu'il n'a pas connaissance d'« un seul écrit ni [d'] un seul propos antigaulliste du commandant Cousteau » ; avant de nuancer en estimant que son ami « a pu, peut-être par solidarité avec son frère, se plaindre de la sévérité des sanctions infligées pendant l'épuration... Quant à savoir ce que M. Guitton a glissé à l'oreille de M. Ionesco ou ce qu'a dit M. Peyrefitte ou Mme Delay, je m'en tape et je n'ai pas envie de l'évoquer avec qui que ce soit. Cela me paraît tout à fait trivial et sans intérêt. De toute façon, on ne commente jamais les élections [16]... ».

La violence des propos recueillis par Assouline n'est pas un fait isolé. L'homme est un passionné, son langage souvent direct, sinon cru. Au cours d'une émission de télévision — « La marche du siècle » [17] —, Jacques-Yves Cousteau n'hésite pas, par exemple, à lâcher : « Sur les passerelles des pétroliers, on trouve un officier de quart et un matelot le plus souvent ivres morts. » Des paroles qui dépassent la pensée de l'ancien marin ? Les membres de l'Association des capitaines au long cours ne le pensent pas. Dans une lettre ouverte adressée au Commandant, le président de l'amicale fait part de l'indignation soulevée par de tels « propos diffamatoires » proférés à plusieurs reprises dans les médias et cite le journal *Sud-Ouest* auquel « JYC » avait déjà déclaré : « Les marins qui sont sur les pétroliers sont en général des ivrognes, je les connais bien. Quand ils ont trop bu, ils dorment [18] ! »

Ces attaques répétées montrent à l'évidence que « Cousteau-la-Morale » est bien décidé à se lancer à l'abordage de certains tabous. Pour ce faire, il n'hésite donc pas à brandir son épée d'académicien, tout en sachant qu'« Excalibur pouvait gagner ses guerres en perdant toutes ses batailles [19] ».

D'après les règlements, le port de l'épée n'est pas obligatoire. Une coutume veut qu'elle soit offerte à l'élu par ses amis réunis en comité. En dehors du monde maritime, et notamment de la Marine, ceux de Cousteau sont nombreux. Jacques Constans, le vice-président de la fondation, n'a que l'embarras du choix pour les solliciter. Federico Mayor, le directeur général de l'UNESCO, accepte d'être le président d'honneur de ce comité de l'épée, où vont également figurer Giovanni Agnelli, le président de Fiat ; Jean Delorme, le P-DG de L'Air liquide ; Ted Turner, le patron de CNN, et André Giraud, ex-ministre de la Défense nationale et ancien patron de l'Institut français du pétrole à l'époque du fameux projet *Argyronète* [20]. L'homme politique n'a jamais caché sa fascination pour le personnage. Elle lui vient probablement de cette vocation d'adolescent de devenir un jour officier de marine. Ou de cet « enthousiasme si communicatif du Commandant qui permet d'accomplir des miracles », comme il le confiera dans son discours au musée de la Marine lors de la remise de l'épée de verre et de cristal.

Pour la fabrication de l'épée, les membres du comité et la fondation ont décidé de bien faire les choses. Ce sera du cristal ou rien. C'est au sculpteur Luc-Marie Bayle que reviendra l'honneur de la tailler. Il ne sera pas le seul. Plus de dix intervenants vont unir leurs efforts pour la conception et l'exécution de cette « œuvre d'exception », comme le souligne la luxueuse plaquette réalisée à l'occasion. Parmi ces intervenants, Saint-Gobain assurera les délicates opérations de trempe chimique de la lame ; Alfredo Barbini, maître verrier italien, l'aura au préalable étirée à la main pour chasser les bulles d'air emprisonnées ; Albert Leyser de Fischbach-sur-Nahe, en Allemagne, participera au stade intermédiaire de la réalisation du fourreau, par sciage, fraisage et prémeulage de l'élément de verre étiré à Murano par Barbini ; Bernard Maris et Jean-Paul Delfour seront les opticiens de précision ; Alain Boucheron et Jean-Thierry Bondt, les créateurs joailliers ; Herbert Klein, le graveur ; Hermès, le célèbre créateur maroquinier de Paris, réalisera, à la main, le porte-épée en box de couleur assortie à l'habit d'académicien taillé et brodé par la maison Lanvin ; Roger Charon, gainier de grand renom de la rue Elzévir, à Paris, créera l'écrin de présentation de l'épée en cuir avec des incrustations en peau de motifs décoratifs composés par Bayle qui a veillé de près aux symboles. La garde représente une ancre romaine, l'applique de l'avers rappelle le symbole de la *Calypso* et celui de l'*Alcyone*. Sur la lame sont gravés quelques lettres et chiffres : « EN 1930 = 204 JYC ». « EN » signifie « École navale » ; « 1930 » est l'année d'admission ; « 204 JYC », le numéro de hamac sous lequel Jacques-Yves Cousteau se présentait et répondait aux appels.

Il va sans dire que ce joyau coûtera une petite fortune. Selon l'enquête réalisée par *VSD*, le coût d'une élection à l'Académie française se décompose ainsi : le célèbre habit vert, brodé à la main avec du fil de soie nécessite environ sept cents heures de travail, autrement dit revient à cent six mille francs ; la cape se paie neuf mille francs, le bicorne à plumes d'autruche sept mille huit cents francs, et l'épée entre cent mille et trois cent mille francs [21].

Une façon de compter ses amis ? Probablement, puisque le candidat fait appel à leur générosité. Pour le commandant Cousteau, ils seront huit cent huit à verser une obole qui variera entre mille francs pour les plus prodigues et cinquante francs pour les plus pingres. Par exemple, ce diplomate français en poste aux États-Unis ! Parmi les donateurs les plus généreux, nous dénombrerons : cinquante-cinq officiers supérieurs, un certain nombre de barons et vicomtes, plusieurs ministres anciens ou en poste — Hubert Curien, Michel Poniatowski, Jean-Pierre Soisson, André Saint-Mleux et André Giraud —, et peu de créateurs. Le monde artistique est représenté par les comédiennes Maria Casarès et Jane Fonda — actuelle épouse de Ted Turner —, le violoniste Yehudi Menuhin et le réalisateur de télévision Claude Otzenberger, en même temps homme d'affaires du Commandant et futur directeur des programmes de France 2.

Multinationales et grands groupes industriels ne seront pas en reste. Quatre-vingt-douze d'entre eux participeront au financement de l'épée. Parmi ceux-ci : Pechiney, Fiat, Elf-Aquitaine, Rhône-Poulenc, Commissariat pour l'énergie atomique, Brevatome (Société française pour la gestion des brevets d'application nucléaire) et, bien entendu, L'Air liquide et sa filiale Aqua-Lung International[22].

L'académie a son rythme, une sage lenteur. Le 22 juin 1989, un an après l'élection, se déroule la cérémonie solennelle de réception, quai Conti. Là encore, le cérémonial ne laisse guère de place à l'imprévu. Il est « inusable[23] ». La tradition veut que le héros du jour soit pomponné comme un roi.

Ce jour-là, Cousteau paraît, entouré de sa famille et, en particulier, de son épouse Simone et de son fils Jean-Michel. Depuis le début de l'après-midi, un public nombreux s'est rassemblé devant les grilles de l'Institut. On applaudit le Commandant avec enthousiasme. Cousteau est visiblement ému. La voiture du nouvel académicien traverse la cour. Devant le perron de la Coupole, un détachement de la Garde républicaine rend les honneurs. Des dizaines de journalistes et de photographes se bousculent. Revêtu de l'habit vert et du bicorne, Cousteau tient à la main Excalibur, son épée de cristal de roche. Après le rite des photos, il va prendre place sur le banc des académiciens. À ses côtés, Léopold Sédar Senghor, ex-président du Sénégal, et Alain Decaux, le ministre historien de François Mitterrand. Commencent alors les allocutions, celle du récipiendaire suivi de la réponse, « deux discours sans surprise pour les académiciens, puisqu'ils les ont entendus le jeudi précédent dans le secret du comité de lecture[24] ».

Après l'hommage de Cousteau au professeur Jean Delay, c'est au tour de Bertrand Poirot-Delpech de lire sa réponse sous la forme d'un discours de bienvenue. Les deux hommes se connaissent bien. Ils ont en commun leur passion pour la mer. Le chroniqueur du *Monde*, ancien élève de Stanislas — promotion 1940 —, n'a pas caché sa joie lorsque le Pacha de la *Calypso* l'a invité à bord du célèbre navire pour préparer son discours. Le bateau était alors ancré en Thaïlande. Poirot-Delpech en rapportera des souvenirs émus : « Je ne suis pas près d'oublier votre extase muette, le soir où nous quittions Bangkok, devant un crépuscule de mousson, bouleversant, en effet, avec ses lueurs d'incendie jaune safran... » De son côté, le Commandant confiera à propos du journaliste écrivain : « C'est un type très sympathique. Il a conquis tout l'équipage. Expert en accordéon, Poirot a mis de l'ambiance, accompagné d'un plongeur qui jouait du saxo et d'un gabier polynésien à la guitare. Moi, je me suis déguisé en marlou sud-américain pour danser un tango avec un coussin dans les bras [25]. »

Mais revenons quai de Conti. En une heure, Bertrand Poirot-Delpech retrace la carrière du marin explorateur, « une aventure heureuse, désintéressée et, pour comble, utile ! ». Pour lui, Cousteau est avant tout un cinéaste. Poirot-Delpech reconnaît que « le fou d'images l'emporte sur le fou de mots ». Il explique : « J'ai dit que vous emportiez le public dans de l'aventure vécue : le vrai est que, sans tricher avec le réel, vous n'hésitez pas à arranger les choses. Vous qui supportez mal, dites-vous, la fiction chez les autres, vous êtes resté fidèle au petit Cousteau de treize ans, dont le premier film, loin de traquer la vérité, racontait des histoires. »

Poirot admet la « nécessité de récolter de l'image vendable » puisqu'il est un « professionnel du spectacle ». Et de préciser sa pensée : « Au documentaire qui retardait péniblement l'arrivée du grand film, dans les cinémas de notre enfance, et qui est mort d'ennui, vous avez substitué ce qu'on pourrait appeler le film d'"aventure vécue". Le caractère jamais vu de l'univers sous-marin vous aidait à capter l'attention, mais aussi sa morale et son esthétique immanentes, comme on le dit de la justice[26]. »

L'année même où il fait cette entrée remarquée à l'Académie française, Cousteau quitte la direction du Musée océanographique de Monaco après trois décennies de bons et loyaux services. En 1989, l'homme à l'habit vert a soixante-dix-neuf ans. D'après le règlement de l'institut, il aurait dû abandonner son poste depuis plusieurs années, plus précisément cinq ans plus tôt, les statuts exigeant que les directeurs partent à soixante-dix ans. Mais on peut obtenir une prolongation jusqu'à soixante-quinze ans. C'est le conseil d'administration de l'institut océanographique qui a accordé ces dérogations successives au Commandant. Ce conseil est alors composé de deux anciens ministres (Édouard Bonnefous et Alice Saunier-Seïté), de trois membres de l'Institut de France (Jean Dorst, Maurice Fontaine et Jean Roche), d'un délégué de la principauté (César Solamito) et d'un industriel : Jean Delorme, président depuis 1961 de ce conseil et P-DG de L'Air liquide qui, depuis 1945, commercialise le fameux détendeur Cousteau-Gagnan.

Pour la plupart des collaborateurs du Commandant, que nous avons contactés dans la principauté monégasque, le bilan de trente-deux ans de « règne coustellien » reste très mitigé. Hormis Mauricette Hintzy, responsable des relations publiques et inconditionnelle de l'homme au bonnet rouge, aucun des interlocuteurs n'a souhaité être cité nommément. Tous ne sont pas forcément critiques. « Je garde le souvenir d'un homme sympathique. Un grand bonhomme. Je suis ravi de l'avoir servi pendant quinze ans. J'ai rencontré des gens, j'ai réalisé des choses que je n'aurais pas pu faire sans lui. Un jour, il m'a traîné dans ses bagages aux États-Unis. Je ne servais à rien. On est allé visiter les locaux de la NASA. On nous a déroulé le tapis rouge. Ils nous ont montré le deuxième char d'assaut qu'ils avaient fabriqué pour aller sur Mars. Ils étaient très fiers de montrer cela à Cousteau. Le patron de la NASA s'était déplacé en personne pour le rencontrer [27] », nous dit celui-ci. « Il a une large ouverture d'esprit. Je l'ai vu accorder des interviews à des petits journaux parce qu'il les jugeait intéressants, sans *a priori* [28] », complète celui-là. « J'ai rencontré des gens de qualité, des gens de talent. Pour moi, Cousteau est plus que cela : il est un génie !... Comment le définir ? Cousteau est un excellent marin, un excellent plongeur, un excellent cinéaste, un excellent musicien, un bon chef. C'est un très bon écrivain. Il se débrouille pas mal dans plusieurs langues étrangères. Tout cela fait beaucoup. Je ne connais pas de gens qui ont toutes ces compétences. Des qualités hors du commun [29] », renchérit un troisième.

En revanche, d'autres collaborateurs, qui considèrent l'avoir servi avec loyauté durant de nombreuses années, jugent plus ou moins sévèrement son bilan. Leurs témoignages donnent une image moins positive de l'ancien patron :

« [...] En fin de compte, la dynamique créée au début a duré peu de temps. Trois à cinq ans au maximum. Après, on est retombé dans un ronronnement. D'autant plus qu'Alinat, son bras droit, n'avait pas le tempérament d'un fonceur. »

« [...] Contrairement à ce qu'il dit, il ne délègue jamais : il sous-traite ! Il y a une grande différence. Si je vous dis : ''Faites-moi tel travail'', cela s'appelle sous-traiter. Si, en revanche, je vous dis : ''Tenez, voilà le dossier, démerdez-vous !'' cela s'appelle déléguer. Cousteau n'a jamais délégué. Rien. À personne. Malgré sa confiance en Alinat, qui est d'une loyauté qu'on n'imagine pas ; il n'empêche que lorsqu'il fallait augmenter une femme de ménage, il fallait lui téléphoner à l'autre bout du monde. »

« [...] Il était temps qu'il parte ! On ne pouvait plus rien faire. Il n'était jamais là. Il passait un ou deux jours par mois à Monaco. Et lorsqu'il était présent, il occupait neuf dixièmes de la journée à d'autres affaires que celles du musée. Il s'occupait du bateau, de conférences à droite ou à gauche, d'installer un *ocean center* ici ou là, de visites au président de telle ou telle République, d'aller rencontrer Mitterrand pour entrer à l'Académie française... Bref, il avait cent mille soucis autres que le musée. »

« [...] Il arrivait souvent le vendredi soir ou le samedi matin. Il demandait à nous voir. Nous arrivions, Alinat et moi, avec des dossiers sous les bras. En fait de séance de travail, il avait invité deux cents personnes, des États-Unis, de Turquie, etc. On parlait de tout, sauf du musée. C'est vrai qu'ainsi j'ai rencontré des types fabuleux, des gens extraordinaires. C'était souvent marrant. Au bout d'un moment, on en a pris notre parti. Par la suite, je venais avec une petite fiche sur laquelle j'avais noté trois questions. Je les lui posais entre la poire et le fromage. C'était parfois risqué. Quand il n'avait pas envie de travailler, il n'aimait pas qu'on le dérange. Lorsqu'il était bien luné, il répondait à mes questions. Je remettais la fiche dans ma poche et on n'en parlait plus. Pour le reste, on se débrouillait sans lui. »

« [...] Cousteau avait deux casquettes : celle de directeur salarié du musée de Monaco et celle de la fondation dont il était le président. Il y a eu des interférences au début. Certains jeunes ingénieurs étaient sur des contrats Fondation, CNRS ou Institut français du pétrole. Mais ils travaillaient dans les locaux du musée. Ils nous demandaient parfois une clef de douze, du papier à dessin, etc. Cela a fini par prendre des proportions telles que notre conseil d'administration a mis le holà. »

« [...] Autre exemple, le jour où, bien modestement, Cousteau m'a demandé d'aller conduire son bateau à Athènes. Le capitaine de la *Calypso* était en congé. Il avait besoin en quelque sorte d'un conducteur d'autobus. J'ai accepté. Je suis allé passer huit jours en Grèce pour le dépanner. Le conseil d'administration m'a fait savoir que c'était la première et dernière fois, que j'étais payé pour travailler au musée et pas pour aller faire le zouave sur la *Calypso* ! »

Curieusement, la Fondation Albert-Ier de Monaco ne

conservera aucun souvenir du passage de celui que certains considèrent comme le père de la plongée moderne : pas la moindre bouteille de plongée, pas de détendeur ou d'appareil-photo. « La plupart des choses sont parties à la poubelle ou ont été empruntées par Paul ou Jacques et jamais rendues. D'une façon générale, le passé n'intéresse pas Cousteau : il travaillait pour le présent et pour l'avenir. C'était son côté agréable. Quand on faisait une sottise, on se faisait éventuellement engueuler, et ensuite on n'en parlait plus jamais. C'était passé, c'était fini. De ce point de vue, c'était assez enthousiasmant. »

D'après ces témoignages recueillis sur place, les relations entre le palais et Cousteau ont toujours été courtoises, à défaut d'être conviviales. On ne met pas deux divas sur la même scène, nous résume-t-on, en concédant que « le prince n'est peut-être pas une diva, mais [qu']il aime bien être le premier ». Il est vrai que les journalistes ne se privent pas d'en rajouter, poussant parfois Rainier à aller demander à Cousteau ses impressions sur tel ou tel sujet. Citons cette anecdote significative sur les relations entre les deux monstres sacrés du rocher. Elle se déroule lors de la visite que François Mitterrand a effectuée dans la principauté peu de temps après son élection à la présidence de la République. Lors de ce court séjour, un passage au musée s'annonçait obligatoire. Le cortège officiel arrive donc comme prévu avenue Saint-Martin devant l'entrée de l'immense bâtisse qui domine la mer. Après un moment passé dans la salle d'océanographie zoologique, le président descend au sous-sol, là où est installé le célèbre aquarium. On commence à s'agglutiner devant les bassins lorsqu'un officiel aperçoit le prince Rainier seul dans un coin. Il signale cette anomalie au commandant Philippe Roy qui estime de son devoir d'aller tenir compagnie à Son Altesse. « Tout le monde était collé à François Mitterrand, qui discutait avec Cousteau », se souvient en effet l'actuel secrétaire général du musée. Peu après, François Mitterrand et Jacques-Yves Cousteau sont dans l'ascenseur qui doit les amener au premier étage où ont été installés un ancien laboratoire du yacht *Hirondelle II*, des maquettes de navires océanographiques et une authentique baleinière. Le prince s'apprête à les suivre quand l'un des gorilles du président actionne, comme par surprise, la fermeture de la porte. Pas assez vite cependant pour empêcher le commandant Roy, un ancien nageur démineur, de bloquer le battant avec son pied tout en apostrophant le garde du corps trop zélé : « C'est Son Altesse, je vous prie de laisser cette porte ouverte ! » Là encore, le président et surtout le directeur du musée semblaient avoir totalement négligé la présence de Rainier...

L'arrière-petit-fils d'Albert Ier est finalement bon prince. Profondément meurtri par la mort tragique de la princesse Grace, il ne cache ni sa peine ni sa sympathie au Commandant lorsque Simone Cousteau vient à disparaître. C'est dans leur appartement monégasque, boulevard de Belgique, que « la Bergère » s'éteint brutalement le dimanche 2 décembre 1990, à l'âge de soixante-douze ans.

Simone avait désiré être « enterrée » en mer. Son souhait sera respecté. Ses cendres seront jetées au large de la principauté. Au musée, où elle se rendait souvent, l'épouse du Commandant a laissé de bons souvenirs : « Elle se mêlait des affaires du musée sans s'en mêler. Elle ne jouait pas la femme du patron. Elle demandait des nouvelles des uns et des autres. Ça s'arrêtait là. Elle intervenait, en revanche, beaucoup plus sur la *Calypso*. Là, elle n'était pas la femme du patron ; elle était *le* patron. Cousteau filait trente nœuds lorsqu'elle était sur le bateau. D'une façon générale, il filait toujours doux devant ''la Bergère''. Elle lui disait devant tout le monde : ''Jacques, arrête de dire cela, ce n'est pas vrai !'' Souvent, il se laissait prendre lui-même aux histoires qu'il racontait aux autres [30]... »

Personne ne conteste le rôle que Simone Melchior a joué pendant plus d'un demi-siècle dans la carrière et la vie de Cousteau. À commencer par le Commandant lui-même qui y fera systématiquement référence dans ses films et ouvrages. Le fidèle « Bébert » Falco reconnaîtra que « la Bergère », femme admirable, modeste et courageuse, a passé « plus de temps sur la *Calypso* que son illustre mari », de sorte qu'elle fut « la seule femme de marin à avoir attendu son époux en mer [31] ! ». Des mots simples pour l'âme de la *Calypso*, dont elle sera finalement le secret. L'éminence grise d'un explorateur cinéaste qu'on ne verra jamais apparaître à l'écran. Drôle de petite bonne femme à l'éternelle blondeur, qui ne supportait pas les présences féminines et dont le « grand œuvre » sera ses enfants, Jean-Michel et Philippe, et son époux pour la vie, Jacques.

Pour Jacques Rougerie, « Simone a fait Cousteau ». Et l'architecte des maisons sous-marines de nous expliquer : « Elle avait un pouvoir extraordinaire par sa présence. C'est elle qui gérait les affaires. "Gérer" dans le sens philosophique du terme. Ils ont fait un beau ménage. Simone a été le vrai grand bras droit de Cousteau. Elle avait une vision précise sur les missions. Elle savait comment amener un sujet, l'organiser. La femme parfaite pour un macho. Elle a voué toute sa vie à Cousteau. Elle a été son ombre, non parce que Cousteau l'a mise à l'écart, mais parce que c'est Simone qui l'a voulu ainsi. C'était une femme de tête. Elle a compris que pour travailler avec Cousteau, dans ce secteur très porteur, enrichissant, motivant, il fallait rester dans les coulisses. Je me souviens que sur la *Calypso* elle veillait soigneusement à ce qu'on ne la prenne jamais en photo. Si un flash partait trop vite, elle vous faisait promettre de ne jamais publier la photo. C'était une obsession. Simone n'a jamais voulu participer à des émissions de télé. Elle était toujours derrière la caméra. Elle surveillait tout.

« Le vrai Commandant, c'était elle. Simone dirigeait les expéditions, elle menait les hommes. Ils étaient les agneaux de Simone. Elle avait une tendresse pour "ses" hommes. Elle voulait toujours que tout se passe bien pour eux. Elle avait une tendresse énorme pour Falco. C'est elle qui a fabriqué Falco.

« Il faut reconnaître que "Bébert" est un homme exceptionnel. Un type hors du commun, comme les Américains les aiment. Un destin extraordinaire. Il s'est trouvé là au bon moment. Le contraire d'un arriviste. Poussé malgré lui dans ce destin. Il n'a jamais cherché à être le capitaine de la *Calypso*, n'a jamais voulu être en premier plan dans les films. Un garçon terriblement généreux, très grand modeste devant l'Éternel. Il a mérité sa chance. Il s'est donné toute sa vie. À tout moment, il est resté fidèle à Cousteau. "Bébert" possède un raisonnement extraordinaire. Un autodidacte parfait. Intelligent. Il a cette capacité de mettre en éveil, d'analyse, de regard. Il a parcouru le monde, l'aventure humaine à travers les siècles. Tout cela lui a donné une assise dont il est redevable à Cousteau. Il en a parfaitement conscience. Il l'a toujours su. Il a toujours été un inconditionnel mais pas un béni-oui-oui. Il savait parler à Cousteau, il savait trouver le mot pour obtenir quelque chose. Quelque part, Falco, c'est la conscience de Cousteau. Simone et Falco : deux rocs sur lesquels Cousteau s'appuyait. Ni l'un ni l'autre ne l'ont jamais freiné, n'ont entravé son évolution. Non seulement Cousteau a eu l'intuition du destin, de cette prémonition de l'homme et de ses préoccupations, mais il a su qu'il fallait compter sur quelques personnes. Et son génie est d'avoir su trouver ces personnes.

« Avec Tailliez et Dumas, c'était différent. C'est la légende, les "Mousquemers", etc. Tailliez est un homme merveilleux, qui ne dira jamais du mal de Cousteau. Ils représentent tous les trois une époque, un moment important de leur vie, mais, paradoxalement, ils n'ont pas réalisé ensemble les grandes idées de la conquête sous-marine. D'où la légère amertume qu'on remarque parfois chez Tailliez. C'est dommage que Cousteau n'ait pas eu la sagesse de se réaliser avec ces deux hommes. Le destin était fait pour que ces trois mousquetaires aillent jusqu'au bout. Chacun apportait des choses différentes. Dumas était l'homme solide. Il a essayé de suivre Cousteau, mais il n'a jamais su se positionner par rapport à lui. Cousteau non plus ne savait pas se situer à son égard. D'où ces petites gênes qui entraînent un malaise. Quelque chose ne fonctionnait pas. Il y a eu maldonne. Un peu comme ces couples qui se séparent. On ne sait pas qui dit vrai ou non. C'est très délicat. Je pense toutefois que Cousteau aurait dû confier un secteur à ''Didi'' : les maisons sous-marines ou autres. Tailliez aurait pu s'occuper de tout ce qui touche le propre de l'homme. Il a une très bonne analyse de l'être humain, de son évolution, de son destin, de son affaire avec la mer.

« Tailliez, c'est l'antistar. Cousteau jouait sur du velours. Il n'était pas l'homme de l'ombre, mais l'homme d'appui. Je suis convaincu que Tailliez et Dumas auraient tout à fait accepté qu'on mette Cousteau en avant. C'étaient des hommes équilibrés, qui connaissaient leur capacité. Ils auraient accepté d'être les premiers violons sous la baguette d'un chef d'orchestre. Cela aurait été une aventure humaine extraordinaire. Ils en rêvaient tous. Sauf Cousteau. Il n'a pas su fidéliser cette grande aventure. Il a joué sa carte.

« ''JYC'' est un stratège imbattable. Il a compris que pour ancrer son aventure, il lui fallait des supports : passer à la télé, montrer ses films, construire des bateaux performants. En même temps, je pense que dans la vie il faut dire la vérité. On peut choisir, certes, son moment. On peut aussi la dire d'une certaine façon. Il faut savoir dire que pour faire passer des messages, il faut de l'argent. Il ne faut pas être simpliste. Dans ce sens également, l'indépendance proclamée de Cousteau est très ambiguë. Il se passe des choses très subtiles. À mon avis, Cousteau a été toute sa vie un charmeur et un roublard. Un paysan roublard[32]... »

XIV

Les affaires (1991-1993)

« Je participe tous les mois aux réunions du conseil d'administration. Le Commandant est présent. Je peux vous dire qu'il est inquiet [1] », nous confie l'administrateur judiciaire du Parc océanique Cousteau au début de l'année 1992. Le cinéaste académicien, P-DG de la société qui gère son parc, n'a pas tort d'être tourmenté. Malgré divers plans de sauvetage et plusieurs sursis accordés par le tribunal de commerce de Paris, le Parc océanique Cousteau — le « POC » — accueillera ses derniers visiteurs le 2 novembre 1992, ses créances s'élevant alors à plus de cent vingt millions de francs, douze milliards de centimes ! Un échec cuisant pour l'homme au bonnet rouge, bien obligé de reconnaître une nouvelle fois que la nature ne l'a pas doté du sens des affaires.

Pourtant, tout avait bien commencé. Pour son futur centre, le Commandant s'était d'abord acquis l'adhésion totale de Jacques Chirac. À cette fin, il avait proposé au maire de Paris un court métrage d'une vingtaine de minutes qui présentait de manière plus attrayante son ambitieux projet, lequel tenait du parc d'attractions par la forme et du musée par le contenu. À la fin de la projection, Chirac ne cache pas son enthousiasme. Il décide d'offrir au plus populaire des Français le dernier emplacement libre du sous-sol des Halles, à proximité de la Bourse du commerce, soit plus de six mille mètres carrés de superficie pour un loyer symbolique de cent francs par an. Pour Cousteau, c'est l'euphorie : le rêve va enfin devenir réalité ! Voilà trente ans qu'il « planche » sur ce projet. Dans les années 1950, la municipalité de Marseille avait déjà accueilli favorablement la création d'un parc de ce type ! Elle avait même décidé de l'emplacement : le fort Saint-Jean. Mais les intentions s'arrêtèrent là, faute d'argent.

Quarante ans plus tard, le montage financier du « POC » se présente sous de meilleurs auspices. De sérieux investisseurs ont été contactés pour un projet global évalué à deux cents millions de francs. C'est d'abord la Caisse des dépôts et consignations qui accepte d'apporter 10 % des fonds. Puis c'est au tour du Crédit national, de la Compagnie du BTP — Bâtiment et travaux publics — et d'hommes d'affaires libano-saoudiens d'investir dans l'affaire. Nous sommes alors en 1986. Le coup d'envoi ne va pas tarder à être donné.

Le 30 juin 1989, le « POC » ouvre ses portes. De nombreux officiels sont présents pour l'inauguration. Six mois plus tard, c'est la consécration : Brice Lalonde, le secrétaire d'État à l'Environnement que Cousteau ne porte pourtant pas dans son cœur, y organise un colloque sur le thème : « L'écologie et le pouvoir ». François Mitterrand et son Premier ministre, Michel Rocard, apporteront leur caution à l'événement [2].

Les spectateurs commencent à arriver peu à peu. Tout a été prévu pour les éblouir : épave engloutie, forêt d'algues géantes, film sur écran panoramique, espace pour les enfants, jeux interactifs, baleine bleue grandeur nature, panneaux pédagogiques et spectacles audiovisuels, plongeurs à travers les âges, et même des conversations avec le Commandant. Trente réponses aux questions le plus souvent posées sur le monde marin et les expéditions Cousteau : pourquoi portez-vous un bonnet rouge ? Qui était Calypso ? Quelles sont vos relations avec Monaco ? Puis, trente questions dont les réponses se veulent une représentation de la « philosophie » du Commandant. Elles concernent aussi bien l'origine de la vie sur terre que l'instruction et l'éducation en cette fin du XXe siècle.

L'originalité du projet, que certains présentent malgré tout comme une « formidable autopromotion [3] » — un véritable musée à la gloire personnelle de l'océanographe —, réside dans le fait qu'il n'y a pas un seul animal vivant. À une époque où les enfants absorbent plusieurs heures de télévision chaque jour, il faut du spectacle audiovisuel, expliquent Jean-Michel Cousteau et son père, pour lesquels il s'agit en l'occurrence de réconcilier distraction et enseignement.

Les bonnes intentions ne suffisent pas. Malgré la publicité et la magie du nom, force est de constater rapidement que l'aventure Cousteau au cœur de Paris fonctionne mal. Des résultats décevants : quatre cent mille visiteurs seulement, alors qu'on en attendait un million, peut-être même deux. Pourquoi cette désaffection ? cette bouderie du public ? Erreur de marketing et mauvaise conception du projet, expliquent les spécialistes. Deux raisons auxquelles il faut ajouter un prix d'entrée trop élevé : soixante-quinze francs par adulte et cinquante francs pour un enfant (de quatre à onze ans).

« L'étude de marketing a été réalisée par des experts américains, susurre cet observateur bien au fait du projet. Ils ont travaillé comme ils travaillent aux États-Unis. Ils ont pris une carte, une pointe de compas. Ils ont mis le centre dans le Forum des Halles. Ils se sont dit : "Trente minutes de métro, c'est cinq millions de Parisiens ; une heure de voiture, dix millions de Franciliens ; à plus de cinq cents kilomètres de Notre-Dame, *x* millions d'Européens ; et à des kilomètres d'avion, c'est Bruxelles, La Haye, Rotterdam, Berlin et Barcelone !" C'est, en effet, ainsi qu'on raisonne aux États-Unis. Mais la France n'est pas l'Amérique...

« Par ailleurs, poursuit notre interlocuteur, les concepteurs ont cru astucieux de faire appel à un type de chez Walt Disney pour écrire leur scénario. Ça n'a pas marché non plus.

Des requins en carton, ça ne marche pas. Ça n'intéresse personne, et surtout pas les gosses. » Cette remarque d'un homme averti recoupe les nombreux témoignages recueillis auprès de jeunes visiteurs, déçus par les décors artificiels, où « il n'y a pas une vraie goutte d'eau ni un vrai poisson[4] ».

Résultat : le marasme financier, la faillite. Deux ans après son ouverture, le « POC » se retrouve en redressement judiciaire. Le dépôt de bilan est inéluctable. Les anciens actionnaires renoncent à suivre Cousteau dans une relance du musée. Le rêve du Commandant est brisé. Un rude coup pour le clan, d'autant que l'aventure désastreuse du *Queen Mary* (évoquée au chapitre XI de ce livre) ne semble pas avoir servi de leçon[5]. De nombreux observateurs français et américains suivent de près la faillite annoncée. Certains commencent à se pencher sur les « méandres de l'empire du silence[6] ». Par exemple, on constate qu'aux États-Unis The Cousteau Society se fait fréquemment réprimander pour l'opacité de ses comptes.

Faisons la part des choses. À l'instar des autres organisations de défense de l'environnement, The Cousteau Society vit grâce aux cotisations des adhérents[7]. Celles-ci représentent environ 40 % de son revenu annuel, qui tourne ces dernières années aux alentours de quinze millions de dollars[8]. En tant que « *not-for-profit organization* », la *society* est régie sous la loi 402 des entreprises à but non lucratif de l'État de New York. Parmi les avantages reconnus, l'exonération de l'impôt fédéral sur le revenu n'est pas l'un des moindres. En revanche, aux organisations de respecter certaines règles, notamment en ce qui concerne la collecte des fonds. Pour faire appel à la générosité, elles peuvent investir en publicité, *mailing*, messages télévisés, bref tout ce qui leur permet de se faire connaître, mais jusqu'à 25 % de leurs revenus. Ce dont ne se prive pas The Cousteau Society, qui utilise abondamment le procédé du *mailing*. Au-delà des limites prévues même. Tant et si bien que le National Charities Information Bureau[9] — le NCIB —, chargé de contrôler le fonctionnement financier des organisations, est obligé à plusieurs reprises de la rappeler à l'ordre. Le dernier rappel en date remonte à l'année 1990, au cours de laquelle les dépenses de The Cousteau Society pour sa collecte des fonds se sont élevées à 35 % des sommes recueillies ! Un léger mieux par rapport à l'année précédente où le *fund-raising* (« collecte de fonds ») a représenté 40 %, soit trois millions cinq cent mille dollars (vingt millions de francs)... « Exorbitant », souligne-t-on au NCIB.

Les commentaires acides de l'organisme de contrôle ne s'arrêtent pas là. On souligne les imbrications familiales au sein des différentes affaires de The Cousteau Society : elles visent le Commandant, président de l'association ; Jean-Michel, qui occupe le poste de vice-président ; sa femme Anne-Marie, employée par la *society* comme photographe. Pour le NCIB, ces « conflits d'intérêts » nuisent à l'indépendance de l'association.

Parmi les autres éléments retenus : un prêt accordé au responsable du personnel salarié de The Cousteau Society et les émoluments versés à Loeb and Loeb. En 1990, The Cousteau Society a payé pour des prestations légales 279 163 dollars à cette société dans laquelle est également *partner* — « associé » — le secrétaire général et conseiller juridique de l'association...

Mauvaise volonté ou simple négligence, The Cousteau Society ne produira pas son rapport d'activités pour l'année 1991, se mettant ainsi de nouveau en contradiction avec les exigences du NCIB.

Comme sa grande sœur d'outre-Atlantique, le fonctionnement de la Fondation Cousteau est assuré par les cotisations d'adhérents. Elle ne néglige pas non plus des activités purement commerciales, comme nous l'avons vu avec la création du « POC ».

De par ses statuts, la Fondation Cousteau est une association selon le type 1901, c'est-à-dire à but non lucratif. Une appellation non réglementaire : l'usage du terme « fondation » est en effet réservé à des institutions patrimoniales ou dites d'« entreprise ». Ce qui vaut à la Villa Wagram de vertes remontrances, la préfecture de la Seine la contraignant à un changement de nom à compter du 1er janvier 1992. Cette exigence, le bureau exécutif de la fondation s'y soumet de mauvaise grâce, effectuant une « pirouette », du propre aveu de son directeur financier Henri Jacquier. Celui-ci lui permettra de se dénommer dorénavant « Équipe Cousteau[10] ».

Officiellement, le nombre de ses adhérents est de quatre-vingt-dix mille[11]. Encore faut-il s'entendre sur ce décompte, comme je l'ai involontairement expérimenté en plongeant dans un autre monde du silence, celui des chiffres.

En décembre 1991, je souscris un abonnement annuel à la revue *Calypso Log*, soit un montant de quatre-vingts francs, auquel il faut ajouter le prix de deux anciens numéros, soit un total de cent francs versés en échange d'une facture. Rien d'anormal en somme. Jusqu'au jour — le 31 janvier 1992 — où je reçois à ma grande surprise un reçu officiel nominal, paraphé par la secrétaire générale de l'association, Élise Coenca, qui « reconnaît avoir reçu à titre de don et de cotisation déductibles pour l'année 1991 la somme de cent vingt francs ! Les anomalies sont ici flagrantes. Un : il y a maldonne sur le montant versé. Deux : il y a erreur sur la nature de ce versement, qui faisait de moi — *via* un abonnement — un nouvel adhérent de l'Équipe Cousteau. N'insistons pas sur le mauvais tour que j'aurais pu jouer à mon percepteur en faisant déduire de mon imposition les 40 % légaux...

Des chiffres, encore. Bien plus importants : le compte d'exploitation officiel de l'ex-fondation pour l'année 1990 fait apparaître une entrée de plus de dix millions de francs sous le label « Cotisations ». Dons et legs ne sont pas négligeables. Pour la même année, ils représentent six millions de francs. À ces sommes, il faut ajouter d'autres ressources comme les honoraires de conférences, des versements de The Cousteau Society, et autres « produits » non précisés. Bien entendu, recettes et dépenses sont parfaitement équilibrées, comme l'exigent les statuts d'une association 1901.

Soit, toujours pour l'année 1990, un total de vingt et un millions de francs.

Après les recettes, voyons les dépenses. Elles se ventilent en frais de personnel, *mailing*, routage, en entretien des bateaux et autres « recherches fondamentales appliquées en propulsion éolienne ». C'est dans le cadre de ces recherches qu'est créée en 1984 une société commerciale dénommée Énairgie, dont le siège est celui de l'ex-fondation, au 233, rue du Faubourg-Saint-Honoré. Parmi les créateurs de cette société chargée de l'exploitation industrielle de « toute réalisation utilisant une énergie naturelle et de tout brevet ou autre droit s'y rapportant », on retrouve aux côtés du Commandant quelques membres du pré carré de l'association : le commandant Jean Alinat, Élise Coenca, et trois autres Jacques : Mauger, Miot et Scherrer. Les affaires de la société ne sont guère prospères. Lorsque l'actif net de la société deviendra inférieur à la moitié du capital social, on intronisera Henri Jacquier comme gérant. En juin 1990, celui-ci décide de réduire ce même capital de deux cent cinquante mille francs à cinquante mille francs ; et, dans la foulée, de diminuer le nombre d'actions en vue de la transformation de la société en SARL, la fondation possédant la quasi-totalité du nombre de parts décidé.

Officiellement, le Commandant ne perçoit aucune rémunération de l'association, qui prend toutefois en charge les frais de déplacements de cet infatigable globe-trotter. Les droits d'auteur concernant les livres et les films signés par Jacques-Yves Cousteau sont versés dans les caisses de l'association. Impossible d'obtenir les chiffres précis de ces droits et autres *royalties*. J'aurais, par exemple, été curieux de savoir à combien s'élève le droit d'usage du nom « Cousteau » et de l'image du Commandant à l'éternel bonnet rouge dans les publicités commerciales publiées dans les hebdomaires de télévision et autres revues spécialisées comme *Le Monde de la mer* ou *Le Monde des océans*...

Pour le compte de maisons d'édition, Cousteau propose

aux enfants d'apprendre tout en s'amusant. Il vante ainsi des fiches qui « rassemblent toute une vie d'expérience et de découvertes ». Ces ventes, uniquement par correspondance, utilisent toutes les ficelles du marketing. Slogans : « Douze fiches Cousteau pour cinq francs seulement » ; « Gratuit pour vos enfants : autocollants et Pin's ». La collection entière de « La planète Océan » est ainsi périodiquement réactualisée et rééditée. Bien entendu, l'examen des ouvrages est « totalement gratuit et sans la moindre obligation d'achat ». Un bon à retourner « très vite » afin de profiter de tous les avantages est joint. En cas d'achat, les envois de chaque volume seront bien entendu facturés environ deux cents francs... (Prix indicatif pour un exemplaire de « La planète Océan »). Ce système de vente très répandu n'exclut pas cependant certaines pratiques commerciales contestables, parmi lesquelles le racolage téléphonique auprès de mineurs.

50 Millions de consommateurs lève le lièvre en 1990. La revue de défense des consommateurs raconte : « 23 novembre, 12 h 15, le téléphone sonne chez Marie-Pierre R. Une inconnue demande à parler à son fils mineur. Renseignements pris, l'appel avait pour but de le convaincre d'acheter une nouvelle série de fiches animalières du commandant Cousteau (publication Larousse). Diverses offres faites par courrier les semaines précédentes n'avaient pas suffi à provoquer cet achat. Il fallait donc employer les grands moyens. Le procédé n'a pas été du goût de Mme R., et elle l'a fait savoir à son interlocutrice. Laquelle n'a pas insisté davantage. Il n'empêche. Que se serait-il passé si, absente de son domicile, ce n'avait pas été Mme R. qui avait reçu l'appel, mais son fils ? [...] Qu'en pensent les pouvoirs publics ? demande Mme R. Et le commandant Cousteau, sommes-nous tentés d'ajouter, lui si soucieux de la protection des enfants (rappelez-vous l'affaire des "crados") ? Car, hélas ! la publication en question porte son nom [12]. »

Face à ces pratiques pour le moins discutables, comment ne pas s'interroger : cause noble entre toutes, la défense de la nature implique-t-elle des biais aussi peu édifiants ?

Jacques-Yves Cousteau s'est toujours félicité de son indépendance financière. C'est oublier les nombreux crédits publics qui lui ont été accordés dans le passé et, récemment encore, pour le projet de navire d'exploration *Calypso II*. D'ores et déjà, le coût des premiers essais, d'un montant de cinq cent mille francs à un million de francs, a été pris en charge « en cadeau » par le ministère de la Défense [13].

Le Commandant a toujours refusé le *sponsoring* — l'affichage de marques commerciales — pour ne retenir que le mécénat : « En France, on n'arrive pas à s'entendre là-dessus. On mélange trois choses distinctes : le mécénat, un acte désintéressé, autrement dit le milliardaire Guinness m'offrant en 1950 un ancien dragueur de mines qui deviendra mon navire océanographique, la *Calypso* ; puis vous avez la promotion, qui est très développée en Amérique et ignorée en France ; c'est une grande compagnie X qui donne des millions à l'Opéra pour monter un spectacle et qui se paie des pages dans les journaux pour dire : moi, X, j'ai financé ceci... ; enfin, il y a la publicité que les Français appellent *sponsoring*, avec des marques de produits sur les voiles... Les Français comprennent tout sauf la promotion. Il n'y a guère que Rhône-Poulenc. À la Fondation Cousteau, nous refusons toute publicité, tout *sponsoring*, mais nous acceptons la promotion. Moi, je ne fais pas de la pub, mais de la communication [14]. »

Apportons une nuance à cette dernière affirmation. Des exceptions, il en existe, que des mauvaises langues pourraient baptiser « publicités clandestines ». D'abord, le matériel photographique japonais Nikon qui se glisse furtivement dans plusieurs scènes intérieures des séries documentaires. Ensuite, le nom Iveco, c'est-à-dire Fiat, qui apparaît en gros plan pendant plusieurs minutes dans les films intitulés *Amazonie, rivière d'or* et *Un avenir pour l'Amazonie* [15]. Vu la répétition du plan — trente-deux apparitions distinctes du nom Iveco dans le second documentaire ! —, la publicité pour cette marque de camion semble ici délibérée. D'autant qu'Iveco est associé sur l'image à l'emblème vert et blanc de la fondation ; mieux : à la personne du Commandant qui apparaît aux commandes du camion avec le commentaire suivant : « Cousteau est surtout désireux d'essayer lui-même le camion amphibie. Un véhicule expérimental capable de rouler à cent km à l'heure et de naviguer à dix km à l'heure[16] »...

Les remerciements du constructeur ne tarderont pas. C'est en tout cas ce que suggère avec une grande honnêteté Antoine Scotto, l'ancien directeur du chantier naval de Sanary où fut construit le fameux *Moulin à vent* quand il nous raconte : « Pour le bateau, nous avions besoin de deux gros moteurs diesel. J'étais concessionnaire Fiat. J'ai fait des offres de service à l'équipe Cousteau. Bertrand Charrier m'a dit que ce n'était pas la peine de m'en occuper. Qu'ils allaient eux-mêmes s'en charger. J'ai demandé s'ils avaient des réductions. Charrier m'a répondu : "Nous, on veut avoir les moteurs pour rien !" À une époque, l'équipe a effectué une expédition avec une voiture amphibie en Amazonie. Le véhicule était un Iveco. Comme ils connaissaient bien Iveco, ils ont donné un coup de téléphone en Italie et, quinze jours après, j'avais les moteurs[17]. »

Les promoteurs que revendique le Commandant sont nombreux. Ils figurent en général dans les génériques de fin de ses films où ils sont remerciés pour « leur aimable assistance ». Nous en avons dressé une longue liste, non exhaustive : Zodiac of North America, Johnson Outboards, Nikon Inc., Ansett Airlines of Australia, Budget Rent-a-Car, Flag International, Quantas Airlines, The Cascade Brewery Co, les compagnies de navigation aérienne Varig et Fawcett, les communications par satellite Comsat, Detroit Diesel Allison Corp., Harris RF Communications, Scientific Radio System Inc., Repco Inc., Marine Development Corp., Mobile Refrigeration Inc., Sun World of Florida, AC Electronics, General Motors Corporation, Deept Ocean Work Systems, Omega Oceanographics Inc., General Oceanographics Inc., International Hydrodynamics Company Ltd, Lockheed Missiles et

Space Company, North American Rockwell Space Division, Reynold Metals Company... Bref, une belle brochette de sociétés industrielles auxquelles il faut ajouter pour leur « gracieux concours » bon nombre d'offices du tourisme : Brésil, Mexique, Pérou, Australie, etc.

Sans doute les expéditions aux quatre coins du monde et la production de films coûtent-elles cher. Le producteur Ted Turner est bien placé pour le savoir ; il a financé pendant plusieurs années l'équipe Cousteau avant de se plaindre : « Ça m'a coûté ma chemise [18] ! », s'écriera-t-il sans préciser toutefois combien la vente des films dans le monde entier lui avait rapporté.

Les cadres de la Turner Broadcasting, comme leur patron, ont le sentiment que les dépenses globales de la société Cousteau sont exhorbitantes. Ils ont chiffré les coûts de production d'une émission à neuf cent mille dollars — cinq millions de francs environ —, soit trois fois et demie plus que ceux utilisés par Turner pour la National Audubon Society. Orfèvres en matière de télévision, ces hommes d'affaires américains ne sont pas les seuls à constater le prix de revient élevé des productions Cousteau. Un réalisateur français reconnaît qu'« un film Cousteau revient entre cinq à dix fois plus cher qu'un film de National Geographic ! » Et d'ajouter que selon lui « les films de National sont autrement mieux faits ». Un autre cinéaste, éphémère collaborateur du Commandant, tentera de mettre bon ordre à ce qu'il considérait être « un gaspillage, une gabegie incroyables ». Sans succès.

C'est en 1986 que Ted Turner décide de mettre fin à sa collaboration avec le Commandant. The Cousteau Society rachète alors les droits télévisés à l'homme d'affaires d'Atlanta. Jacques-Yves Cousteau charge Claude Otzenberger de négocier le fonds, alors estimé à deux cents millions de francs. L'ancien réalisateur de télévision et futur directeur des programmes de France 2 contacte la banque Worms, laquelle accepte de récupérer la production Cousteau. Pour la circonstance, elle crée les sociétés Amaya Films et Amaya

Distribution, sises rue du Petit-Musc à Paris, à la même adresse que Caméras Continentales, société de production finalement retenue pour gérer le fonds Cousteau au détriment du groupe Carat des frères Gross. Ceux-ci espéraient bien prendre ce « fromage énorme », me souffle-t-on. Dans les mois qui suivent, le patron de Caméras Continentales, l'ancien éditeur Alain Moreau — qui embauche dans la foulée Claude Otzenberger —, n'a qu'à se réjouir de son choix. Chez Worms, on ne cache pas non plus sa satisfaction. L'un de ses cadres affirme : « C'est un excellent placement. Les films Cousteau sont des productions sans risques financiers. On est sûr de les vendre aux télévisions avant de les tourner [19]. »

Livres, films, centres de loisirs sont les parties les plus visibles des affaires commerciales du commandant Cousteau. Il en existe d'autres, beaucoup moins apparentes, au sujet desquelles le Pacha de la *Calypso* montre une singulière discrétion. Normal, pourrait-on ajouter, puisqu'elles relèvent pour une large part de la Défense nationale...

Tout commence en 1943 avec l'invention du détendeur Cousteau-Gagnan, ultime et révolutionnaire mise au point du scaphandre autonome. Après avoir été brevetée, la trouvaille des deux compères est commercialisée sous le nom barbare de CG45 par L'Air liquide, dont l'un des directeurs n'est autre que le beau-père du Commandant, Henri Melchior.

Créé en 1902, L'Air liquide, sous l'impulsion de la famille Delorme et grâce à d'ingénieux inventeurs, va vite devenir le numéro un mondial des gaz industriels, sous toutes leurs formes. (En 1991, le groupe français avec cinq cent cinquante usines réparties dans cinquante-neuf pays a réalisé un chiffre d'affaires de trente et un milliards de francs, soit un bénéfice de quatre milliards.) À ses nombreuses activités, L'Air liquide ajoute donc en 1946 celle de la plongée sous-marine avec la création de la société Spirotechnique. Au fil des années, la plongée sportive, grâce au scaphandre autonome, commence à faire des émules, notamment aux États-Unis où voit le jour l'US Divers, le versant américain de la Spirotechnique. À la fin des années 1950, la compagnie américaine, installée à Santa Anna, en Californie, propose à Cousteau de prendre la tête de la société.

L'explorateur cinéaste, qui vient de recevoir une palme d'or à Cannes et d'obtenir la direction du musée de Monaco, n'est pas très chaud. Il en parle à son ami Henri-Germain Delauze. Les deux marins se sont connus à l'époque des premières missions de la *Calypso*. De retour de Cuba, le Marseillais Delauze avait déjà en tête la création de la COMEX. Il décline l'offre alléchante de Cousteau. « Je lui écrivais trois ou quatre lettres par an, nous raconte Delauze. Des correspondances professionnelles. Je suis allé le voir à Monaco pour lui annoncer que je voulais créer ma boîte. Il n'avait pas commencé encore ses plongées profondes, qui débuteront un an plus tard. Il m'a dit que mon idée de COMEX était des conneries, que la plongée dans le monde, ce sont les marines nationales. Donc qu'en France c'était la Marine nationale. Qu'est-ce que j'allais faire avec mon caisson ? Pourquoi gaspiller mon argent ? "En revanche, ajoute-t-il, je vous offre l'US Divers." Je lui ai répondu que cela ne m'intéressait pas. Il s'agissait de négoce de produits sportifs : détendeurs, blocs bouteilles, gilets de compensation, instruments de mesure, torches, pales, masques, tubas, poignards, etc. [20] »

Après ce refus, Cousteau accepte finalement le poste de *chairman of the board* — président du conseil d'administration — de l'US Divers, entreprise qui va bientôt fabriquer 50 % des équipements de plongée sous-marine vendus aux États-Unis... « *Chairman of the board* ne veut pas dire P-DG de l'exécutif », poursuit Delauze, qui me précise que son ancien ami reçoit 5 % de *royalties* sur l'ensemble du chiffre d'affaires mondial de L'Air liquide dans le domaine de la plongée sportive, autrement dit du holding Aqua-Lung (poumon aquatique), nouveau terme générique sous lequel sont rassemblées une vingtaine de sociétés commerciales à travers le monde.

Aqua-Lung International comprend deux départements : les fabricants de matériels et les distributeurs. Ces derniers sont installés au Royaume-Uni, en Allemagne, au Benelux, en Australie, en Nouvelle-Zélande, au Canada et au Japon. Selon leur zone géographique, ils inondent le monde entier de matériels fabriqués par US Divers, Sea Quest, Deep See, Technisub ou Spiro. Il s'agit souvent du même produit qui change de nom par rapport au pays où il est vendu. « Dans la gamme actuelle vendue en France, on a ce détendeur de l'US Divers appelé Mitra. Une première partie de ce produit — on dit stage — est fabriquée ici. Le second étage l'est en Amérique. Le produit vendu est donc moitié français, moitié américain. Il s'appellera US Divers aux États-Unis, et Spirotechnique ici », m'explique-t-on, en précisant que dans toutes les sociétés des bureaux d'études sont chargés de réaliser ces mariages.

Aqua-Lung International est actuellement le numéro un mondial sur le marché des équipements de plongée avec un chiffre d'affaires de quatre cent cinquante millions de francs en constante augmentation.

Cette croissance appréciable forcera la Spiro — ou Spirotechnique —, premier fabricant de l'Hexagone, à déménager à plusieurs reprises. L'entreprise sera successivement implantée à Boulogne, Paris, Levallois, Crépy et enfin Nice. L'usine et le siège social sont en réalité installés dans la zone industrielle de Carros, à quelques kilomètres de la capitale de la Côte d'Azur. C'est là que je me rends en avril 1992.

Le bâtiment est plat, allongé. Deux modestes panneaux présentent les lieux Spirotechnique et L'Air liquide. Dans le hall d'entrée, une aimable standardiste m'accueille. J'évoque le commandant Cousteau. On me répond que, depuis deux ans, ses visites sont moins fréquentes.

La société emploie soixante-seize personnes. Je demande à rencontrer l'un des responsables. Dans ce même hall, trois diplômes ont été affichés. Deux d'entre eux concernent des premiers prix remportés lors de concours d'entreprises régionaux « Initiative et Qualité ». Le troisième, à l'en-tête du ministère de la Défense, est une certification RAQ-2 délivrée par le service de la surveillance industrielle de l'armement, chargé de contrôler la qualité des produits fournis. J'apprends ainsi que la Marine nationale est cliente de Spiro, seule entreprise française fabriquant du matériel de plongée à avoir obtenu cette certification. J'ai terminé ma lecture lorsqu'on me dirige vers le directeur du marketing, Mike Busutelli. Ce dernier me confirme que Jacques-Yves Cousteau fait bien partie des administrateurs de la société. Un extrait K-Bis du tribunal de commerce de Grasse me précisera même que le Commandant se fait domicilier boulevard de Belgique à Monaco. Une préférence que j'avais déjà constatée pour le Parc océanique des Halles.

Des liens privilégiés entre la Spiro et la Royale, le responsable de la société ne fait certes pas un secret Défense. Il se montre même très disert en m'expliquant : « Nous avons ici des spécialistes des questions militaires. Ils travaillent dans un département appelé "PRO". L'armée représente près de 50 % de notre chiffre d'affaires. Il s'agit principalement d'appareils à oxygène, mélange, etc. Bien entendu, nos normes correspondent aux exigences imposées par le gouvernement français. Nous sommes le plus grand fournisseur de la Marine nationale et des plongeurs de l'armée de terre française. La Royale n'est pas notre seule cliente. Nous travaillons avec une cinquantaine d'autres marines dans le monde.

« On vend où on a le droit de vendre. On a des pays avec lesquels on a des relations amicales. Puis cela varie. De livrer aujourd'hui du matériel à la Libye serait difficile[21], mais cela sera possible une fois les relations redevenues normales...

« Au plan statistique on ne peut rien dire, car dans ce domaine les prévisions sont difficiles. Les marines peuvent n'avoir besoin de rien pendant cinq ans et réclamer des fournitures en quantité importante dans un délai rapide. Dans ce sens, le marché sportif est plus facile à suivre. Il est assez régulier, alors que le marché militaire dépend des événements internationaux, variant d'une année sur l'autre. En 1991, pour la guerre du Golfe, toutes les marines ont dépensé pas mal d'argent. Leurs budgets avaient été substantiellement augmentés [22]. »

Ainsi, le commandant Cousteau se retrouve à la fois administrateur et figure emblématique de la Spirotechnique, principal fournisseur de la Marine nationale. Voilà une position bien singulière pour ce partisan acharné de la paix. L'affaire prendra des allures cocasses quand j'aurai révélé que le nom de Cousteau est associé aux appareils de plongée à l'oxygène pur — Fenzy — qui fonctionnent « en circuit fermé » durant trois heures, autrement dit sans faire de bulles. Une spécialité de la Spiro, dont les nageurs de combat français ont fait un accessoire idéal pour leurs actions clandestines [23]. La plus retentissante d'entre elles n'étant autre que le sabotage, en 1985, du *Rainbow Warrior*... de l'association Greenpeace !

Selon notre interlocuteur, l'image de l'ancien officier de marine explorateur cinéaste est indissociable des produits Spirotechnique ou US Divers. Elle joue un rôle promotionnel plus important aux États-Unis qu'en France. Les liens commerciaux entre la société et la famille Cousteau y sont plus étroits. « Le Commandant et Jean-Michel font la promotion du matériel grâce aux films diffusés à la télévision. Prenez le catalogue de l'US Divers : vous voyez des photos de matériels et des images des films de l'équipe Cousteau », me conseille-t-on.

Feuilletons, en effet, le catalogue 1992 des produits de l'US Divers. Sur la couverture, un couple de plongeurs équipés de matériels multicolores, surmontant une photo du *chairman of the board* coiffé de son mythique bonnet rouge. À l'intérieur, des présentations de toute la gamme de produits, marques déposées comme Cousteau SBC, Calypso SBC (gilets compensateurs) et autres Military Wetsuit [24].

Sur la dernière page de ce catalogue commercial, on note une magnifique photo en couleurs du Commandant au milieu d'enfants d'un pays du tiers monde ; puis un texte rappelant les grandes lignes de la « Charte des droits pour les générations futures » : il surmonte un bulletin d'adhésion à The Cousteau Society : vingt ou vingt-huit dollars, au choix...

Charité et *business* : un débat éternel. Pourquoi de nobles missions ne pourraient-elles être compatibles avec certaines réalités commerciales ? s'interrogent mes interlocuteurs les plus magnanimes à l'égard du « cas » Cousteau. Henri-Germain Delauze, l'un des plus anciens rivaux du Commandant, fait partie de ceux-là. « L'essentiel est de jouer le jeu avec un maximum de vérité et de transparence[25] », m'explique-t-il. Une attitude et une volonté qui ne semblent pas avoir été une constante chez celui qu'on va bientôt dénommer *Captain Planet*...

XV

Captain Planet (vers l'an 2000)

« C'est mon héros, un homme qui a plus de pouvoir que bien des chefs d'État. Je vous présente le *Captain Planet*[1] ! » Au moment même où il termine cette louangeuse présentation, le patron onusien du Sommet de la Terre, Maurice Strong, fait signe à Jacques-Yves Cousteau de le rejoindre. Le Français s'approche du podium hérissé de micros, au cœur de cette salle du Centre de convention. Il sourit aux nombreuses personnalités présentes, parmi lesquelles son ami Fernando Collor, le président du Brésil, assis à côté du roi de Suède Carl Gustav. Derrière ces éminentes figures, plusieurs milliers de délégués venus du monde entier pour redéfinir l'avenir du monde en matière d'environnement.

Après quelques tergiversations, Cousteau s'est finalement envolé pour Rio de Janeiro au début du mois de juin 1992. L'explorateur a accepté d'être l'une des dix personnalités invitées par le ministre français de l'Environnement, Ségolène Royal. Cette dernière tiendra à honorer le célèbre Commandant dans les salons de l'hôtel Méridien dont la vue embrasse la splendide plage de Copacabana. Mais la fête sera gâchée quand l'homme au bonnet rouge dira clairement ce qu'il pense de la présence en rade de Rio du *Rainbow Warrior II*, le navire de l'association Greenpeace. Pour montrer toute sa désapprobation, le voici qui déclare de façon provocante : « Je suis l'anti-Greenpeace ! » L'anti-Greenpeace, un titre qu'on aurait cru réservé jusque-là au regretté Charles Hernu !

Pourquoi cette soudaine attaque contre ce mouvement écologique que le Commandant a pris soin de ne jamais critiquer de front ? Peut-être le simple dépit de constater la présence du *Rainbow Warrior II* alors que la *Calypso* est absente, avance l'envoyé spécial du *Monde*, Roger Cans[2].

Il est vrai que, depuis plusieurs mois, le patron de The Cousteau Society n'a pas ménagé sa peine, multipliant déclarations et coups médiatiques afin de ne pas être « doublé » par d'autres ONG — organisations non gouvernementales — ni fondu dans la masse de cette réunion planétaire à laquelle doivent assister cent soixante-quinze chefs d'État et plus de dix mille participants.

Prenant les devants, Cousteau rencontre dès décembre 1991, à Brasilia, le président Fernando Collor de Mello. Celui-ci ne sait pas encore qu'il devra quitter sa fonction un an plus tard à la suite de graves accusations de corruption.

Les deux hommes semblent alors sur la même longueur d'onde. « Nous ne pouvons tolérer, dit Collor à Cousteau, que Rio ne soit qu'une conférence de plus où sera débattu le problème de la dévastation de la planète. Pour que la conférence soit un succès, nous devons insister pour que les chefs d'État y assistent et soient prêts à discuter de questions difficiles[3]... »

Message reçu. Dans le même esprit, l'océanographe se rend à Washington afin d'encourager vivement George Bush à assister à la conférence[4]. Des membres de l'entourage de Cousteau vont jusqu'à affirmer que c'est bel et bien le Commandant qui l'a convaincu de s'y rendre. Possible. Bush était effectivement présent, mais, à six mois de l'élection présidentielle, des considérations électorales ont probablement joué un rôle plus déterminant dans le choix du candidat président républicain.

Protocole oblige, le patron de The Cousteau Society ne participera pas aux rencontres officielles des chefs d'État ou de gouvernement rassemblés pour ce premier show mondial de l'environnement. Mais pour le coup d'envoi de cette réunion exceptionnelle, *Captain Planet* a été invité à prendre la parole. Un long exposé sur l'explosion de la démographie, qui selon lui représente le véritable danger pour l'environnement.

Le thème n'est pas nouveau. C'est depuis toujours l'obsession, le « cauchemar[5] » du Commandant. En 1953, dans *Le Monde du silence*, il expliquait déjà : « L'homme entrera dans la mer. Il n'a même plus le choix. La population de la Terre s'accroît à un tel rythme que les ressources du sol seront insuffisantes demain[6]. » À Rio, Cousteau répète son avertissement, mais tient des propos plus terrifiants encore : dans quatre-vingts ans, « nous survivrons comme des rats » sur cette planète sur laquelle la population aura triplé pour passer à seize milliards d'êtres humains. Et l'océanographe d'inviter les délégués à « réaliser à quel point il est urgent de prendre des décisions énergiques et non conformistes ».

À chacune de ses interventions sur le sujet, Cousteau a l'habitude de citer l'exemple d'Haïti, qui préfigure, selon lui, notre avenir. « Les Haïtiens sont beaux, fiers, intelligents, d'humeur agréable et durs à la tâche », mais, en même temps, ils vivent dans un univers concentrationnaire. Un pays où « cinq cents personnes vivent entassées sur mille mètres carrés », précisera-t-il un jour à Jean-Michel Jarre, en ajoutant : « Je préfère me battre pour un monde où les hommes ne seraient que sept cents ou huit cents millions, mais bénéficieraient de toutes les possibilités d'épanouissement. » Devant l'étonnement du musicien qui tient à souligner qu'il s'agit d'« un discours dangereux qui pourrait avoir des conséquences dangereuses », d'une « attitude autoritaire sur un phénomène naturel qui touche à la morale des hommes », Cousteau se défend d'être pour un dirigisme démographique. Il rétorque simplement : « Rendez les femmes conscientes de leurs droits et de leur dignité, instaurez dans chaque pays, en fonction du produit national brut, un système de retraite pour les personnes âgées qui ne les fasse pas dépendre de leurs enfants et vous verrez la natalité chuter[7]. » Cette proposition d'un relatif bon sens ne doit pas faire oublier les nombreux dérapages verbaux du Commandant quand il aborde ce sujet sensible de la croissance démographique. Ainsi, au *Courrier de l'UNESCO*, en novembre 1991, il n'hésite pas à affirmer : « Nous voulons éliminer les souffrances, les maladies ? L'idée est belle, mais n'est peut-être pas tout à fait bénéfique sur le long terme. Il est à craindre que l'on compromette ainsi l'avenir de notre espèce. C'est terrible à dire. Il faut que la population mondiale se stabilise et pour cela, il faudrait éliminer trois cent cinquante mille hommes par jour. C'est si horrible à dire qu'il ne faut même pas le dire. Mais c'est l'ensemble de la situation dans laquelle nous sommes engagés qui est lamentable » !...

Haïti. Le contre-exemple absolu. Le cinéaste écologiste affirme que la déforestation de l'île a conduit à l'érosion des sols, « mettant la roche à nu et empêchant toute culture pour les siècles à venir[8] ». Cousteau sait de quoi il parle. Il connaît bien cette île des Grandes Antilles. Quelques années plus tôt, elle avait été la première étape de la série intitulée « À la redécouverte du monde » — nouveau tournant dans la démarche de Cousteau qui s'intéresse alors plus aux comportements humains qu'au monde animal. Ce qui ne l'empêchera d'ailleurs pas d'entrer dans de grandes colères médiatiques pour dénoncer les scandales écologiques comme la construction du pont de l'île de Ré, à l'automne 1986, ou la tragédie de la marée noire en Alaska, avec l'*Exxon Valdez*, en 1989.

Dans son documentaire *Haïti, l'eau de chagrin*, l'explorateur cinéaste n'y va pas par quatre chemins. Il dénonce tour à tour le « raz de marée de bébés », la bigamie, l'épuisement des ressources marines et l'élimination systématique des forêts de palétuviers transformés en charbon de bois. Le résultat ?

« Un cauchemar écologique. » Et de terminer par de funestes prédictions : « La terre qui pourrait nourrir les enfants haïtiens perd son sang dans la mer où les sédiments étouffent les créatures qui pourraient ainsi subvenir aux enfants de Haïti. Chaque année, plus de gens partagent moins de ressources. Le sillage de la *Calypso* ressemble à un sillon dans la boue. Nous naviguons dans une mer d'occasions perdues [9]. »

Comme on peut s'en douter, les commentaires et les analyses de Cousteau ne sont pas du goût des responsables politiques haïtiens, d'autant plus furieux qu'ils ont l'impression d'avoir été joués. Il semblerait, en effet, que The Cousteau Society ait promis lors de la préparation du film au ministère haïtien de l'Agriculture une aide sous forme de projets d'aquaculture, mais que, après le tournage, l'offre généreuse fût réduite à l'envoi de deux fonctionnaires locaux à la Martinique pour un bref stage sur les cultures marines [10].

D'autres institutions, comme le PNUD — Programme des Nations unies pour le développement —, rongent également leur frein après la diffusion du documentaire. Cousteau a fait l'impasse totale sur le travail qu'il accomplit depuis de nombreuses années dans la conservation des forêts. « Le PNUD a réalisé plusieurs projets à Haïti, nous déclare un responsable de cet organisme. Il fait du bon travail. Il a notamment mis sur pied dans le Sud un projet qui permet la fabrication d'instruments agricoles. Notre position est délicate. Nous subissons souvent la dictature en place [11]. »

Un ancien membre du PNUD, lui, n'hésite pas à sortir de sa réserve. Âgé de soixante-quinze ans, il s'appelle Waclaw Micuta. Après une carrière dans l'armée — Micuta est commandant de cavalerie — et trente années passées au service des Nations unies, il vit aujourd'hui à Lausanne, où il a créé avec deux amis le REDY — Renewal Energy Development Institute —, une association indépendante agissant dans plusieurs pays du tiers monde, dont Haïti. Généreux, passionné, Waclaw Micuta nous fait part de son émotion après la diffusion du film du cinéaste écologiste français. « Il y a effectivement un problème de déboisement des forêts, lié à une consommation massive de charbon de bois. Mais il faut savoir que toute la cuisine se fait grâce à ce charbon de bois. Cousteau oublie également que les charbonniers doivent vivre. Pour leur travail, ils reçoivent un dollar haïtien pour une charge de charbon, vendue dix dollars sur le marché de Port-au-Prince ! Il faut tenir compte de la réalité sociale et économique du pays.

« Cousteau dénonce le déboisement, mais il ne montre pas comment on peut changer les choses. Personnellement, nous pensons qu'on peut les modifier mais à partir d'une réalité déjà existante. C'est ce que nous essayons de faire modestement, des amis chaudronniers fumistes et moi. En clair, nous avons inventé et fabriqué des fourneaux de cuisine à faible consommation d'énergie en utilisant uniquement des matériaux existants. Depuis plusieurs années, nous courons ainsi à travers le monde pour expliquer que ces fourneaux sont des dispositifs simples qui permettent d'économiser jusqu'à 90 % du bois par rapport aux méthodes traditionnelles [12]. Cousteau montre-t-il ce genre d'initiatives ou d'autres solutions ? Hélas, non ! Il réalise ses films qui coûtent des millions de dollars — bateaux, hélicoptères, une cinquantaine de personnes… —, qu'il vend ensuite aux pays riches. On dépense un million de dollars pour un film, mais on ne trouve pas trente mille dollars pour des fourneaux ! Avec toutes ces dépenses, on aurait pu arrêter le déboisement à Haïti. Mais le pays n'a retiré aucun profit de cette réalisation. Une jolie entreprise certes, mais essentiellement commerciale. Une démarche qui irrite énormément les pays pauvres et qui, personnellement, nous choque [13]… »

À la veille du XXIe siècle, la natalité galopante et la déforestation ne sont pas les seules inquiétudes du Commandant. Le risque nucléaire et, dans une moindre mesure, les droits de l'homme font également partie de ses préoccupations. C'est ainsi qu'après Haïti il fait voguer la *Calypso* vers une île voisine : Cuba. La campagne océanographique dans les eaux cubaines va durer deux mois. Son point d'orgue sera la rencontre du Pacha avec Fidel Castro. Une longue interview du *líder máximo*, introduite dans le film réalisé [14], sera diversement appréciée : complaisante pour certains, elle sera jugée utile par d'autres. Dans l'entretien, il est en effet beaucoup plus question de la base américaine de Guantánamo que du sort des opposants au régime dictatorial castriste ! D'autant que, dans une autre interview publiée pratiquement au même moment, Castro déclarait qu'il n'avait pas l'intention de vider ses prisons, car selon lui les prisonniers politiques sont « potentiellement dangereux [15] ».

En fait, il semble bien que Cousteau ait profité de sa rencontre avec le chef d'État cubain dans une « atmosphère amicale et sereine » pour lui suggérer un geste. Il le confirmera quelques mois plus tard en l'écrivant : « Sa réaction a été positive. Nous sommes convenus, tous deux, que cette décision généreuse n'avait d'autres motivations qu'humanitaires et qu'il n'y aurait aucune déclaration publique. »

La presse aura vent de libérations après les déclarations de deux ex-détenus. Ils faisaient partie d'un groupe de vingt-sept captifs relâchés après l'intervention de Cousteau, affirmaient-ils, ayant chacun reçu du Commandant une lettre explicative où il précisait : « Je suis très heureux d'annoncer que vous serez bientôt libérés et je vous souhaite bonne chance dans votre vie nouvelle. Il vous faudra certainement du courage. On m'a promis, personnellement, qu'on vous accordera votre chance [16]. »

Après son aventure dans les Caraïbes, Cousteau, toujours préoccupé par les grands problèmes de notre temps, supervise la réalisation de *Tempête de neige dans la jungle* qui traite du drame de la drogue en Amérique du Sud. Puis, il enchaîne avec un documentaire tourné au Costa Rica [17]. Il y aborde le sujet de la démilitarisation, suite logique à ses craintes passées vis-à-vis du nucléaire, qu'il soit civil — à travers des centrales comme celle de Koslodoui en Bulgarie (« un risque nucléaire inacceptable [18] »), de Superphénix (« inutilité publique [19] ») — ou militaire. Curieusement, il ne donnera jamais son sentiment sur la centrale nucléaire de Braud-Saint-Louis, pourtant installée dans sa Gironde natale... Sur sa lancée, le Commandant se prononce également pour le désarmement. À condition toutefois qu'il s'agisse d'un désarmement général.

Là encore, il faut nuancer quelque peu le propos. C'est ainsi que Cousteau, après s'être déclaré « totalement opposé » aux essais nucléaires français dans l'atoll polynésien de Mururoa lors d'une conférence de presse tenue à Punta Arenas (extrême-sud du Chili) en janvier 1986, considère, en 1988, que les tirs français sur le site de Mururoa sont sans danger, du moins à court terme : « La Nouvelle-Zélande, l'Australie et la Nouvelle-Guinée s'unissent pour accuser la France de polluer et d'attenter à la santé du peuple polynésien. Je ne suis toujours pas pour l'atome, mais il n'était pas possible que ces accusations continuent sans fondement. Comme je passe pour quelqu'un de sérieux auprès des Anglo-Saxons, j'ai demandé au ministère de la Défense l'autorisation d'effectuer une mission indépendante que la Fondation Cousteau et ses membres ont financée pour un million de francs.

« Nous avons pu faire toutes les mesures que nous voulions. Dès le lendemain de l'explosion, la *Calypso* effectuait des prélèvements de sédiments, de plancton et d'eau avec des échantillons de deux cents litres à l'intérieur du lagon, cinq cents à l'extérieur. Le professeur Jean-Marie Martin a mesuré la radioactivité.

« Depuis l'arrêt des explosions atmosphériques en 1975, il n'y a plus de pollution par ces tirs souterrains effectués à deux mille mètres de profondeur qui sont sans danger immédiat pour l'humanité, le Pacifique et les Polynésiens. Les quelques traces d'iode 137 dans le plancton sont très volatiles. Mais nous émettons deux réserves : 1) sur l'avenir à très long terme; 2) sur la solidité de la couche corallienne où vivent les trois mille personnes du CEA. Il aurait fallu effectuer des forages sur le noyau de basalte qui enferme des éléments radioactifs. À cette profondeur, cela aurait coûté une fortune[20]. »

L'ancien officier a-t-il été manipulé par l'armée ? Art du double langage ? Évalue-t-il différemment l'appréciation du risque nucléaire après d'autres, comme Brice Lalonde, longtemps farouche animateur des campagnes internationales contre les essais atomiques ? Des questions que n'hésitent pas à se poser certains écologistes. D'autres restent perplexes sur l'attitude du Commandant après l'explosion de la centrale soviétique de Tchernobyl, en avril 1986.

Respectueux des limites politiques, le nuage radioactif s'était brutalement arrêté aux frontières de l'Hexagone, prétendait-on allégrement dans les milieux officiels. Une version qui ne semble pas avoir choqué outre mesure le patron du Musée de Monaco dont les locaux abritaient pourtant, à la même époque, des experts de l'AIEA (Agence internationale de l'énergie atomique). Réunis dans le cadre du « Grand Jury RTL-*Le Monde* », des journalistes ne manqueront pas d'interroger l'écologiste académicien sur cette inhabituelle discrétion. Un échange sans complaisance que nous reproduisons ici :

« *Jacques-Yves Cousteau* : Sur le plan de l'exploitation scientifique et pacifique de l'énergie nucléaire, le public est très mal informé. Malheureusement. Pour des raisons orientées, certains gouvernements n'ont pas intérêt à informer le public. C'est ce qui s'est passé après l'explosion de Tchernobyl. Les conséquences en France ont été soigneusement cachées. Nous les mesurions à Monaco. On avait le laboratoire de l'AIEA. On savait qu'il y avait un passage d'un nuage nucléaire très dangereux en France. On a menti systématiquement aux gens. Il ne faut surtout pas informer le public sur les dangers, quels qu'ils soient d'ailleurs ! Cette désinformation est presque institutionnelle en France...

« *André Passeron* : Votre attitude me rappelle celle des médecins à l'égard de la transfusion sanguine. Pourquoi à propos de Tchernobyl n'avez-vous pas alerté bruyamment les pouvoirs publics et les populations ?

« *Jacques-Yves Cousteau* : Il se trouve en effet que le laboratoire qui faisait ces mesures était chez moi. J'étais l'un des quatre décideurs des programmes de ce laboratoire de la radioactivité marine de Monaco. Les autres sont des spécialistes nucléaires internationaux. Avais-je le droit de divulguer sans autorisation les mesures que nous faisions avec leur argent et avec leur capacité dans leur laboratoire ? C'était un problème d'éthique. Pour rompre ce problème d'éthique, il aurait fallu que le danger soit énorme. Ce n'était pas le cas. J'ai estimé que ce n'était pas le moment.

« *Henri Marque* : Vous estimiez que vous aviez le droit mais pas le devoir moral ?

« *Jacques-Yves Cousteau* : L'alerte générale, nous l'avions faite depuis toujours. L'accident de Tchernobyl, la plupart des pays ont bien réagi, sauf la France. Je n'étais pas en France. Le laboratoire de Monaco n'est pas théoriquement en France. Je ne me sentais pas libre, étant fonctionnaire... Ou plutôt, ayant des responsabilités dans un pays, dans un institut international océanographique, avais-je le droit de parler tout seul [21] ? »

La déception devant l'attitude ambiguë du Commandant dans cette affaire est d'autant plus grande que celle-ci contraste avec le comportement adopté lors de la fameuse campagne de 1959 contre le déversement de fûts de déchets nucléaires en Méditerranée [22]. Mais d'autres questions se greffent sur ce « problème d'éthique », comme le dénomme lui-même Cousteau. Quel est, par exemple, le poids des industriels sur les mouvements et associations écologistes ? N'est-il pas contradictoire et même compromettant d'entretenir des relations privilégiées avec de grands groupes industriels comme L'Air liquide, Rhône-Poulenc ou Pechiney par le biais de subventions, de dons ou d'affaires commerciales, après les avoir dénoncés comme étant les plus grands pollueurs de France [23] ? À qui peut-on faire croire que la « générosité » de ces industriels est libre de toute arrière-pensée ?

Dans l'esprit de Cousteau, il n'y a ni contradiction ni atteinte à son indépendance. Sa liberté de parole, il a toujours su la conserver, affirme-t-il. Il n'est pas du tout opposé aux contrats de recherches avec les gouvernements, à la condition expresse qu'aucun droit de censure ne s'exerce sur ses travaux. Mais *quid* de cette autre réalité plus subtile dénommée l'autocensure ?

Pragmatique, Cousteau estime que c'est par la coopération qu'on peut ramener les industriels à la raison. Il est vrai que des efforts ont été accomplis par certains d'entre eux, notamment dans le financement de programmes de dépollution. Mais le journaliste du *Canard enchaîné* Bernard Thomas explique comment un groupe d'entreprises créé en 1988 sous le label Nature et Environnement est devenu en réalité un véritable « *lobby* industriel antipollution ». Il s'agit, précise-t-il, d'une « association des entreprises françaises pour l'environnement où se retrouvent, aux côtés des rois du phosphate, quatorze grands groupes, dont L'Air liquide, EDF, Hydro-Azote, Total, Lafarge-Coppée, Pechiney, Usinor-Sacilor, tous pollueurs chevronnés [24] ».

À l'appui de ces dires, Thomas cite les fonds accordés par EDF aux Réserves naturelles de France ; Elf-Aquitaine, mécène d'Antarctica ; ou encore Rhône-Poulenc, dont le sigle apparaît dans chacune des émissions « Ushuaia ».

Pourquoi cette soudaine « philécologie » ? interroge Thomas, qui fait alors répondre la présidente de l'agence Barter pour qui c'est uniquement « une façon offensive de se préparer à la concurrence internationale des marques. Dans ce contexte et à qualité égale de produits, les firmes sympathiques, parce que socialement responsables, prennent l'avantage ». De cette façon Rhône-Poulenc, toujours aussi mal coté chez les « écolos », « recueille-t-il aujourd'hui la sympathie du grand public [25] ».

Tout ne serait finalement qu'une question d'image. Et le pamphlétaire de se demander finalement : « Et si à tout prendre mieux valait encore de telles récupérations, parfois scandaleuses, que rien du tout, ou bien des cascades de catastrophes à la Bhopal ou à la Seveso[26] ? »

De ce point de vue, Jacques-Yves Cousteau fait bien partie des « asséneurs d'affirmations terrifiantes[27] », les catastrophes écologiques étant devenues au fil des années en quelque sorte son fonds de commerce. Ce qui n'enlève rien au mérite de ses nombreuses campagnes en faveur de la Méditerranée ou de l'Antarctique, par exemple. Dans ce dernier cas, une responsable des Nations unies nous confirme que l'influence du commandant français a été prépondérante et « bénéfique ». « Cousteau avait été mis au courant de négociations en cours à l'ONU qui permettaient entre autres l'exploitation du sous-sol de l'Antarctique, dernier continent vierge. Il a saisi l'affaire. Il est allé voir François Mitterrand, qui s'est montré d'autant plus intéressé par ce dossier qu'il n'y avait pas de conséquences négatives pour l'économie française. Le président a donc permis au Commandant d'engager la bataille pour un moratoire. L'affaire n'était pas simple, car bon nombre de pays, et notamment du tiers monde, souhaitaient un partage équitable des ressources du monde, et donc une nouvelle redéfinition juridique du traité de 1959 sur l'Antarctique.

« Pour Cousteau, il n'en était pas question. Il a alors commencé une campagne très médiatique dont l'un des moments forts fut le voyage sur place d'enfants représentant tous les continents.

« Petit à petit, l'opinion publique le suivit. Puis c'est devenu la politique française, dont le refus a permis de renégocier un nouveau protocole, moratoire interdisant l'exploitation de l'Antarctique durant les cinquante années à venir. Étaient également prévues dans ce nouveau texte signé en juillet 1991 des dispositions protégeant son environnement[28]. »

La Grande bleue a toujours tenu une place à part dans le cœur du Pacha de la *Calypso*. N'est-ce pas là précisément qu'est née sa vocation ? Dans un état des lieux réalisé en 1976, Cousteau n'hésitera pas à dénoncer les maux dont souffre la Méditerranée transformée en « plages pour le tourisme et en égout tout trouvé pour les déchets de notre espèce[29]... ». Bref, une mer morte à courte échéance si l'on n'y prend garde. Effet de ce cri d'alarme ? Vingt ans après, il semble, à entendre certains spécialistes, que la Grande bleue se refait tout doucement une santé...

Un léger couac, cependant, dans l'énoncé du « bon » état de santé écologique de la Méditerranée avec l'apparition au milieu des années 1980 d'une étrange plante baptisée par la presse l'« algue tueuse ».

C'est Alexandre Meinesz, professeur à la faculté des sciences de Nice, qui découvre l'existence de la *caulerpa taxifolia.* Il la présente comme une algue vorace et toxique, d'origine tropicale. Sa fulgurante prolifération pourrait, selon lui, venir perturber dangereusement l'écosystème de la Côte d'Azur. La presse s'empare rapidement de l'affaire. Elle en fait ses gros titres : « L'algue à tentacules attaque les fonds marins du littoral[30] », « Une algue étouffe la Méditerranée[31] », « L'hypothèse du crime écologique[32] ». Puis, tout naturellement, interroge : comment est-elle arrivée ? Jusqu'où va-t-elle s'étendre ? Va-t-elle asphyxier la flore sous-marine ? empoisonner les poissons ?

Au fil des mois, le jeune professeur Meinesz met toute son ardeur à répondre à ces questions. Sur fond de rivalités entre laboratoires et querelles de personnes, une certitude semble toutefois s'imposer : l'algue a été observée pour la première fois en 1984 sur des rochers situés sous le musée de Monaco. L'hypothèse d'une *caulerpa taxifolia* cultivée dans ses aquariums puis jetée par inadvertance par les fenêtres du célèbre musée devient alors de plus en plus crédible.

Curieusement, le nom de l'ex-patron de l'institut océanographique de Monaco est rarement mentionné au cours de cette polémique. Et pourtant, Cousteau ne quittera officiellement ses fonctions à l'institut que cinq années après l'apparition de la plante vénéneuse. Sollicité par quelques journalistes, le Commandant refusera de répondre directement à leurs questions. Face au quotidien *Libération*, son entourage admettra « la haute probabilité d'un rejet depuis les aquariums du musée de Monaco [33] ». Quelques semaines plus tard, le patron du *Calypso Log* dépêchera sur place l'un de ses reporters scientifiques pour étudier « l'irrésistible invasion de la *caulerpa taxifolia* [34] ». Phénomène « inquiétant », est alors bien obligé de constater Denis Ody, qui confirme honnêtement les faits établis.

Campagne médiatique ou danger réel ? Au moment de la parution de cet ouvrage, l'algue « tueuse » n'a pas encore livré tous ses mystères. Des manipulateurs du musée de Monaco ont-ils joué aux apprentis sorciers ? Quel est dans ce sens la responsabilité, morale ou autre, de l'homme au bonnet rouge ?

Lors de notre rencontre, Alexandre Meinesz s'interdira d'impliquer directement le célèbre Commandant. Celui qui a identifié la « fleur du mal », ce « monstre né d'une sélection artificielle d'un clone résistant [35] », ne veut pas voir un docteur Faust derrière l'ancien patron de l'institut monégasque. Il est vrai que les deux hommes se connaissent et s'apprécient. Dans l'un de ses ouvrages, Cousteau se montre même particulièrement élogieux vis-à-vis du savant : « Beaucoup de scientifiques ont travaillé sur la *Calypso*. Alexandre Meinesz, non. Mais ce jeune et brillant biologiste, maître de conférences à la faculté des sciences de Nice, du reste plongeur émérite et homme de "terrain", aboutit aux mêmes conclusions que nous. Il est effrayé par la vitesse à laquelle la vie disparaît en Méditerranée. Il s'en offusque et s'en désole. Il formule un diagnostic qui est aussi le nôtre. Il émet les mêmes vœux que nous. En février 1985, il a donné un article au journal de notre fondation. C'est un petit chef-d'œuvre de précision et de sensibilité. Il témoigne de la tristesse du savant [36]. »

Quelques années avant l'affaire, à Majorque, Meinesz avait offert un bouquet de posidonies à Cousteau. De fraîches fleurs qu'il avait lui-même cueillies dans les eaux des Baléares. Après avoir fait éclater la polémique sur la *caulerpa taxi-*

folia, il adressera une longue lettre au Commandant, qu'il terminera par les vers célèbres de Baudelaire :

Homme, nul n'a sondé le fond de tes abîmes
Ô mer, nul ne connaît tes richesses intimes,
Tant vous êtes jaloux de garder vos secrets[37] *!*

Absorbé par nombre d'activités — création de chaires d'écotechnie dans plusieurs universités européennes, lancement de programmes écotechniques sur le Danube et le Mékong, tournage de films pour la télévision —, Cousteau ne répondra pas au professeur niçois.

En fait, le Commandant a toujours refusé la main que lui tendaient ses enfants naturels : les Meinesz, les Rougerie et autres Luc Besson, dont il s'interdira d'aller voir *Le Grand Bleu* et *Atlantis*. « Ce sont des fictions et moi je travaille dans la réalité », répétera-t-il à leur sujet avant de conclure par ce jugement sans appel à propos du premier : « Un beau film peut-être, mais gâché par une histoire stupide[38] ! » Peut-être aussi une manière pour ce bricoleur de génie de refuser d'être dépassé. « Humble quand je me juge, orgueilleux lorsque je me compare ! » avoue-t-il à ses intimes, quitte à transformer tous les enfants du *Monde du silence* en orphelins du commandant Cousteau.

Paradoxalement, c'est aux enfants qu'il songe lorsqu'il lance son grand-œuvre : la « Charte pour les droits des générations futures ». Cinq articles stipulant une idée de continuité, de respect pour ceux qui viendront après nous. Il ne faut pas « leur refiler une planète abîmée », martèle en 1992 *Captain Planet* lors d'une émission de télévision, en portant un regard attendri sur son unique fille, Diane, onze ans[39], et en lui serrant très fort la main.

Pugnace, Cousteau espère bien présenter les résultats de ses campagnes de signatures à l'automne 1993 avant la première réunion de l'année des Nations unies, afin que la charte ait les meilleures chances d'être adoptée. Elle le sera probablement, les politiques ajoutant ainsi une nouvelle couronne de lauriers sur la tête d'un personnage devenu au fil du temps une véritable légende vivante.

Malgré lui ? Pas tout à fait. Depuis son enfance, Cousteau a rêvé de gloire. Il a tout fait pour y parvenir. À l'instar des conquistadores, il a su se bâtir cette légende à travers un bateau. Il y avait l'*Astrolab* de Cook. Il y aura la *Calypso* du commandant Cousteau. Quel enfant n'a-t-il un jour rêvé d'elle ? Combien ont-ils été, en montant à bord, à pleurer d'émotion ?

Pendant près d'un demi-siècle, Cousteau s'est passionné pour la planète Terre. Il l'a parcourue de long en large, à en connaître tous les recoins. Avec d'autres, il a compris que notre avenir est planétaire, et la défense de l'environnement une question de survie. L'explorateur cinéaste, il est vrai, n'a pas ménagé sa peine. En évoquant son action, le professeur de biologie végétale Jean-Marie Pelt a clairement souligné dans l'un de ses ouvrages l'importance du travail accompli par Cousteau : « On ne dira jamais assez les services éminents qu'il a rendus à l'écologie[40]. » Inutile d'insister sur d'autres hommages venus de tous les horizons, dont la presse se fait fréquemment l'écho. Fastidieuse également l'énumération de l'époustouflante liste d'honneurs et distinctions remis à l'homme au bonnet rouge au long d'une carrière prestigieuse. Évoquons plutôt ses rêves, en sachant bien que sa seule raison de vivre est de se battre : « Je serais fatigué si je m'arrêtais[41] », confiera-t-il un jour.

Parmi ses rêves les plus récents : la création d'une instance mondiale aux couleurs de la nature. Une sorte de Haute Autorité avec ses casques verts, dont l'ancien officier de marine se verrait bien assumer le commandement. Un projet pris au sérieux par des chefs d'État et des instances internationales, comme l'UNESCO. Autrement dit, une idée pas si farfelue puisqu'elle pourrait voir le jour à plus ou moins brève échéance.

Autre « utopie » caressée par l'homme à l'habit vert depuis

de nombreuses années : la création d'un vaste réseau mondial de télévision. Une chaîne *via* satellite spécialement réservée à Cousteau pour des émissions diffusées depuis tous les endroits où souffre la nature. Un canal *Captain Planet* donnant la température écologique de la Terre et dénonçant les abus commis par l'homme, le maître de cérémonie, cela va de soi, n'étant autre que le Commandant en personne.

À travers ce projet, quelque peu mégalomane, on retrouve le Cousteau à la fois pédagogue et propagandiste comme l'avaient qualifié certains cinéphiles avertis reprochant à l'auteur du *Monde du silence* d'avoir délaissé le grand écran pour la télévision, l'art pour la culture de masse. Mais l'homme de communication n'a-t-il pas toujours pris le pas sur le créateur solitaire ? Et dans ce sens, quelle a été l'influence de son frère aîné Pierre-Antoine, publiciste au talent reconnu, même s'il n'a pas précisément choisi de le mettre au service de la bonne cause, professionnel de l'agit-prop, sur celui qui devait devenir *Captain Planet* ?

Jacques-Yves Cousteau, pour des buts heureusement fort différents, n'a jamais caché sa passion pour la presse, ni d'ailleurs son mépris pour les gens qui la dirigent. Il a appris à connaître l'impact de ce quatrième pouvoir. Souvent à son avantage, mais parfois aussi à son détriment. C'est cette passion qui lui a permis de comprendre très tôt la puissance de suggestion de la télévision, au point d'exiger, par exemple, pour son projet de chaîne mondiale des émissions exclusivement diffusées en direct. Sous-entendu : pas question de limiter sa liberté de parole, une façon de réduire toute velléité de censure de la part des responsables — gouvernements et autres — qu'il serait susceptible de mettre en cause. Là encore, le « grand timonier » de la culture cathodique ne parle pas en l'air. Cousteau connaît le monde de l'image ; il a su très tôt maîtriser ses techniques.

Souvenons-nous. En 1959 éclate l'affaire de l'immersion des déchets radioactifs en Méditerranée. Après quelques hésitations, le Commandant décide d'utiliser tout son prestige auprès de la presse nationale et étrangère pour « émouvoir l'opinion publique malgré les ordres gouvernementaux de silence et les pressions[42] ». Sachant comment « fonctionnent » les journalistes, il y parvient. L'océanographe s'en enorgueillira quelques années plus tard dans l'un de ses ouvrages : « Je rédigeai une déclaration, que je téléphonai un dimanche après-midi, très tard, à un quotidien national. J'avais choisi le moment : j'étais sûr qu'il n'y aurait, à cette heure-là, aucun chef de service ''sous influence''. Je tombai en effet sur un secrétaire de rédaction cordial, qui ignorait tout de l'affaire, qui sténographia fidèlement mon communiqué et le mit au sommaire du numéro du lundi matin. Le texte eut un succès considérable. Lorsque j'arrivai au musée océanographique de Monaco, le jour suivant, j'étais attendu par une volée de journalistes de la presse française et internationale[43]. »

Pour le Commandant, on l'a compris, la fin justifie le média. Depuis l'affaire des fûts nucléaires, le producteur de télévision a acquis une notoriété qui le dispense d'utiliser ce genre de subterfuges pour faire passer ses messages. Les propos et prises de position du plus populaire des explorateurs français sont rarement méprisés par la presse. Bien au contraire. Chaque semaine, le Commandant doit refuser plusieurs dizaines de demandes d'entretien. Lorsqu'il y répond favorablement, au journaliste d'accepter ou de refuser — rarement — le thème systématiquement imposé par l'explorateur cinéaste. Ces thèmes correspondent à ses préoccupations du moment : pollution, déforestation, surpeuplement, Antarctique, charte pour les générations futures, etc. Rares sont les entretiens non directifs. Peut-être pour éviter de s'expliquer sur certaines zones d'ombre de sa vie ou s'empêcher d'évoquer des sujets intimes et tristes, comme sa propre disparition.

Le Commandant n'aime pas, en effet, parler de la mort. Il ne la comprend pas. Elle lui fait peur. C'est pour cette raison qu'il fuit le plus possible les enterrements. Lorsqu'on le pousse dans ses retranchements, il lui arrive de déclarer qu'il ne se voit pas quitter ce monde avant d'avoir achevé son centième film ! Au moment où il livre cette confidence à Jacques Chancel, il vient d'achever son quatre-vingt-dixième tournage[44]...

Ou alors il choisit la plaisanterie. Il rappelle l'histoire attendrissante que racontait souvent son père. La scène se déroule en Angleterre, dans un village voisin de Torquay. Ce jour-là, Daniel Cousteau est invité à fêter la doyenne du village : cent vingt ans et une « pêche d'enfer » ! La presse locale a également été conviée. Parmi les questions posées à la reine du jour par un journaliste, l'inévitable : « Si c'était à refaire, que feriez-vous ? » Et la vieille dame de rétorquer sur un ton très digne : « Je referais la même chose... mais plus souvent[45] ! »

Le Commandant éclate de rire lorsqu'il raconte cette histoire. Son humour, il est vrai, reste indissociable de son audace, de son goût prononcé pour l'action. À ces deux qualités est venu s'ajouter au fil des années un attrait certain pour la philosophie, autrement dit la réflexion. Peut-être parce que le jeune homme qui ne croyait pas à l'illusion du bonheur a tout de même fini par croire à son existence. Lorsque, en juin 1992, lors de l'émission de télévision « L'heure de vérité[46] », Cousteau présente Francine-Joëlle Triplet, sa seconde femme, âgée d'une quarantaine d'années, ou quelques mois plus tard, lors d'un hommage sur France 2, leurs deux jeunes enfants — Diane, douze ans et Pierre-Yves, dix ans —, son sourire est celui d'un homme heureux. Un « gamin » de quatre-vingt-deux ans prêt à recommencer ses « 400 coups » ou à se lancer à l'assaut de nouvelles forteresses réputées invincibles. Des défis permanents où le connu le dispute à l'inconnu, où le raisonnable paraît déraisonnable. « La vie, pour lui, est un éternel recommencement. Un grand jeu, où l'on n'a rien à perdre et tout à gagner[47] », résumera le journaliste du *Monde*, Roger Cans.

Cousteau est un rêveur et un joueur. *Captain Planet* souhaite le bonheur des hommes, mais ne croit ni aux lendemains qui chantent ni à un quelconque avenir radieux et béat. Il se veut totalement un homme de son temps. Un homme du présent et des traditions à la fois, qui ne renie ni ne regrette le passé. Malgré une forte prédilection pour la morale, le Commandant se défend d'être un intégriste rouge, jaune ou vert. Il s'est toujours méfié des fanatismes, qu'ils soient religieux ou idéologiques. Cousteau reste avant tout l'artiste qui aime la beauté et la liberté. Sa raison de vivre se situe sur terre ou dans un ailleurs mystérieux.

Comme son empire, l'infatigable voyageur est devenu un mythe intouchable, au point que beaucoup n'hésitent pas à élever sa gloire à celle de sauveur de l'humanité. Une notoriété encombrante dont, parfois, Cousteau se passerait bien. Chaque médaille a son revers. Rançon du succès, l'homme au bonnet rouge se sait adoré, mais aussi honni. Star du petit écran, il prête naturellement le flanc aux critiques et aux railleries. Il lui arrive d'être fréquemment brocardé. Gentiment avec les Guignols sur Canal Plus ; plus durement chez « Arthur, émission impossible », diffusée en 1992 sur TF1. On dit que le Commandant ne goûte guère ces parodies et autres pastiches. Mais pas plus qu'il ne répond à ses détracteurs, il ne se préoccupe des louanges qui l'accablent. Simplement, il continue sa vie. Le Commandant n'est pas homme à s'asseoir. Toute pause donnerait le signal redouté d'une réflexion sur lui-même et ferait resurgir trop de souvenirs enfouis : l'amour pour une mère ; l'image de ce frère tendrement aimé et banni, désespérément admiré et proscrit. Plus encore, comment pourrait-il affronter une dernière fois l'irréparable chagrin qu'est la perte d'un fils, l'atroce vision de l'enfant englouti ?

Lorsque le cœur des marins saigne, les marins prennent la mer. Ainsi, toujours et encore, vogue le commandant Cousteau…

ANNEXES

Arbre g
de l
Co

P. COUSTEAU (notaire)

André COUSTEAU
Paul COUSTEAU
Marie-Jeanne COUSTEAU

Daniel COUSTEAU
(1878-1969)

Pierre-Antoine COUSTEAU
(1906-1958)

Marié en 1932 à F. A. SEMAILLE-TOESCA
(1902-1954)

Remarié en 1954 à T. F. GAN
(née en 1919)

Françoise COUSTEAU
(1934-1990)
Mariée à Nicolas POLIAKOFF

Jean-Pierre COUSTEAU
(né en 1938)
Marié à Claudine MIGNON

Perrine COUSTE
(née en 1955)

Alain POLIAKOFF
Philippe POLIAKOFF
Cyrille POLIAKOFF

Émilie COUSTEAU
Clémence COUSTEAU
Mathilde COUSTEAU

Fleur COUSTEAU

éalogique
amille
eau

R. DURANTHON (pharmacien)

Élisabeth DURANTHON
(1878-1949)

Suzanne DURANTHON
Joël DURANTHON
Marguerite DURANTHON
Albert DURANTHON
Adrienne DURANTHON

Jacques-Yves COUSTEAU
(né en 1910)

NN

Marié le 12 juillet 1937
à Simone MELCHIOR
(1919-1990)

Remarié le 28 juin 1991
à Francine TRIPLET

Jean-Michel COUSTEAU
(né en 1938)
arié à Anne-Marie LAFON

Philippe COUSTEAU
(1940-1979)
Marié à Janice SULLIVAN

Diane COUSTEAU
Pierre-Yves COUSTEAU

Céline COUSTEAU
Fabien COUSTEAU

Alexandra COUSTEAU
Philippe-Pierre COUSTEAU

Films de J.-Y. Cousteau

Courts métrages

1942 *Par dix-huit mètres de fond*
1943 *Épaves*
1944 *Paysages du silence*
1948 *Les Phoques du Sahara*
1949 *Une plongée du Rubis*
Autour d'un récif
Carnet de plongée
1955 *Station 307*
1957 *La Fontaine du Vaucluse* (avec Louis Malle)
La Galère engloutie (avec Jacques Ertaud)
1958 *Vitrines sous la mer* (avec Georges Alépée)
1960 *Histoire d'un poisson rouge* (avec Edmond Séchan)
1962 *Les Maisons au fond de la mer*
Les Océanautes

Longs métrages

1955 *Le Monde du silence*
1963 *Le Monde sans soleil*
1975 *Le Voyage au bout du monde*
1981 *Les Pièges de la mer*

Télévision

Série : « L'odyssée sous-marine de l'Équipe Cousteau »

1967 *Les requins*
Jungles de corail
Le destin des tortues de mer

1968 *Baleines et cachalots*
Le voyage de Pépito et Cristobal
Le trésor englouti
La légence du lac Titicaca

1969 *Les baleines du désert*
La nuit des calamars
Le retour des éléphants de mer

1970 *Ces incroyables machines plongeantes*
La mer vivante
La tragédie des saumons rouges
Le lagon des navires perdus

1971 *Les dragons des Galapagos*
Cavernes englouties
Le sort des loutres de mer
Les dernières sirènes

1972 *Pieuvre, petite pieuvre*
Le chant des dauphins

1973 *500 millions d'années sous la mer*
Le sourire du morse
Hippo, Hippo !
La baleine qui chante

1974 *La glace et le feu*
Le vol du pingouin
La vie sous un océan de glace
Blizzard à Esperanza

1975 *La vie au bout du monde*
L'hiver des castors
Les fous du corail
Les requins du Yucatan

1976 *Coups d'ailes sous la mer*
Au cœur des récifs des Caraïbes
Le poisson qui a gobé Jonas
La marche des langoustes

1977 *L'énigme du* Britannic
Le butin de Pergame sauvé des eaux

1978 *À la recherche de l'Atlantide* (1re partie)
À la recherche de l'Atlantide (2e partie)
Le testament de l'île de Pâques
Ultimatum sous la mer

1979 *Le sang de la mer*
Le Nil (1re partie)
Le Nil (2e partie)

1980 *Fortunes de mer*
Clipperton, île de la solitude

1981 *Sang chaud dans la mer*
Du grand large aux grands lacs

1983 *Objectif Amazone : branle-bas sur la* Calypso
Au pays des mille rivières
La rivière enchantée

1984 *Ombres fuyantes : Indiens d'Amazonie*
La rivière d'or
Tempête de neige sur la jungle
Un avenir pour l'Amazonie
Allié et adversaire : le Mississippi

1985 *Alcyone, fille du vent*
Message d'un autre monde
Mes premiers 75 ans

Série : « À la redécouverte du monde »

1985 *Les eaux de la tristesse : Haïti*
Les eaux du destin : Cuba
Les eaux du vent : cap Horn

1986 *L'héritage de Cortez, mer de Cortez*
Les montagnes de la mer : îles Marquises
La rose et le dragon : Nouvelle-Zélande I

1987 *Au pays du long nuage blanc, Nouvelle-Zélande II*
Le péché de la rédemption, Nouvelle-Zélande III
Les eaux de la discorde : île du Détroit I

1988 *À l'approche d'une marée humaine : île du Détroit II*
Tahiti, l'eau de feu : Mururoa
Les requins de l'île au Trésor : île Coco
Island of peace, Costa Rica
Australie : la grande barrière de corail
Au pays des totems vivants : îles de la Reine-Charlotte

1989 *Le spectre de la tortue : Bornéo I, Sipadan*
Le crépuscule du chasseur en Alaska
Les forçats de la mer : Thaïlande
La forêt sur terre : Bornéo II
La machine à remonter le temps : Papouasie-Nouvelle-Guinée I
La rivière des hommes-crocodiles : Papouasie-Nouvelle-Guinée II
Le centre du feu : Papouasie-Nouvelle-Guinée III

1990 *Les îles invisibles : Antaman*
À l'ouest du bout du monde : Australie I
Fortune de mer : Australie II
Tasmanie, une île retrouvée : Australie III
Ceux du feu et de l'eau : Australie IV
Les gens de la mer sèche : Australie V

1991 *Scandale à Valdez*
Lilliput en Antarctique
Philippines

1992-1993

Danube I
Danube II
Danube III
Danube IV
Le grand requin blanc
Australie

Ouvrages de J.-Y. Cousteau
(en français et en anglais)

Par dix-huit mètres de fond : histoire d'un film, Paris, Durel, 1946.

La Plongée en scaphandre, éditions de Paris-Elsevir, 1950.

Le Monde du silence (avec Frédéric Dumas), éditions de Paris, 1953. Rééditions Hachette, 1978.

The Silent World, New York, Harper Bros, 1953. *Reprint by* Nick Lyons Books, 1987.

La Mer (avec Jacques Bourcart), Paris, Larousse, 1953.

Book of Fishes, Washington D.C., National Geographic Society, 1958.

Captain Cousteau's Underwater Treasury (avec James Dugan), New York, Harper, 1959.

The Living Sea (avec James Dugan), New York, Harper & Row, 1962.

Bibliographie de la sismique marine, Musée océanographique de Monaco, 1964.

Le Monde sans soleil, Paris, Hachette, 1965.

World without Sun (avec James Dugan), New York, Harper & Row, 1965.

Les Requins (avec Philippe Cousteau), Paris, Flammarion, 1970.

The Shark : Splendid Savage of the Sea, New York, Garden City, Doubleday, 1970.

Un trésor englouti (avec Philippe Diolé), Paris, Flammarion, 1971.

Diving for Sunken Treasure, New York, Doubleday, 1972.

La Vie et la Mort des coraux (avec Philippe Diolé), Paris, Flammarion, 1971. Rééditions en 1986.

Life and Death in a Coral Sea, New York, Doubleday, 1971.

Nos amies les baleines (avec Philippe Diolé), Paris, Flammarion, 1972.

The Whale : Mighty Monarch of the Sea, New York, Doubleday, 1972.

Pieuvres, la fin d'un malentendu (avec Philippe Diolé), Paris, Flammarion, 1973.

Octopus and Squid : the Soft Intelligence, New York, Doubleday, 1973.

Calypso, 26 ans d'exploration scientifique des mers (avec Alexis Sivirine), Paris, Robert Laffont, 1973.

Cousteau's Calypso, Abrams, 1980.

Trois aventures de la Calypso (avec Philippe Diolé), Paris, Flammarion, 1973.

Three Adventures : Galapagos, Titicaca, the Blue Holes, New York, Doubleday, 1973.

Compagnons de plongée (avec Philippe Diolé), Paris, Flammarion, 1974.

Diving Companions : Sea Lion, Elephant Seal, Walrus, New York, Doubleday, 1974.

Les Dauphins et la Liberté (avec Philippe Diolé), Paris, Flammarion, 1975.

Dolphins, New York, Doubleday, 1975.

« Encyclopédie Cousteau, le monde des océans », Robert Laffont, 20 volumes, dont *La Quête de nourriture* (1976), *Oasis dans l'espace* (1976), *L'Acte de vie* (1976). En anglais, chez Abrams : *Oasis in Space* ; *The Act of Life* ; *Quest for Food* ; *Window in the Sea* ; *The Art of Motion* ; *Attack and Defense* ; *Invisible Messages* ; *Instinct and Intelligence* ; *Pharaohs of the Sea* ; *Mammals of the Sea* ; *Province of the Sea* ; *Man reenters the Sea* ; *A Sea of Legends ; Inspirations from the Sea* ; *The Adventure of Life* ; *Outer and Inner Space* ; *The White Caps* ; *Riches of the Sea* ; *Challenges of the Sea* ; *The Sea in Danger* ; *Guide to the Sea*.

La Vie au bout du monde : Patagonie, Terre de Feu, archipel Magellanique (avec Yves Paccalet), Paris, Flammarion, 1979.

Saumons, Castors et Loutres (avec Yves Paccalet), Paris, Flammarion, 1979.

Les Surprises de la mer (avec Yves Paccalet), Paris, Flammarion, 1980.

Le Monde des océans (avec Yves Paccalet), Paris, Robert Laffont, 1980.

The Ocean World, Abrams, 1979.

A Bill of Rights for Future Generations, Myrin Institute, 1980.

Almanach Cousteau de l'environnement (collectif), Paris, Robert Laffont, 1981.

The Cousteau Almanac of the Environment : an Inventory of Life on a Water Planet, New York, Doubleday, 1981.

À la recherche de l'Atlantide (avec Yves Paccalet), Paris, Flammarion, 1981.

Français, on a volé ta mer (avec Henri Jacquier), Paris, Robert Laffont, 1981.

Le Destin du Nil (avec Yves Paccalet), Paris, Flammarion, 1982.

Fortunes de mer (avec Yves Paccalet), Paris, Flammarion, 1983.

Du grand large aux grands lacs (avec Yves Paccalet), Paris, Flammarion, 1985.

Cousteau en Amazonie (avec Yves Paccalet), Paris, Flammarion, 1985.

L'Expédition du commandant Cousteau en Amazonie (avec Mose Richards), Paris, Robert Laffont, 1985.

Cousteau's Amazon Journey, Abrams, 1984.

La Planète des baleines (avec Yves Paccalet), Paris, Robert Laffont, 1986.

La Mer blessée, la Méditerranée (avec Yves Paccalet), Paris, Flammarion, 1987.

Le Mystère de l'Atlantide (avec Dominique Sérafini), Paris, Robert Laffont, 1988.

Le Trésor de Pergame (avec Dominique Sérafini), Paris, Robert Laffont, 1988.

La Mer de Cortez (avec Yves Paccalet), Paris, Flammarion, 1988.

Cap Horn à la turbovoile (avec Yves Paccalet), Paris, Flammarion, 1989.

Les Grands Fleuves (avec Yves Paccalet), Paris, Robert Laffont, 1989.

La Grande Barrière de corail (avec Yves Paccalet), Paris, Flammarion, 1990.

Missions Pacifiques (avec Yves Paccalet), Paris, Robert Laffont, 1990.

Les Îles Pacifiques (avec Yves Paccalet), Paris, Flammarion, 1990.

Une vie pour la mer (avec Yves Paccalet), Paris, Robert Laffont, 1991.

Notes

Prologue : Mort d'un dauphin

1. Extrait d'une lettre de Jacques-Yves Cousteau adressée aux membres de son association quelques mois après la mort de Philippe. Citée dans l'ouvrage de Richard Munson, *Cousteau : The Captain and His World*, William Morrow and Company, Inc., New York, 1989, p. 182.

I. *Saint-André-de-Cubzac*

1. Entretien avec l'auteur, Asques, le 20.12.1991.
2. Marie-Thérèse Morlet, *Dictionnaire étymologique des noms de famille*, Perrin, Paris, 1991.
3. Archives privées.
4. Gérard et Claude Bardeau, *Saint-André-en-Cubzaguès noste péis*, édité sous le patronage de la municipalité de Saint-André-de-Cubzac, 1980.
5. Manuscrit inédit de Françoise Cousteau, archives privées.
6. Entretien avec l'auteur, *op. cit*.
7. Souvenirs évoqués lors de l'inauguration du lycée Philippe-Cousteau, Saint-André-de-Cubzac, le 26.4.1986. Enregistrements réalisés par les élèves.
8. Entretien avec l'auteur, *op. cit*.

9. Entretien avec Mose Richards, in *First 75 Years*, Fondation Cousteau 1986.

10. Pierre-Antoine Cousteau, *En ce temps-là*, La Librairie française, Paris, 1959, p. 35.

11. *Id.*, *ibid.*, p. 35.

12. Discours de Bertrand Poirot-Delpech lors de la réception de Jacques-Yves Cousteau à l'Académie française, juin 1989, *Le Monde*, le 25-26.6.1989.

13. Lettre de Jacques-Yves Cousteau adressée à son frère Pierre-Antoine, le 1.1.1946. Archives privées.

14. Pierre-Antoine Cousteau, *op. cit.*

15. Pierre-Antoine Cousteau, *op. cit.*

16. Pierre-Antoine Cousteau, *op. cit.*

17. Titayna est l'auteur en 1931 de *La Japonaise*. Après l'armistice de juin 1940, elle fait partie du Tout-Paris de la collaboration. Elle deviendra même un « agent d'information du *Kulturgruppe* », selon Gilbert Joseph qui évoque ce personnage dans *Une si douce occupation...*, Albin Michel, Paris, 1991, p. 250.

II. *Le tour du monde*

1. Entretien avec l'auteur, *op. cit.*

2. Dossier publié dans *Candide*, le 22.10.1936.

3. Entretien avec Mose Richards, *op. cit.*

4. Entretien avec Gabriel Jauffret, journaliste à *Var Matin*, Toulon, le 20.4.1992.

5. Entretien avec Mose Richards, *op. cit.*

6. Les images du mariage de Simone et de Jacques Cousteau sont présentées dans le film *Mes premiers 75 ans*, de J.-Y. Cousteau, Mose Richards et Ira Miskin, commercialisé en cassette vidéo par EVA-2, Paris, 1992.

7. Philippe Tailliez, *Plongées sans câble*, Arthaud, Paris, 1954, p. 14.

8. *Id.*, *ibid.*, p. 13.

9. Jacques-Yves Cousteau et Yves Paccalet, *Une vie pour la mer*, « La Planète océan », Robert Laffont, Paris, 1982, p. 2.

10. Jacques-Yves Cousteau et Frédéric Dumas, *Le Monde du silence*, Éditions de Paris, 1953, p. 17.

11. Entretien avec l'auteur, Toulon, le 21.4.1992.

12. J.-Y. Cousteau et F. Dumas, *Le Monde du silence*, *op. cit.*, p. 16.

13. Entretien avec l'auteur, *op. cit.*

14. Entretien avec l'auteur, *op. cit.*

15. Ph. Tailliez, *op. cit.*, pp. 26-27.

III. *L'heure des choix*

1. Service historique de la Marine nationale, *Le Théâtre méditerranéen*, t. I et II, 1960.

2. Robert Aron, *Histoire de Vichy*, Fayard, Paris, 1954, p. 102.

3. Maurice Pasquelot, *Les Dossiers secrets de la marine*, Nouvelles Éditions latines, Paris, 1964, p. 87. *Cf.* également, du même auteur, la version romancée de l'opération, *Le Marin de l'ombre*, Presses de la Cité, Paris, 1985.

4. M. Pasquelot, *op. cit.*, pp. 87-103.

5. *Id.*, *ibid.*, pp. 87-103.

6. Décret du 22.9.1945, *Journal officiel* du 29.9.1945.

7. *Cf.* l'entretien avec Pierre Assouline, *Lire*, juin 1989.

8. J.-M. Simmel, *On n'a pas toujours du caviar*, Robert Laffont, Paris, 1968, pp. 261-262.

9. *Journal officiel*, 21.5.1946.

10. Robert Brasillach, *Journal d'un homme occupé*, éditions Les Sept Couleurs, Paris, 1955.

11. Pierre-Antoine Cousteau, *Les Lois de l'hospitalité*, La Librairie française, Paris, 1957.

12. Manuscrit inédit de Françoise Cousteau. Archives privées.

13. Pierre Milza, *Les Fascismes*, Imprimerie nationale, Paris, 1985, pp. 301-302.

14. Pierre-Antoine Cousteau, *L'Amérique juive*, Éditions de France, Paris, 1943.

15. *Je suis partout*, le 16.6.1944.

IV. Par dix-huit mètres de fond

1. James Dugan, *Le Livre des merveilles du monde sous-marin*, Denoël, Paris, 1958.

2. Alex Wassilieff, *Un pavillon sans tache*, Grasset, Paris, 1986, p. 306.

3. Selon A. Wassilieff, les témoignages à ce sujet varient. Pour les uns, c'est Matriolet qui a averti Laborde. Pour les autres, il s'agit du capitaine de corvette Nomura. A. Wassilieff, *op. cit.*, p. 313.

4. *Pariser Zeitung*, le 9.4.1943.

5. Lettre de Jacques-Yves Cousteau à son frère Pierre-Antoine, le 25.9.1949. Archives privées.

6. Entretien avec Pierre Assouline, *op. cit.*

7. Lettre de Jacques-Yves Cousteau à son frère Pierre-Antoine, le 21.2.1947. Archives privées.

8. *Je suis partout*, le 30.4.1943.

9. *Ciné-Mondial*, n° 89, le 15.5.1943.

10. *Je suis partout*, n° 610, le 16.4.1943.

11. Entretien avec l'auteur, le 28.9.1992.

12. Philippe Tailliez, *Nouvelles Plongées sans câble*, Arthaud, Paris, 1967, p. 27.

13. Jacques-Yves Cousteau et Frédéric Dumas, *Le Monde du silence*, *op. cit.*, p. 24.

14. *Id.*, *ibid.*, pp. 28-29.

15. *Id.*, *ibid.*, p. 29.

16. *Id.*, *ibid.*, p. 30.

17. Jacques-Yves Cousteau et Philippe Diolé, *Les Dauphins et la liberté*, Flammarion, Paris, 1975, p. 294.

18. Jacques-Yves Cousteau exposera notamment ses arguments dans la préface d'un livre de l'officier de marine Serge Ouvaroff, auteur de *Torpilles humaines*, Sfelt éditeur, Paris, 1951.

V. *Le «Maudit» et le Médaillé*

1. Manuscrit inédit de Françoise Cousteau. Archives privées.

2. Philippe Cousteau, *Les Requins*, Flammarion, Paris, 1970, p. 20.

3. Cité dans *La Collaboration, 1940-1944*, Michèle Cotta, Armand Colin, Paris, 1963.

4. Pierre-Antoine Cousteau, *Les Lois de l'hospitalité*, *op. cit.*, p. 11.

5. *Id.*, *ibid.*, pp. 173-174.

6. Jean Queval, *Première page, Cinquième Colonne*, Fayard, Paris, 1945, p. 327.

7. Cet extrait de lettre de Jacques-Yves Cousteau à Pierre-Antoine Cousteau, comme les extraits à venir, proviennent d'archives privées confiées à l'auteur. Bien entendu, ce dernier a soigneusement évité de reproduire les éléments susceptibles de porter atteinte à la vie privée du Commandant.

8. Publiée dans P.-A. Cousteau, *Mines de rien*, Etheel, Paris, 1955.

9. L'information dont nous faisons état nous a été confirmée par les témoignages des enfants de Françoise Cousteau, Alain et Philippe Poliakoff. Entretiens avec l'auteur, Paris et Boulogne-sur-Seine, les 7.2 et 27.3.1992.

10. Entretien avec l'auteur, *op. cit.*

11. Cité par François Brigneau, *Le Choc du mois*, n° 14, janvier 1989.

VI. *L'élan*

1. Étienne Taillemite, *Dictionnaire des marins français*, EMOM, 1982.
2. Jean Decoux, *Adieu marine*, Plon, Paris, 1957.
3. Entretien avec l'auteur, le 9.6.1992.
4. *Le Monde du silence*, *op. cit.*, p. 141.
5. *Le Monde du silence*, *op. cit.*, p. 153.
6. Théodore Monod, *Bathyfolages*, Paris, Julliard, 1954, p. 45.
7. Pierre de Latil, *Du* Nautilus *au bathyscaphe*, Arthaud, Paris, 1955, p. 144.
8. Lettre d'Élisabeth Cousteau à Pierre-Antoine Cousteau, le 24.8.1949. Archives privées.

VII. Calypso

1. Jacques-Yves Cousteau et Yves Paccalet, *La Mer blessée, la Méditerranée*, Flammarion, Paris, 1987, p. 126.
2. Jacques-Yves Cousteau et Alexis Sivirine, Calypso, *26 ans d'exploration scientifique des mers*, Robert Laffont, Paris, 1978.
3. Jacques-Yves Cousteau, « Je me souviens », *Le Journal du Dimanche*, 26.6.1992.
4. Entretien avec Perry Miller, *Life*, 27.11.1950.
5. A. Madsen, *Cousteau, an Unauthorized Biography*, Beaufort Books Publishers, New York, 1986, p. 63.
6. J.-Y. Cousteau et A. Sivirine, *op. cit.*, p. 21.
7. Haroun Tazieff, *Jouer avec le feu*, entretiens avec Jean Lacouture et Martine Barrère, Le Seuil, Paris, 1976, p. 100.
8. H. Tazieff, *op. cit.*
9. James Dugan, *op. cit.*, p. 242.
10. Albert Falco, *Capitaine de la* Calypso, Robert Laffont, Paris, 1990, p. 90.
11. *Id.*, *ibid.*, p. 93.
12. *Id.*, *ibid.*, p. 47.
13. C.D.B. Bryan, *op. cit.*, p. 226.
14. Entretien avec l'auteur, Saint-Antonin-Noble-Val, le 23.4.1992.
15. A. Falco, *op. cit.*, p. 143.

VIII. Le Monde du silence

1. Pierre-Antoine Cousteau, *Après le déluge*, La Librairie française, collection « Libre Parole », Paris, 1956, p. 10.
2. Témoignage de Jean-Pierre Cousteau recueilli par A. Madsen, *op. cit.*, p. 91.
3. Entretien avec l'auteur, le 7.2.1992.
4. Pierre-Antoine Cousteau, *Après le déluge*, *op. cit.*, pp. 10-13.
5. Entretien avec l'auteur, le 25.2.1992.
6. Entretien avec l'auteur, le 7.2.1992.
7. Entretien avec l'auteur, le 22.3.1992.
8. Témoignage de Jean-Pierre Cousteau recueilli par A. Madsen, *op. cit.*, p. 91.
9. A. Madsen, *op. cit.*, p. 91.
10. Entretien avec Louis Malle, dans le film *Mes premiers 75 ans*, *op. cit.*
11. Entretien avec Louis Malle, *op. cit.*
12. A. Falco, *op. cit.*, p. 134.
13. Entretien avec l'auteur, le 26.12.1991.
14. Jean Mitry, *Histoire du cinéma*, Jean-Pierre Delarge, Paris, 1980.
15. A. Falco, *op. cit.*, p. 152.
16. Entretien avec Pierre Assouline, *op. cit.*
17. *Le Journal du Dimanche*, le 26.7.1992.
18. Entretien avec Mose Richards, *op. cit.*
19. *Le Journal du Dimanche*, le 26.7.1992.
20. James Dugan, *Undersea Explorer, The Story of Captain Cousteau*, Harper & Brothers Publishers, New York, 1957, pp. 128-129.
21. A. Falco, *op. cit.*, p. 156.
22. A. Falco, *op. cit.*, p. 158.
23. Entretien avec l'auteur, le 1.6.1992.
24. Philippe Bouvard, *Le Figaro*, le 18.2.1956.
25. Claude Mauriac, *Le Figaro littéraire*, le 18.2.1956.
26. Jacques de Baroncelli, *Le Monde*, le 17.2.1956.
27. M. Lehman, « Trompe-l'œil », cité dans *Les Vingt Marches aux étoiles* de Jean Bresson et Mario Brun, Alain Lefeuvre, Nice, 1982, p. 96.
28. *Paris-Match*, n° 369, le 5.5.1956.
29. Revue de presse citée dans *Libération*, le 4.12.1956.
30. *New York Times*, le 22.9.1956.

IX. *Palais et maisons sous la mer*

1. J. Dugan, *op. cit.*, p. 129.
2. *Cf.* chap. VI.
3. J.-Y. Cousteau, *Une vie sous la mer*, *op. cit.*, p. 8.
4. A. Falco, *op. cit.*, p. 199.
5. J.-Y. Cousteau, *Une vie pour la mer*, *op. cit.*, p. 7.
6. R. Munson, *op. cit.*, p. 322.
7. Entretien avec l'auteur, *op. cit.*
8. Entretien avec l'auteur, *op. cit.*
9. *Time*, le 28.3.1960.
10. *Capitaine de la* Calypso, *op. cit.*, p. 204.
11. Jacques Rougerie et Hugo Verlomme, *Les Enfants du capitaine Némo*, Arthaud, Paris, 1986, p. 157.
12. Entretien avec l'auteur, *op. cit.*
13. Claude Riffaud, *La Grande Aventure des hommes sous la mer*, Albin Michel, Paris, 1988, p. 366.
14. Entretien avec l'auteur, *op. cit.*
15. Entretien avec l'auteur, *op. cit.*
16. Entretien avec l'auteur, Nice, le 16.4.1992.
17. C. Riffaud, *op. cit.*, p. 368.
18. J.-Y. Cousteau et Y. Paccalet, *La Mer blessée, la Méditerranée*, Flammarion, Paris, 1987, p. 16.
19. Bosley Crowther, *New York Times*, le 22.12.1964.
20. R. Munson, *op. cit.*, p. 147.
21. R. Munson, *op. cit.*, p. 148.
22. R. Munson, *op. cit.*, p. 148. *Cf.* également A. Madsen, *op. cit.*, p. 136.
23. Entretiens avec l'auteur les 26.12.1991 et 1.6.1992.
24. *Le Monde sans soleil*, réalisé par Jacques-Yves Cousteau et Simone Cousteau, a été diffusé sur France 2 le 24.2.1992. Il est disponible dans le commerce dans le format VHS.
25. Entretiens avec l'auteur, *op. cit.*
26. R. Munson, *op. cit.*, p. 149.

X. *Le dossier* Argyronète

1. Y. La Prairie, *Ce siècle avait de Gaulle...*, Éditions Ouest-France, 1990, p. 378.
2. *Id.*, *ibid.*, pp. 378-379.
3. Propos rapportés à l'auteur par H.-G. Delauze, Marseille, le 13.4.1992.

4. *La Plongée profonde*, publication de l'Institut français du pétrole, Technip, Paris, 1970.
5. Y. La Prairie, *op. cit.*, p. 349.
6. Entretien avec l'auteur, Cestas, le 16.12.1991.
7. Y. La Prairie, *op. cit.*, p. 349.
8. P.-A. Cousteau, *Après le déluge*, *op. cit.*, p. 23.
9. Entretien avec l'auteur, Monaco, le 16.4.1992.
10. Source privée.
11. Source privée.
12. Cour des Comptes, *Rapport au président de la République*, suivi des *Réponses des administrations*, *Journaux officiels*, Paris, 1974, p. 62.
13. Entretien Cousteau-Assouline, *op. cit.*
14. Cousteau-Jacquier, *Français, on a volé ta mer*, Robert Laffont, 1981.
15. *Le Nouvel Observateur* du 1.11.85, cité par *Le Canard enchaîné* du 7.12.88.
16. *Le Canard enchaîné* du 7.12.88, *Le Nouvel Observateur*, François Reynaert, le 25.6.1992.
17. *Le Nouvel Observateur*, *op. cit.*
18. Entretien avec l'auteur, Boulogne-Billancourt, le 17.3.1992.
19. *Cf.* chapitre VIII, p. 137.
20. J.-Y. Cousteau et Ph. Diolé, *La Vie et la Mort des coraux*, Flammarion, Paris, 1971, p. 130.
21. *Cf.* la filmographie complète de la série « Odyssée » en annexe, pp. 279-280.
22. Entretien avec l'auteur, le 9.2.1992.
23. *Télé-Star*, le 30.9.1989.
24. Soirée pour les générations futures, entretien avec Claude Sérillon, France 2, le 27.1.1992.
25. Roger Boussinot, *L'Encyclopédie du cinéma*, Bordas, Paris, 1989, p. 431.
26. *Les Requins* a été réalisé par Jacques-Yves et Philippe Cousteau en 1968 pour la série « Odyssée ». *Cf.* également le livre *Les Requins*, Flammarion, Paris, 1970.
27. R. Munson, *Cousteau, The Captain & His World*, *op. cit.*, p. 115.

XI. *Sous la bannière étoilée*

1. The Cousteau Society, *Calypso Log*, février 1992.
2. Entretien avec l'auteur, Norfolk, le 11.3.1992.
3. *Virginian Pilot*, le 10.8.1980.

4. *Virginian Pilot*, *op. cit.*
5. *Virginian Pilot*, *op. cit.*
6. P.-A. Cousteau, *Après le déluge*, *op. cit.*, p. 139.
7. *The Ledger Star*, le 13.2.1986.
8. Entretien avec l'auteur, Norfolk, le 11.3.1992.
9. *Ibid.*
10. R. Munson, *op. cit.*, p. 172, et entretien avec l'auteur, Washington, le 12.3.1992.
11. *Pépito et Cristobal*, série : « L'odyssée sous-marine de l'Équipe Cousteau » ; production : Jacques-Yves Cousteau et Alan Landsburg, cassette vidéo Eva 2-Citel, Paris, 1990.
12. Lettre de Jacques Leduc à l'auteur, en date du 3.3.1992.
13. Entretien avec l'auteur, Genève-New York, le 16.3.1992.
14. *Papouasie : la rivière des hommes-crocodiles*, 1989, diffusé sur France 2 le 6.6.1992.
15. Il s'agit du film *Ces incroyables machines plongeantes* réalisé par André Laban pour la série « L'odyssée sous-marine de l'Équipe Cousteau », produit par Jacques-Yves Cousteau et Warren Bush, d'après une histoire originale de Jacques-Yves Cousteau et Marshall Flaum. Le documentaire est distribué en France par Amaya Production, Paris, 1990.
16. Le poulpe est le nom utilisé par les Méditerranéens qui le préfèrent à pieuvre, mot plus récent. Tous deux désignent le même animal : l'*octopus vulgaris*.
17. Entretien avec l'auteur, *op. cit.* La séquence mise en cause fait partie du documentaire intitulé *La Mer vivante*, réalisé par Philippe Cousteau : une production Jacques-Yves Cousteau et Warren Bush, diffusée sur France 2, le 29.11.1992.
18. J.-Y. Cousteau et Ph. Diolé, *Pieuvres : la fin d'un malentendu*, Flammarion, Paris, 1973, pp. 44-45.
19. *Id.*, *ibid.*, p. 54.
20. Entretien avec l'auteur, *op. cit.*
21. Entretien avec l'auteur, *op. cit.*
22. Entretien avec Claude Sérillon, France 2, le 27.1.1992.
23. Entretien avec l'auteur, Marseille, le 13.4.1992.
24. Entretien avec l'auteur, *op. cit.*
25. « Radioscopie » de Jacques Chancel, France-Inter, le 9.9.1988.

XII. *Le retour au pays*

1. P. Alphandéry, P. Bitoun, Y. Dupont, *L'Équivoque écologique*, La Découverte, Paris, 1992, p. 48.
2. Propos recueillis par Évelyne Fallot et Françoise Monier, *Marie-*

Claire, septembre 1991, et par Dominique Artus, *Le Journal du Dimanche*, le 6.12.1991.

3. R. Pronier et V.-J. Le Seigneur, *Génération verte, les écologistes en politique*, Presses de la Renaissance, Paris, 1992, p. 61.
4. *Témoignage chrétien*, le 18.7.1992.
5. *Le Quotidien de Paris*, le 6.6.1980.
6. *Marie-Claire*, *op. cit.*
7. *Le Quotidien de Paris*, le 10.6.1980.
8. *Le Quotidien de Paris*, *op. cit.*
9. *Le Journal du Dimanche*, *op. cit.*
10. *Le Journal du Dimanche*, le 3.1.1989.
11. P. Alphandéry, P. Bitoun, Y. Dupont, *op. cit.*, p. 49.
12. Entretien avec l'auteur, New York, le 10.3.1992.
13. *Newsweek*, le 10.7.1989.
14. *Psychologies*, n° 96, mars 1992.
15. *Psychologies*, *op. cit.*
16. Documents Fondation Cousteau, mai 1985.
17. Entretien avec l'auteur, Sanary, le 20.4.1992.
18. Entretien avec l'auteur, *op. cit.*
19. Entretien avec l'auteur, *op. cit.* « Jupes » : mot emprunté à la confection pour désigner une nouvelle forme donnée à une partie de la coque d'un bateau.
20. Entretien avec l'auteur, *op. cit.*
21. Source : Antoine Scotto. *Cf.* également le film *Alcyone, fille du vent*, réalisé en 1985 par Jacques-Yves et Jean-Michel Cousteau.
22. Entretiens avec l'auteur, Paris, les 26 et 27.3.1992.
23. Entretiens avec l'auteur, *op. cit.*
24. Sondage réalisé en 1985, R. Munson, *op. cit.*, p. 362.
25. Entretien avec Christian Sauce, Saint-André-de-Cubzac, le 20.12.1991.
26. Transcription des enregistrements audiovisuels réalisés par les élèves du lycée Philippe-Cousteau, le 26.4.1986.

XIII. *L'Immortel*

1. Réponse de J.-Y. Cousteau à l'occasion de la remise de son épée d'académicien, musée de la Marine, Paris, le 15.6.1989.
2. *Cf.* chapitre IV, p. 67.
3. *France-Soir*, le 25.11.1988.
4. *France-Soir*, *op. cit.*
5. Allocution de Maurice Druon lors de l'hommage rendu à Jacques-Yves Cousteau le 15.6.1989.

6. J.-Y. Cousteau entre le 5.6.1989 à l'Académie du royaume du Maroc pour y occuper le siège d'Edgar Faure.

7. *Le Journal du Dimanche*, le 27.11.1988.

8. Propos recueillis par J.-C. Lamy, *France-Soir*, le 25.11.1988.

9. Allusion à l'ouvrage de Jacques Isorni, *La Fièvre verte*, Flammarion, Paris, 1975.

10. *Le Canard enchaîné*, n° 3554, le 7.12.88.

11. Propos recueillis par Anne Underwood, *Newsweek*, 10.7.1989.

12. Allocution de M. Druon, *op. cit.*

13. *Lire*, *op. cit.* À noter que Yves La Prairie a refusé d'utiliser le droit de réponse que lui a proposé la revue. Toujours cette volonté de ne pas polémiquer, de se contenter de « s'attrister de tous ces écarts de langage ».

14. Entretien avec Pierre Assouline, Paris, le 22.2.1992. Avec le temps, le journaliste écrivain, auteur de plusieurs biographies, dont la dernière en date est consacrée à Georges Simenon, ne voit pas d'inconvénient à la publication de cet extrait inédit de son interview.

15. Entretien avec l'auteur, Paris, le 12.4.1992.

16. Entretien avec l'auteur, *op. cit.*

17. « La marche du siècle », France 3, le 22.5.1991.

18. *Sud-Ouest* du 2.1.1991, cité dans la lettre du commandant Pierre Estur, président de l'association Amicale des capitaines au long cours français, en date du 9.6.1991.

19. Allocution de J.-Y. Cousteau, musée de la Marine, *op. cit.*

20. *Cf.* chapitre X.

21. E. Pondruel, *VSD*, 1991.

22. *Une épée de verre et de cristal*, ouvrage réalisé par les éditions Robert Laffont pour le comité de l'épée d'académicien du commandant Jacques-Yves Cousteau, Paris.

23. Jacques Jaubert, *L'Académie épinglée*, Sylvie Messinger, Paris, 1981, p. 92.

24. *Id.*, *ibid.*, p. 93.

25. *France-Soir*, le 2.7.1989.

26. Réponse de Bertrand Poirot-Delpech, *Le Monde*, 25-26.6.1989.

27. Entretien avec l'auteur, Paris, le 20.3.1992.

28. Entretien avec l'auteur, Paris, *op. cit.*

29. Entretien avec l'auteur, Monaco, avril 1992.

30. Entretien avec un collaborateur intime de J.-Y. Cousteau, Monaco, avril 1992.

31. A. Falco, *op. cit.*, p. 12.

32. Entretien avec l'auteur, Paris, le 9.4.1992.

XIV. *Les affaires*

1. Entretien avec Me Jacques Pesson, Paris, le 28.1.1992.
2. *L'Équivoque écologique*, *op. cit.*, p. 52.
3. Emmanuelle Hausler, *Le monde de la mer*, n° 43, mars-avril 1989.
4. *Id.*, *ibid.*.
5. *Cf.* chapitre XI, p. 188.
6. Sylvaine Villeneuve, *Libération*, 23.7.1992.
7. *Cf.* chapitre XI, pp. 185-186.
8. Sources : The Cousteau Society et *1992 Earth Journal*, Buzzworm Books, 1992.
9. Rapport du National Charities Information Bureau, New York, le 9.3.1992.
10. *Calypso Log*, n° 108, janvier 1992.
11. Chiffre officiel donné par l'Équipe Cousteau pour l'année 1990.
12. *50 Millions de consommateurs*, n° 225, février 1990.
13. *Le Monde*, 26.3.1992.
14. *Lire*, *op. cit.*
15. *Rivière d'or* et *Un avenir pour l'Amazonie* font partie de la série « L'Équipe Cousteau en Amazonie ». Des films signés Jacques-Yves et Jean-Michel Cousteau, 1983-1984.
16. *Un avenir pour l'Amazonie*, *op. cit.*
17. Entretien avec l'auteur, *op. cit.*
18. Yvon Samuel, *Les Requins de la finance*, Michel Lafon, Paris, 1987, p. 209.
19. Sylvaine Villeneuve, *Libération*, *op. cit.*
20. Entretien avec l'auteur, Marseille, le 13.4.1992.
21. En avril 1992, les compagnies aériennes occidentales ont l'interdiction de se poser en Libye, suite au refus de Kadhafi de livrer les auteurs présumés des attentats contre un Boeing de la Pan Am et un DC-10 d'UTA.
22. Entretien avec l'auteur, Carros, le 16.4.1992.
23. *Cf.*, à ce sujet, le livre de Patrick du Morne-Vert, *Mission Oxygène*, Paris, Filipacchi, 1987, p. 123.
24. 1992-US Divers Co. Inc. *Printed in the USA*-7588-92.
25. Entretien avec l'auteur, *op. cit.*

XV. Captain Planet

1. *Le Monde*, 7-8.6.1992.
2. *Le Monde*, R. Cans, 6.6.1992.
3. *Calypso Log*, n° 113, juin 1992.

4. *VSD*, n° 766, 6-14.5.1992.

5. Bernard Thomas, *Lettre ouverte aux écolos qui nous pompent l'air*, Albin Michel, Paris, 1992, p. 53.

6. *Le Monde du silence, op. cit.*, p. 235.

7. *Glamour*, n° 42, avril 1992.

8. AFP, 6.6.1992.

9. *Haïti, l'eau de chagrin*, un film de Jacques-Yves et de Jean-Michel Cousteau, réalisé par Jean-Paul Cornu, 1986.

10. R. Munson, *op. cit.*, p. 298.

11. Entretien avec l'auteur, New York, le 6.2.1992.

12. *Cf.*, à ce sujet, l'intéressant reportage réalisé par Josy Dubié et Jean-François Arrou-Vignod pour la série « Azimuts » produite par le département « Information » du PNUD, Genève, 1991.

13. Entretien avec Waclaw Micuta, le 28.3.1992.

14. *Cuba, les eaux du destin*, un film de Jacques-Yves et Jean-Michel Cousteau, 1986.

15. *Le Figaro*, le 6.6.1986.

16. *Le Figaro, op. cit.*

17. *Cf. Costa Rica, île de paix.*

18. *Calypso Log*, n° 112, mai 1992.

19. *Calypso Log*, n° 113, juin 1992.

20. *France-Soir*, le 12.11.1988. *Cf.* également le film *Tahiti, l'eau de feu*, réalisé par J.-Y. Cousteau, 1988.

21. « Le Grand Jury RTL-*Le Monde* », le 24.11.1991.

22. *Cf.* chapitre IX, pp. 151-152.

23. *Cf.* la liste des usines les plus polluantes de France, *in Almanach Cousteau de l'environnement, op. cit.*, p. 565.

24. B. Thomas, *op. cit.*, p. 138.

25. B. Thomas, *op. cit.*, pp. 61-62.

26. B. Thomas, *op. cit.*, p. 139.

27. *Le Grand-père des chênaies*, n° 520, 11-18.5.1992.

28. Entretien avec l'auteur, New York, 10.3.1992. *Cf.* également l'article d'Annick de Marffy, « L'Antarctique : quatre ans de débats à l'ONU », Droits et Sciences humaines, n° 2, PUF, Paris, 1987.

29. J.-Y. Cousteau et Y. Paccalet, *La mer blessée, la Méditerranée, op. cit.*, p. 7.

30. *Nice Matin*, 25.7.1990.

31. *Le Provençal*, le 5.8.1991, cité dans *Libération*, 19.2.1992.

32. *Nice Matin*, le 25.1.1992.

33. *Libération*, enquête de V. Tardieu, *op. cit.*

34. *Calypso Log*, n° 111, avril 1992.

35. Entretien avec l'auteur, Nice, le 16.4.1992.

36. J.-Y. Cousteau et Y. Paccalet, *La mer blessée, la Méditerranée, op. cit.*, p. 26.

37. Lettre d'Alexandre Meinesz à Jacques-Yves Cousteau en date du 6.2.1992. Source A. Meinesz.

38. *France-Soir*, le 23.8.1991 ; *Ciné Revue*, le 7.9.1991 ; et *Ouest-France*, le 27.1.1992.

39. En février 1992, Cousteau met sa fille Diane à l'honneur. C'est elle qui, dans le prégénérique du nouveau rendez-vous mensuel du Commandant sur France 2, lit les cinq articles de la « Charte pour les droits des générations futures ».

40. Jean-Marie Pelt, *Le Tour du monde d'un écologiste*, Fayard, Paris, 1990, p. 166.

41. *France-Soir*, *op. cit.*

42. Jacques-Yves Cousteau, *Une vie pour la mer*, *op. cit.*, p. 7.

43. J.-Y. Cousteau et Y. Paccalet, *La Mer blessée, la Méditerranée*, *op. cit.*, p. 46.

44. « Radioscopie », *op. cit.*

45. *Ibid.*

46. « L'heure de vérité », France 2, le 28.6.1992. Jacques-Yves Cousteau a épousé Francine-Joëlle Triplet le 28.6.1991. La cérémonie s'est déroulée à la mairie du VIIIe arrondissement, en présence du maire de Paris, Jacques Chirac. La cérémonie religieuse se déroulera le 8.4.1992 dans une petite chapelle, boulevard de La Tour-Maubourg, dans le VIIe arrondissement. Sachant que, bien évidemment averti, je serais le seul journaliste professionnellement présent ce jour-là, le Commandant chercha avec humour à me mystifier. Mise en scène bien digne de l'auteur du *Monde du silence* : une jeune femme (d'ailleurs charmante) arborant le bouquet traditionnel de la mariée, mais qui n'était pas la toute nouvelle Mme Cousteau. Piège amusant : j'ai failli m'engager sur cette fausse piste. Cette « mésaventure » ne fut d'ailleurs pas la seule...

47. Roger Cans, *La Passion de la Terre*, First, Paris, 1991, p. 106.

Bibliographie

ALPHANDÉRY (Pierre), BITOUN (Pierre), DUPONT (Yves), *L'Équivoque écologique*, La Découverte, Paris, 1992.

AMOUROUX (Henri), *Quarante millions de pétainistes*, Robert Laffont, 1977.

ARON (Robert), *Histoire de Vichy 1940-1944*, Fayard, 1954.

BERGIER (Yves) et ALEXANDROV (Victor), *Guerre secrète sous les océans*, Éditions maritimes & d'outre-mer, Paris, 1970.

BERSTEIN (Serge) et MILZA (Pierre), *Histoire de la France au XXe siècle*, Complexe, Paris, 1991.

BESSET (Jean-Paul), *René Dumont, une vie saisie par l'écologie*, Stock, 1992.

BOMBARD (Alain), *La Dernière Exploration*, Paris, La Presse, Montréal, 1974.

La Mer et l'Homme, Fayard, 1980.

Protégeons la mer, Fernand Nathan, Paris, 1977.

BRYAN (C.D.B.), *The National Geographic Society, 100 Years of Adventure and Discovery*, Harry N. Abrams, Inc. Publishers, New York, 1987.

CANS (Roger), *La Passion de la Terre*, First, Paris, 1991.

COLLIARD (C.A.), DUPUY (R.J.), POLVÊCHE (J.) et VAISSIÈRE (R.), *Le Fond des mers*, Armand Colin, 1971.

COUSTEAU (Pierre-Antoine), *L'Amérique juive*, Éditions de France, Paris, 1942.

Après le déluge, La Librairie française, Rennes, 1956.

Les Lois de l'hospitalité, imprimerie Les Presses bretonnes, Saint-Brieuc, 1957.

Mines de rien, ou les grandes mystifications du demi-siècle, Etheel, Paris, 1955.

Hugothérapie ou Comment l'esprit vient aux mal pensants, ETL, Bourg-en-Bresse, 1954.

DELÉAGE (Jean-Paul), *Histoire de l'écologie*, La Découverte, Paris, 1992.

DELORME (Jean), *La Mer et l'Espace*, Hachette, 1988.

DIOLÉ (Philippe), *Au bord de la Terre*, Albin Michel, 1954.

L'Aventure sous-marine, Albin Michel, Paris, 1953.

DIOLÉ (Philippe) et FALCO (Albert), *Falco, chef de la* Calypso, Flammarion, 1976.

DUGAN (James), *Le Livre des merveilles du monde sous-marin*, Denoël, Paris, 1959.

Undersea Explorer. The Story of Captain Cousteau, Harper & Brothers, New York, 1957.

DUMAS (Frédéric), *La Mer antique*, France-Empire, Paris, 1980.

FALCO (Albert) et PACCALET (Yves), *Capitaine de la* Calypso, Robert Laffont, Paris, 1990.

HOUOT (Georges), *Vingt ans de bathyscaphe*, Arthaud, Paris, 1972.

LALONDE (Brice), *Sur la vague verte*, Robert Laffont, Paris, 1981.

LA PRAIRIE (Yves), *Ce siècle avait de Gaulle...*, Éditions Ouest-France, Paris, 1990.

LA PRAIRIE (Yves) et BRUZEK (Maurice), *Le Nouvel Homme et la Mer*, Mengès, Paris, 1977.

LATIL (Pierre de), *Du* Nautilus *au bathyscaphe*, Arthaud, Paris, 1956.

MADSEN (Axel), *Cousteau, an Unauthorized Biography*, Beaufort Books Publishers, New York, 1986.

MARFY (Annick de), *L'Antarctique : quatre ans de débats à l'ONU*, collectif, Droit et Sciences humaines, PUF, 1987.

MOORCRAFT (Colin), *La Mer doit-elle mourir ?*, Albin Michel, Paris, 1974.

MOUTON (Patrick), *Les Héritiers de Neptune*, Paris, Glénat, Grenoble, 1989.

MUNSON (Richard), *Cousteau : the Captain & his World*, William Morrow & Company, Inc. New York, 1989.

Cousteau : le commandant et son monde, Ergo-Press, Paris, 1989.

OUVAROFF (Serge), *Torpilles humaines*, préface de Jacques Cousteau, Sfelt, Paris, 1951.

PELT (Jean-Marie), *Le Tour du monde d'un écologiste*, Fayard, Paris, 1990.

PERROT (Jacques), *La Mer pour la vie des hommes*, Larousse, 1978.

PICCARD (Auguste), *Au fond des mers en bathyscaphe*, Arthaud, Paris, 1954.

PRONIER (Raymond) et SEIGNEUR (Vincent-Jacques Le), *Génération verte, les écologistes en politique*, Presses de la Renaissance, Paris, 1992.

RENALDI (Brigitte), *Mémoire du* Titanic, Paris, Éditions Des 7 Vents, Versailles, 1990.

RIFFAUD (Claude), *La Grande Aventure des hommes sous la mer*, Albin Michel, 1988.

Demain la mer, L'École des Loisirs, 1972.

ROELANTS DU VIVIER (François), *Les vaisseaux du poison*, Sang de la Terre, Paris, 1988.

ROTGER (Barthélemy), *Sanary : « Nouveau Regard »*, édité par la mairie de Sanary, 1991.

ROUGERIE (Jacques) et VERLOMME (Hugo), *Les Enfants du capitaine Némo*, Arthaud, Paris, 1986.

TAILLIEZ (Philippe), *Plongées sans câble*, Arthaud, Paris, 1954.

TAZIEFF (Haroun), *Jouer avec le feu*, Le Seuil, 1976.

THOMAS (Bernard), *Lettre ouverte aux écolos qui nous pompent l'air*, Albin Michel, Paris, 1992.

Remerciements

Nous tenons à remercier chaleureusement pour leurs témoignages, conseils ou suggestions :

Georges Alépée, Dominique Artus, Pierre Assouline, Raymond Auffray, l'Association des amis de Robert Brasillach de Lausanne, Élisabeth Barbier, Claude Bardeau, Gérard Bardeau, Agnès Biltgen, Georges Bouvier, Mike Busutelli, Monique Charron, Myriam Lee Clark, le Club des explorateurs à Paris, Marie-Josée Coppola de la Fondation Cousteau à Paris, Perrine Cousteau, Françoise-Thérèse Cousteau, Micheline Decoux, Jean Decoux, Henri-Germain Delauze, Josy Dubié, Antoine Duranthon, Pierrette Duranthon, les élèves du lycée Philippe-Cousteau de Saint-André-de-Cubzac, Jean Fabre, Bernard de Fallois, Jean Favier, Bernard Forel, Alain Georgeault, Mauricette Hintzy, Gabriel Jauffret, Daniel Karlin, Hope Keller, Mike Kneper, André Laban, Daniel Langan, Yves La Prairie, Jacques Leduc, Alexandre Meinesz, Vaclaw Micuta, Alain Moreau, Patrick Mouton, Richard Munson, Monique Nicault, l'ordre de la Libération, Maurice Pasquelot, François Pelletier, Guy Perreaud, M. Pio, Bertrand Poirot-Delpech, Alain Poliakoff, Philippe Poliakoff, Nicolas Poliakoff, Mme Potylo, Jean-Michel Riche, Claude Riffaud, Alex Robin, Barthélemy Rotger, Jacques Rougerie, Philippe Roy, Alex Rychlewski, Antoine Sanguinetti, Christian Sauce, Antoine Scotto, le service historique de l'Armée de terre, le service historique de la Marine, Earl Swift, Philippe Tailliez, Sylvaine Villeneuve.

Sans oublier tous ceux qui ont préféré ne pas être cités.

Enfin, ma gratitude la plus fervente va à Robert Jégaden qui a peaufiné les traductions anglaises de mes entretiens et de mes documents.

Index

Table des matières

DEUXIÈME PARTIE

TROISIÈME PARTIE

ANNEXES

Impression réalisée sur CAMERON par
BRODARD ET TAUPIN
La Flèche

pour le compte des Éditions Fayard
en février 1993

Imprimé en France
Dépôt légal : mars 1993
N° d'édition : 3132 - N° d'impression : 6685G-5

Codification : 35-57-8697-01
ISBN : 2-213-02915-6

35.8697.1